〈CEO 인간학〉을 펴내며

〈CEO 인간학〉은 시대를 꿰뚫는 통찰의 힘으로
역사적 격변기를 살았던 사람들의 삶의 무늬紋를 찾아 떠나는 인문人紋 여행이다.
인문 여행은 역사를 이끌었던 사람들의 지혜·용인用人·처세의 자취를 읽어내는 여정이다.

이 시리즈에는 역사를 뛰어넘는 동서양의 사상을 통해
인간에 대한 깊은 이해와 사유, 그리고 인간 중심의 경영철학이 녹아 있다.
〈CEO 인간학〉은 매력적인 리더의 조건, 경쟁에서 성공을 이끌어내는 방법,
그리고 개인과 기업의 성공을 위한 전략을 담았다.

인간의 본질에서 출발해 인간관계 그리고 용인술에 이르기까지
다양한 스펙트럼을 통해 천하경영의 답을 찾고,
리더를 꿈꾸는 사람들과 인간중심의 조직을 꿈꾸는
CEO들을 위한 인간경영의 나침반이 될 것이다.

병가 인간학

CEO를 위한 인간학 시리즈는

시대의 격변기를 이겨낸 역사적 인물들의 치열했던 삶과 사상 속에서
사람과 시대를 움직이는 경영의 지혜를 찾아 떠나는 인문학 여행입니다.

■ **일러두기**

이 책의 '해제'는 렁청진의 '유가 · 도가 · 법가 · 병가 · 종횡가 인간학' 전체를 아우른 것으로
각 권에 동일하게 실려 있습니다.

병가 인간학

싸우지 않고 이긴다

렁청진 지음 ― 김태성 옮김

21세기북스
book21.com

왜 중국인은 지략에 강한가

경험이 중요하다는 것은 아무리 강조해도 지나치지 않다. 실제로 현대의 위인들은 하나같이 역사를 통해 중요한 교훈을 얻었다. 역사에 등장하는 저명한 정치가나 군사 전문가들은 지략에 대한 연구와 평가를 게을리 하지 않았다. 이렇게 하지 않고서는 그 누구도 성공할 수 없기 때문이다.

현대의 인문·사회·과학적인 연구 결과를 종합해보면, 몇몇 고대 민족의 문화에는 철학이 획기적으로 발전하는 시기가 있었음을 알 수 있다. 다시 말해, 일정한 시기에 철학자와 과학자 같은 문화 거인들이 집중적으로 나타났고, 이들의 사상이 민족 문화의 기초가 됐다는 것이다. 중국에서는 이러한 시기가 가장 혼란스러웠던 춘추전국시대였다는 데에 이론의 여지가 없다. 그리고 이 시기의 가장 큰 문화적·사상적 특징은 한마디로 표현하면 '지략'이다. 지략형 문화의 급속한 발전과 지략형 사유 방식이 중국 민족의 성격에 미친 영향은 크게 세 가지로 요약할 수 있다.

춘추전국시대에는 노자, 공자, 장자, 묵자, 맹자, 순자, 한비자 등 수많은 문화적 거인들이 출현하면서 이른바 '백가쟁명'의 국면을 이루었다. 유가, 도가, 법가, 병가, 묵가, 종횡가, 농가, 음양가, 명가 등 주요 학파들은 이 시기에 형성되어 후대로 이어지면서 점차 튼튼한 토대를 마련했다. 수천 년을 흘러온 고대 중국의 사상과 문화, 민족적 성격은 이러한 학파들이 영향을 주고받으면서 발전과 변화를 통해 완성되었다. 따라서 중국 문화가 급속하게 발전한 시기의 시대적 특징을 고찰하고 중국 전통문화의 특징과 민족의 성격을 이해하는 것은 오늘날의 중국과 중국인을 이해하는 데 중요한 수단이 될 것이다.

여러 학파들을 자세히 고찰해보면 각 학파 사이에는 분명한 차이가 있고 완전히 상치되는 부분도 있지만, 모두를 아우르는 한 가지 공통점이 있다는 것을 발견할 수 있다. 이 학파들이 하나같이 정치에 대한 관심을 드러내고 있고, 심지어 일부 학파는 그 사상의 출발점과 귀착점이 정치로 귀결된다. 유가는 덕치의 아름다운 기초 위에 이상적인 국가를 건설할 것을 요구하고 있으므로, 정치를 기초로 하여 세워진 전형적인 학파라 할 수 있다. 세상사에 대한 무관심을 표방한 도가도 이른바 '무위지치無爲之治'를 주장하고 있는데, '무위'의 목적이 바로 '치'에 있는 것이고 '치'는 곧 사회 정치의 안정을 의미한다. 따라서 도가도 기본적으로는 현실의 정치를 무시하지 않는다는 사실을 알 수 있다. 이와 마찬가지로 다른 학파들도 제각기 다른 시각과 관점에서 현실을 살피고,

그에 기초하여 그 나름대로 정치적 주장을 제시했다.

물론 중국 철학이 지략형 문화로 자리 잡게 된 가장 중요한 원인은 이들 학파들이 정치에 커다란 관심을 나타냈고, 철학자들의 정치관이 주로 '치인治人'에 집중되었기 때문이다. 다시 말해, '치인'에서 출발하여 자신의 정치적 주장을 실현하려 했던 것이다. '치인'에는 일정한 방법이 필요했고, 이러한 방법을 추구하는 과정에서 지략이 형성되었다. 그러나 이와 함께 고려해야 할 것은 당시에 지략이 구체적인 수단으로 존재했더라도 이것만으로는 지략형 철학으로 발전할 수 없었을 것이라는 점이다.

당시 상황에서는 지략이 체계화와 사회화, 규약화를 통해 사회 제도로서 규범과 원리로 작용했다. 학자이건 제왕이건 평민이건 간에, 이러한 규범과 원칙에 대해서는 이의를 제기할 수 없었다. 당시 현실에 대해 가장 격분했던 도가조차도 실제로는 일반적인 지략에 반대하는 방식으로 깊이 있는 정치 및 문화의 전략을 추진했다. 이런 식으로 각종 학파와 문화가 전체적인 지략의 부분을 구성함으로써 중국의 지략형 문화가 형성되었다.

중국의 철학이 획기적인 발전을 이루는 동안 학문의 목적은 위정爲政에 있었고, 학자들의 이상도 정치를 통해 관직과 봉록을 얻는 데 있었다. 이는 대부분 학파들의 공통된 인식이었다. 사마담은 일찍이 이를 가리켜 "무릇 음양가와 유가, 묵가, 명가, 법가 등은 모두 정치에 힘쓴 무리들이었다"고 지적한 바 있다. 인간과 주변 세계 사이에 발생하는 관계는 두 가지이다. 하나는 자연적 관계이고, 다른 하나는 대인 관계다. 서양의 문화 발전은 전자에 편중되어 있어서 인간과 자연의 관계를 탐구하는 데 주력했다. 그런 의미에서는 과학형 문화라고 할 수 있다. 이에 비해 중국 문화의 발전은 인간의 관계에 초점이 맞춰져 있다. 사실 이는 춘추전국시대에 우연히 발생한 현상이 아니라 역사적 · 문화적 근원과 현실적 근원을 동시에 가지고 있다.

중국 민족은 형성 초기부터 하늘과 사람이 하나라는 기본적인 철학과 문화 관념을 가지고 있었다. 하늘의 운행에는 항상성이 있어서 변화가 없지만, 인간은 자신을 조절하여 하늘에 순응하는 능력을 가지고 있다. 이리하여 사람들은 점차 인간 사회 내부로 주의를 돌리기 시작했고, '치인'을 핵심으로 하는 문화 관념을 형성하게 되었다. 이것이 지략형 문화 발전의 기본 전제이다. 또한 춘추전국시대의 구체적 역사 현실은 지략형 문화 발전에 중요한 계기를 마련해주었다. 이 계기란 '왕관王官의 학문이 백가로 분산되고' 제후들이 패권을 다투면서 지모를 절실히 필요로 했기 때문이다.

주周 왕실이 쇠락하면서 제후들을 통제할 능력을 상실하자, 서주 말기부터는 예악禮樂이 무너지기 시작했다. 그러나 주 왕실과 수많은 제후들이 몰락함에 따라 그때까지 문화(주로 예악문화)를 장악하고 있던 사람들이 민간으로 퍼져나갔다. 그 결과 왕관의 학문이 백가로 분산되었고, 문화가 크게 발전할 수 있는 조건이 조성될 수 있었다. 또한 춘추전국시대에는 통치 계층이 정치력을 상실하면서 이를 기초로 '백가쟁명'이 이루어지게 되었다. 서주 이래 수백 년 동안 통일된 문화가 발전하는 역사 단계를 거쳐 마침내 '도술이 천하에 흩어지는' 결과를 낳은 것이다. 각 학파들이 제각기 다른 관점과 주장을 가지고 있기는 했지만, 기본적으로는 하나같이 당시의 문화적 수요에 부합하면서 여러 제후들이 스스로 패자를 자칭하는 데 기여했다. 결국 중국의 지략 문화가 크게 발전했던 것은 역사적인 필연이었던 셈이다.

이 시기의 제후들에게는 인재 집단을 보유하는 것이 흥망을 결정하는 관건이었다. 그러므로 '선비를 하나 잃어 나라가 망하고, 선비를 하나 얻어 나라가 흥하는 상황'이 비일비재했다. 각 학파는 모략에 있어서도 큰 차이를 나타냈다.

춘추전국시대의 지략형 문화는 사인士人들에 대한 제후의 요구와 결합하여 독특한 사유 방식을 형성했다. 이러한 사유 방식의 가장 큰 특징은 '실용이성'이다. 통속적으로 실용이성의 특징은 일의 수단이나 목적에 있어서 정의를 추구하는 것이 아니라 이익을 우선으로 하는 것이다.

서양의 '도덕 이성(또는 실천 이성, 즉 칸트의 kritik der praktischen Vernunft)'이 근거로 삼은 것은 일정하고도 통일된 정의에 관한 인식과 가치로서 현실적 이익과는 별로 관계가 없다. 이와는 달리 실용이성은 현실적 가치에 대한 인식이 일정치 않고 이해관계와 밀접히 연관되어 있기 때문에 이에 따라 수시로 변화한다. 심지어 이해관계가 실용이성의 가치 관념의 출발점이라고 해도 과언이 아니다. 사실 춘추전국시대에 종횡가들이 가장 무게를 둔 부분도 이해관계였다. 한 제후국의 군주는 이해관계를 분명히 인식하게 되면 새로운 선택을 하게 되는데, 이러한 선택이 도의에 부합하느냐의 여부는 고려의 대상이 되지 않았다. 도의를 고려한다 해도 좀 더 원대한 이익을 위한 것이지, 결코 도의만을 위한 것이 아니었다. 이러한 사례는 셀 수 없이 많았고, 춘추전국시대에만 그랬던 것이 아니라 중국 역사를 통틀어 똑같은 경향을 보였다.

이러한 기본적 특징과 관련하여 지략형 문화의 사유 방식은 경험성과 민첩성이라는 특징을 가지고 있다. 이러한 사유 방식은 이론적인 사고나 가치를 논증하지 않고 주로 '역사를 귀감으로 삼으면서' 과거의 경험에 따라 방침과 전략을 확정한다. 그래서 간명함과 신속함 그리고 '기둥을 세워 그림자를 보는' 실용성 등은 필요로 했지만, 이론적 근거나 완비된 이론 형태 따위는 추구하지 않았다. 이러한 기본적 요구들이 서로 적용된 것이 바로 민첩성이다.

문제를 처리할 때는 천차만별의 다양한 상황을 만나게 되는데, 이해관계의 원칙(사실 이는 원칙이라고 할 수도 없다)을 제외하고는 다른 원칙의 제약을 받지 않기 때문에 자유를 충분히 발휘할 수 있는 공간이 확보된다. 그러므로 지략형 문화의 사유 방식은 이 세상에서 가장 민첩한 사유 방식 가운데 하나다. 그런 의미에서 중화 민족은 구체적인 문제에 대한 구체적인 분석에 가장 뛰어난 민족 가운데 하나라 할 수 있다. 예컨대 병가의 가장 큰 금기는 종이 위에서 가상의 병법을 논하는 지상담병紙上談兵인데, 아무리 자세히 상황을 분석하더라도 싸움에 이기는 것보다는 중요하지 않기 때문이다.

지략형 문화는 중국 민족의 성격 형성에 지대한 영향을 미쳤고 심지어 어떤 의미에서는 민족의 성격적 특징을 결정했다고 할 수도 있다. 물론 여기에는 긍정적 영향도 있지만 부정적 영향도 없지 않다. 반드시 설명하고 넘어가야 할 사실은 이 두 가지 영향이 시기와 상황에 따라 각기 달리 나타났을 뿐만 아니라, 상호 전환의 양태까지 보이곤 했다는 점이다. 특히 각 개인들에게 있어서는 위에 있는 자가 아래로 내려오고 아래에 있는 자가 위로 올라가는 일이 비일비재했다. 따라서 뒤에서 얘기하게 될 몇 가지 영향도 대략적인 논술에 그칠 수밖에 없다.

중국의 지략 문화는 중국인들이 취하고 사용했던 지혜의 보고로서, 무엇보다도 중화 민족의 실사구시적 성격과 심리 태도를 형성했다. 길고 긴 역사 발전의 과정 속에서 무수한 역경과 시련을 경험했지만 끝까지 멸망하지 않고 오늘날까지 이어져 내려온 것처럼, 중국은 부단히 힘을 키우면서 발전해왔다. 중국 민족과 동시에 나타난 다른 고대의 민족들은 문화와 함께 종족이 사라졌거나, 문화의 영향만을 남기고 민족 자체는 바람과 구름처럼 흩어져버렸다. 중국만이 문화와 민족 모두 사라지지 않고 일관되게 발전해오고 있다. 인류 문명사를 볼 때 이는 일종의 기적이다. 중국인들을 비판하면서 민족적 결점을 제기하는 사람들도 없지 않지만, 지속하면서 발전하고 있다는 사실만은 반박할 수 없을 것이다. 여기서는 단지 다른 민족과 비교하여 중국의 문화가 보다 완전하게 보전되고 있고 발전해나가고 있다는 점을 강조하고 싶을 뿐이다.

지략형 문화는 중국 민족이 실용적이고 이지적인 생존 태도를 형성함으로써 공허함을 추구하지 않고 귀신을 숭상하지 않으며 극단으로 나가지 않고 두 발을 항상 현실에 붙이고 사는 기질을 갖게 했다. 그 결과 중국 민족은 고난과 시련에 굴하지 않는 강인한 인내력과 생기를 되찾는 회복력을 갖게 되었다. 또한 지략형 문화의 실사구시 사상은 중국인들에게 정치적으로 항상 아름다운 이상인 지혜로운 군주와 현명한 재상을 추구하도록 했다. 이처럼 현실에 기초한 사회적 이상은 천당에서 내려온 것, 지옥에서 솟아난 것도 아닌 중국인들 스스로 삶의 현실에서 창조해낸 것이다. 이러한 이상이 완전하게 실현된 시대는 없었지만 이것을 추구하는 힘이 있었기 때문에 중국 민족은 온갖 고난을 이겨내고 지금까지 생존, 발전할 수 있었다.

오늘날의 구체적 역사 조건에서 바라볼 때 지략형 문화는 중국인의 성격에 부정적인 영향을 미친 것도 사실이다. 실용이성을 중시하는 이러한 사유 방식은 진리를 말살하고 진리에 대한 추구를 제한하기 십상이었다. 그래서 중국의 전통 사회는 수천 년에 이르는 장구한 발전 과정을 거쳤으면서도 문화 관념과 사회 제도에서는 실질적인 변화가 없었다. 그로 인해 진정한 민주의 길을 열지 못했다. 또 한 가지 중요한 사실은 지략형 문화가 '치인'에 치중하다 보니 인간과 자연의 조화와 공존만 추구하여 과학이성의 분야에서는 심각한 한계에 부딪혔고, 결국 근대 과학의 길을 걷지 못했다는 점이다.

또 한 가지 언급하지 않을 수 없는 부정적 영향은 중국인들이 천성적으로 모두 정치인이라는 것이다. 전통 정치의 운용 방식이 '인치人治'고 전통문화의 정수도 '인치'다 보니 모든 사람이 모략가가 되지 않을 수 없었다. 사실 어떤 의미에서 중국인의 학문은 '모략'으로 귀결되기도 한다. 이른바 "세상사에 밝으면 그것이 곧 학문이고, 인정에 정통하면 모두 훌륭한 글이다"라는 속담이 이러한 경향을 극명하게 보여준다. 수많은 중국인들이 일생을 다른 사람을 대상으로 한 모략과 계산에 허비함으로써 사회적으로 큰 손실을 초래했다. 더 심각한 것은 모략과 계산이 기나긴 역사 발전 과정에서 이미 뿌리 깊은 처세의 태도와 인생관으로 자리 잡게 되었다는 것이다. 이는 이미 일종의 '술術'이 아니라 인생의 '도道', 즉 중국인들의 내재적 처세 철학이자 문화 정신이 된 셈이다. 흔히 말하는 "중국인들은 둥지 안 싸움에 능하다”라는 말은 이런 상황에서 연유한 것이다.

앞에서 설명한 바와 같이 긍정적인 면과 부정적인 면의 경계가 절대적이지 않은 가운데 실용이성은 중국 민족에게 지속적으로 존재와 발전을 위한 활력을 제공해주었다. 그러나 이와 동시에 중국인들에게 ‘둥지 안 싸움에 능한’ 성품을 갖게 했고 현대로 접어들면서 민족의 발전을 저해하는 저열한 요소로 자리 잡았다. 마찬가지로 하늘과 인간의 조화를 추구하는 관념도 중국의 발전에 결코 무시할 수 없는 역할을 했지만, 현대화로 신속하게 나아가는 데에는 커다란 장애 요소가 되기도 했다.

전통은 죽었지만 인간은 살아 있다. 죽은 전통이 살아 있는 인간을 속박하고 인간을 전통의 지게미로 만들 것인지, 아니면 살아 있는 사람들이 죽은 전통을 되살려 다시 청춘의 활력을 발산하게 할 것인지는 전적으로 오늘을 살고 있는 우리의 자세에 달려 있다.

마지막으로 설명하고 넘어가야 할 것은 유가와 법가, 도가, 병가, 종횡가 등의 철학 내지 문화 개념으로 중국의 전통 지모를 분류하는 것은 실험적인 것으로서, 이러한 실험은 두 가지 근거를 가지고 있다.

첫째, 중국 전통 정치의 운용 방식은 ‘인치’이고 중국 전통문화의 정수 역시 ‘인치’에 있는 만큼 각 학파의 사상과 지혜가 각기 다르다 해도 ‘인치’에 있어서는 일치하고 있다. 중국 전통의 지혜가 하나의 근본으로 귀납되고 있는 것이다.

둘째, 한대 이후로 유가와 도가, 법가와 종횡가 등 여러 학파가 하나로 융합하면서 유가의 왕도를 빌려 법가와 병가의 패도覇道가 행해졌다. 이는 이미 중국 정치 운용 방식의 뿌리 깊은 전통으로 굳어졌다.

사실 이는 일종의 사기성 정치이자 '음모 정치'라 할 수 있다. 이렇게 분류할 경우, 사실에 대한 폭로가 중국인들에게는 계몽적인 기능을 할 수도 있을 것이다. 물론 이러한 분류에도 불편한 점이 없지 않다. 예컨대 중국의 유가와 도가, 법가가 아주 강한 상호성을 가지고 있기 때문에 칼로 두부를 자르는 것 같은 확연한 구분은 불가능하며, 구체적 역사 사건 역시 복잡한 양상을 띠기 때문에 한 학파에 해당하는 것으로 규정하기가 쉽지 않기 때문이다.

렁청진

이성과 지혜로 승리를 얻어라

장사는 전쟁과 같고 장사꾼은 전술가와 같다고 한다. 그렇다면 전술가의 원칙은 무엇이고 전술가의 자질은 어떤 것인가? 이에 대해 정확한 설명을 내린 사람은 아무도 없다.

병가의 인재에는 상업적 인재도 포함되고 심지어 정치적 인재도 포함된다. 또한 천성적인 능력에 국한되는 것이 아니라 유력한 이론을 지도하는 것도 포함한다. 이러한 이론들을 자신의 체질과 정감으로 전환시켜 궁극적으로 행동으로 실현할 수 있어야만 강자가 되는 것이다.

유가와 도가, 법가, 종횡가 등의 지략과 비교해볼 때, 병가의 지략에는 한 가지 두드러진 특징이 있다. 다름이 아니라 평등의 원칙을 중시한다는 것이다. 평등의 원칙이란 무원칙의 원칙으로서 어떠한 원칙도 지킬 필요 없이 상대방을 이기기만 하면 된다는 것이다. 즉, 승리와 성공 이외에는 아무런 원칙도 없다는 것이 병가 지략의 원칙이다. 따라서 병가에서는 성패로만 영웅을 논하기 때문에 승자는 왕후가 되고 패자는 도적이 된다.

물론 정의로운 전쟁도 있고 불의한 전쟁도 있지만, 이는 전쟁 이전과 이후에 내려지는 평가와 가치판단이지 전쟁 자체의 성격을 규정하는 것은 아니다.

이른바 '인의仁義의 본보기', '정의로운 전쟁' 등은 정치의 또 다른 표현일 뿐, 전쟁 그 자체는 아닌 것이다. 전쟁은 본질적으로 인도人道 원칙에 대한 유린과 협력 원칙에 대한 파괴, 인의와 도덕에 대한 부정을 의미하기 때문에 애당초 정의나 원칙을 거론할 필요가 없다. 전쟁 상태에서는 '정의'라 불리는 어떠한 원칙도 최대의 성공을 얻기 위해 취하는 무원칙의 원칙에 불과하다.

병가 지략의 평등성은 적대 관계에 있는 상대방에 대해 쌍방 모두 어떠한 원칙도 지킬 필요가 없음을 공개적으로 천명하는 데에 있다. 병가 지략의 도덕성은 절대적으로 평등하고 자유로운 조건하에서 공개적으로 경쟁한다는 데 있는 것이다. 따라서 병가의 싸움에서 사용하는 계략은 정치나 대인관계, 상업 등 다른 영역에서의 경쟁보다 훨씬 도덕적이라 할 수 있다.

둘째, 병가에서는 덕과 정을 완전히 무시하는 것이 아니라 무정無情을 대정大情으로 여기고 부덕不德을 대덕大德으로 여긴다. 1960년대 중국의 문화대혁명 시기에 유행했던 "적에게 관용을 베푸는 것은 인민에게 잔인한 것이다"라는 말은 병가 지략의 특징을 상징적으로 보여주는 말이라 할 수 있다.

병가에서 싸움의 승부는 자국 백성들의 이해와 화복, 심지어 생사존망에 직접적으로 영향을 미치기 때문에 대리대해大利大害의 각도에서 이 문제를 고려해야 한다. 노자도 일찍이 "성인이 어질지 못하면 백성들이 개로 전락하게 된다"라고 말한 바 있는데, 이는 성인은 큰 이익을 위해 백성들의 일시적인 이익을 돌보지 않아도 된다는 의미이다. 이른바 '군주의 덕은 부덕이요, 백성의 인은 불인'이라는 것이다.

셋째, 앞에서 말한 것이 병가 지략의 문화적 특징이라고 한다면 병가 지략 자체의 가장 큰 특징은 모든 감정적 요소를 배제한 냉정함과 가능한 한 모든 수단을 운용하여 최대의 승리를 쟁취하는 것이라 할 수 있다. 여기서 가장 중요한 문제는 자신의 수양을 강화하여 굳세고 강인한 이성으로 감성을 억제함으로써 아무리 어려운 상황에 처하더라도 감성에 지배당하지 않도록 하는 것이다.

『노자』는 전쟁 실천의 영향으로 철학적 각도에서 전쟁과 정치의 경험을 집대성한 경전으로서 병가에 커다란 영향을 미친 바 있다. 노자가 병가의 선조라 불리는 이유도 바로 여기에 있다. 노자는 "뛰어난 병사는 무력 행사를 좋아하지 않고 전쟁에 능한 사람은 화를 내지 않는다"라고 했는데 이는 이성으로써 분노를 억제해야 함을 강조한 것이다.

이후 병가의 이론가들은 이러한 주장을 풍부하게 정리하고 이론으로 발전시켜 철혈 이성을 제창하는 동시에 이를 병가의 최우선 조건이자 원칙으로 삼았다.

그러나 인간은 살아 숨쉬는 감성의 동물이라 감성을 완전히 배제하기는 매우 어렵다. 이에 병가에서는 수양 방법을 제시하여 개인의 심령이 외적인 간섭을 전혀 받지 않는 순수한 경지에 도달하게 하려고 노력했다. 실제로 이러한 경지에 도달하는 것은 그리 쉽지 않은데, 이를 위해 무엇보다도 중요한 것은 욕망과 근심을 제거하는 것이다. 일단 욕망과 근심이 생기면 자신의 감정을 억제하기 어렵고 병가의 싸움에 필요한 최적의 심리상태를 유지할 수 없기 때문이다. 이에 대해 노자는 "욕망의 대상이 될 수 있는 사물을 보지 말아야 마음이 혼란해지지 않는다"라고 하여 욕망에 빠뜨리기 쉬운 사물들을 멀리할 것을 경고했다.

넷째, 이러한 원칙뿐 아니라 완전한 기술 체계를 갖고 있다. 이 부분에서 병가가 가진 특징은 다른 학파들이 최대한 지략의 발휘에 힘썼던 반면, 병가는 다른 사람들을 책략 대상으로 삼지 않았고 지략과 기술 체계를 공개적으로 발전시키지 않았다는 것이다. 그 결과 다른 학파들의 지략이 대부분 감춰진 모략의 색채가 강했던 반면 병가의 지략은 있는 그대로 드러나는 지략이었고, 덕분에 병가의 기술체계가 큰 발전을 이룰 수 있었다.

예컨대 『손자병법』의 경우 여러 왕조를 거치면서 서른 명이 넘는 대학자들이 주석을 가함으로써 다른 책에 비견할 수 없이 풍부하고 완정하며 깊이 있는 체계를 갖추게 되었다.

또 한 가지 간과할 수 없는 사실은 병가의 지략이 단지 병가에서만 활용된 것이 아니라 중화민족 전체의 지모에 지대한 영향을 미쳤다는 것이다. 깊게는 중국의 문화 정신과 얕게는 백성들의 행동거지에, 위로는 제왕장상들의 천하 쟁탈에서부터 아래로는 일반 백성들의 일상생활에서까지 병가 지략의 흔적을 찾아볼 수 있다.

　　병가의 지략은 지모형 문화의 중요한 일부분으로서 도덕과 평등을
숭상하는 중국인의 전통 관념에 부합했기 때문에 중국 문화에 필연적
으로 영향을 미칠 수밖에 없었다.

차례

1장 │ 멀리 그리고 높이 보라

2장 │ 동쪽에서 소리 지르고 서쪽에서 치다

1장 | 멀리 그리고 높이 보라

1 사람을 알고 때를 알아야 성패를 알 수 있다

모든 지혜 가운데 최고의 지혜는 사람을 아는 지혜이고, 모든 지략 가운데 가장 우선이 되는 것은 때를 아는 지략이며, 성패를 아는 것이 대업을 세우는 기초이다. 이는 공업을 이루거나 제왕이 되고자 하는 자들의 필수조건이다.

사람을 안다는 것은 사람을 알아보고 이해하는 밝은 식견을 의미하고, 때를 안다는 것은 세상사를 통찰하여 결단의 조건을 파악하는 것을 말한다. 성패를 안다는 것은 이 두 가지 인식을 기초로 하여 군사와 정치 등 모든 분야의 변화 및 발전 상황을 예측하는 동시에 최선의 결론을 얻어 적극적으로 준비하는 것을 뜻한다.

중국 역사에 이러한 지인知人, 지시知時, 지성패知成敗의 사례들은 얼마든지 찾아볼 수 있다.

관중管仲은 이름이 이오夷吾로 영수潁水 사람이다. 그는 어려서부터 포숙아鮑叔牙와 교우했고, 포숙아는 그가 현명한 인물임을 잘 알고 있었다. 관중은 집이 가난하여 포숙아와 함께 장사를 했는데, 이윤을 나눌 때마다 항상 공정하지 않았지만 포숙아는 변함없이 우정과 예를 다했고 이를 문제 삼지 않았다. 얼마 후 포숙아는 제齊나라 공자 소백小白을 섬기게 되었고, 관중은 같은 제나라 공자 규糾를 섬기게 되었다. 소백이 승승장구하여 역사적으로 잘 알려진 환공桓公이 되었을 때, 공자 규가 세상을 떠나면서 관중은 감옥에 갇히는 신세가 되었다. 이때 포숙아가 관중을 천거한 덕분에 조정에 등용되어 제나라에서 집정하게 되었다. 그 후 관중은 환공을 패자로 세우는 데 큰 공을 세웠고 제후들과의 회맹을 통해 천하를 제패하는 데 결정적인 지모를 제공했다. 관중이 말했다.

"이전에 내가 몹시 가난했을 때 포숙아와 함께 장사를 했는데, 이익을 나누면서 항상 내가 더 가졌지만 포숙아는 나를 탐욕스럽다고 탓하지 않았다. 그는 내가 가난하다는 것을 잘 알고 있었기 때문이다. 내가 포숙아를 위해 큰일을 도모하다가 잘못하여 그를 곤경에 빠뜨렸을 때도 포숙아는 통찰력이 없는 사람이라고 나를 비난하지 않았다. 아직 때가 오지 않았음을 잘 알고 있었던 것이다. 내가 여러 차례 벼슬을 하다가 군왕들에게 쫓겨났을 때도 포숙아는 나를 무능한 사람이라 말하지 않았다. 시운이 적당하지 않다는 것을 잘 알고 있었기 때문이다. 내가 여러 차례 전쟁에 나가 매번 전장에서 도망쳤을 때도 포숙아는 나를 겁이 많고 죽음을 두려워하는 소인배라 욕하지 않았다. 내게 봉양해야 할 노모가 있다는 것을 잘 알고 있었기 때문이다. 공자 규가 실패하여 스스로 목숨을 끊고 나도 감옥에 갇히는 굴욕을 당했을 때도 포숙아는 날 염치없는 자라고 비난하지 않았다. 내가 작은 손실을 치욕으로 여기지 않고 공명을 천하에 널리 펴지 못한 것을 수치로 여긴다는 것을 잘 알고 있었기 때문이다. 나를 낳아준 것은 부모지만 진정으로 나를 알아준 것은 포숙아였다!”

포숙아에 대한 관중의 평가는 솔직하고 진실했고, 관중에 대한 포숙아의 넉넉한 이해는 실천적이었다. 두 사람은 이처럼 서로를 이해하고 인식했기 때문에 관중은 성현이 될 수 있었고 포숙아도 이름을 남길 수 있었다. 친구 사이의 우정도 이처럼 서로에 대한 이해와 인식에 기초해야 하겠지만, 사실 적과의 교류에는 이런 태도가 더욱 절실하게 요구된다.

『손자병법』에는 “적을 알고 나를 알면 백 번 싸워도 위태롭지 않고, 적을 모르고 자기만 알면 한 번 이기고 한 번 지게 되며, 적도 모르고 자기도 모르면 싸울 때마다 위태롭다”라는 말이 있다. 이는 전쟁의 경험을 종합한 명언이라 할 수 있다.

‘적을 안다’는 것은 사실 매우 복잡한 일이다. 여기에는 상대방 장수와 병사들의 사기, 작전 능력, 처해 있는 형세 등 모든 분야에 대한 종합적인 이해가 필요하다. ‘적을 아는 것’이 어렵다면 ‘자기를 아는 것’은 더더욱 어렵다. 이른바 “당사자는 자신을 정확히 볼 수 없다”라는 말은 사람들이 자신에 대해서는 객관적으로 이해하고 평가하기 힘들다는 것을 의미한다. 정확하게 이해하고 평가할 수 있다면 싸워서 이기지 못할 일이 없을 것이다.

‘적을 아는’ 데 있어서는 적 주장主將의 성격과 모략, 위인, 마음자

세, 의지 등의 요소를 파악하는 것이 가장 중요하다. 적장의 상황을 꿰뚫고 있어야 주도권을 장악할 수 있기 때문이다. 아군의 전력이 적군에 미치지 못한다 하더라도 상대방을 정확히 파악하기만 한다면 크게 패하는 일은 없을 것이다. 이것이 "상대를 건드리진 못해도 피할 수는 있다"라는 말의 진정한 의미이다.

삼국시대에 제갈량諸葛亮과 사마의司馬懿가 진을 치고 서로 왕래하고 있었다. 제갈량은 사마의를 '재주와 능력이 뛰어난 사람'이라 평가하며 대단히 조심스러운 태도를 보였으나, 모략과 지식에 있어서는 사마의를 훨씬 능가했다. 제갈량이 사마의를 두려워했다기보다는 사람에 대한 평가가 매우 신중했고 그만큼 예측과 대비도 철저했던 것을 의미한다. 가장 재미있는 것은 사마의도 '지피지기'의 능력이 있어 자신이 제갈량만 못하다는 사실을 잘 알고 있었고 매사에 조심했다는 점이다. 그래서 제갈량을 이기진 못했지만 적어도 그에게 대패하여 곤경에 처한 적은 없었다.

사마의와 제갈량이야말로 적국 사이의 '지기'인 셈이었다. 한번은 제갈량이 사마의가 겁이 많아 출전하지 못한다는 것을 알고는 사자를 보내 화를 돋우었다.

양군이 오래 대치하고 있던 어느 날, 사마의는 제갈량이 촉병을 이끌고 오장원五丈原에 주둔하면서 사람을 시켜 선물과 편지를 보냈다는 전갈을 받게 되었다. 사마의가 사자를 불러 선물을 열어보니 부인용 머리장식과 흰옷이 들어 있었다. 편지에는 대장부의 기개는 사라지고 규방에만 갇혀 있는 여인네처럼 숨어서 출전하지 않느냐며 비방의 내용이 담겨 있었다.

사마의는 대로했지만 애써 분을 삭이면서 겉으로 드러내지 않고 웃는 낯으로 말했다.

"제갈량이 나를 여인네로 여기고 있구나!"

그는 사자에게 큰 상을 내리라고 분부했다. 그런 다음 사자에게 물었다.

"그대의 승상께서는 요즘 음식을 잘 드시는지 모르겠네. 여전히 바쁘신가?"

"승상께서는 매일 한밤중까지 일하시지요. 곤장 스무 대가 넘는 형벌까지 직접 처리하지만 하루에 드시는 음식은 그리 많지 않습니다."

사마의는 신변의 부장들을 돌아보며 말했다.

"제갈량은 정말 사사로움이 없고 충직한 사람이다. 단지 다른 사람들을 신임하지 못해 대소의 구분이 없이 모든 일을 자신이 직접 처리하려 하니 이것이 어찌 주장으로서 할 일인가? 게다가 그는 일은 많고 식사량은 적으니 얼마 살지 못할 것 같구나."

사자가 촉의 군영으로 돌아가 제갈량에게 사마의가 한 말을 그대로 전했다. 다 듣고 나서 제갈량은 탄식하며 말했다.

"어허! 사마의가 내 사정을 손바닥 들여다보듯 훤히 알고 있구나!"

이때 제갈량은 피로가 쌓여 정신과 생각이 맑지 못했고, 가끔씩 피를 토하기도 했다. 이 일이 있은 지 얼마 후 제갈량은 과로로 숨을 거두고 말았다.

제갈량과 사마의 두 사람은 상대방의 장점과 단점, 성격과 위인에 대해 손바닥 들여다보듯 훤히 알고 있었다. 이런 맞수가 전장에서 대치했으니 자웅을 가리기가 어려웠을 것이다. 사마의는 자신의 재능이 제갈량만 못하기 때문에 승리할 가능성보다 패전할 가능성이 더 크다는 사실을 잘 알고 있었다. 그래서 공격을 피하고 오히려 상대가 실수하는 틈을 노렸고, 덕분에 싸울 때마다 위태롭지 않았던 것이다.

같은 일을 하는 사람들 사이의 교우도 서로에 대해 아는 것이 필요하다. 그렇지 못할 경우 감당하기 어려운 곤경에 처할 수 있기 때문이다.

춘추전국 시기에 오기吳起는 위魏나라에서 서하수장西河守將의 직책을 맡으면서 공적이 탁월하여 대단한 명성을 날리고 있었다. 나중에 위나라가 상국相國을 설치하여 전문田文을 그 자리에 앉히자 오기는 불만을 품게 되었다. 오기가 전문에게 말했다.

"우리 둘 중에 누가 더 공적이 많은지 비교해봅시다."

"그러지요."

"나는 삼군을 통수하면서 사졸들이 기꺼이 전장에 나가 목숨을 걸고 싸워 적국이 감히 위나라를 넘보지 못하게 했는데, 우리 둘 중에 누가 더 강한 것 같소?"

"그 점에서는 제가 장군만 못하지요."

"백관을 다스리고 만민을 사랑하며 창고를 넉넉하게 한 공은 누가 더 클 것 같소?"

"그 점에 있어서도 제가 장군만 못합니다."

"서하를 굳게 지켜 진秦나라가 감히 출병하지 못하게 하고 한韓나라와 조趙나라를 복종시킨 일에 있어서는 누구의 공이 더 클 것 같소?"

"역시 제가 장군만 못하지요."

“그대는 이 세 가지 모두 내게 미치지 못하면서 직위는 오히려 나보다 높으니 세상에 이런 법이 어디 있소?”

“주상께서 어린 나이에 왕위를 이어 나라 전체를 걱정하고 불안해하며 대신들은 제자리를 찾지 못하고 백성들도 왕을 믿지 못하고 있을 때, 안팎을 두루 조화시키고 중앙을 공고히 할 재상을 찾았습니다. 그때 제가 더 적합한 인물이었습니까, 아니면 장군께서 더 적합한 인물이었습니까?”

오기는 한동안 말이 없었다.

“그 자리는 나보다는 그대에게 주는 것이 바람직했던 것 같소.”

“이것이 제 직위가 장군보다 높은 이유입니다.”

오기는 이 부분에 있어선 자신이 전문보다 못하다는 점을 잘 알고 있었다.

전국시대의 오기는 뛰어난 인재였음에 틀림이 없다. 그러나 그는 스스로 깨닫지 못하고 다른 사람의 지적을 듣고 나서야 자신의 단점을 발견하곤 했다. 그러다가 결국엔 지혜와 인식이 모자라 남에게 피살되고 말았다.

사람을 알아보는 능력이 부족하면 어떻게 될까? 이는 대단히 치명적인 일이다. 부모 자식 간에도 예외가 없다.

초楚나라 성왕成王은 후사를 세우는 과정에서 사람을 알아보는 능력이 부족한 데다 신하들의 얘기에 귀를 기울이지도 않았다. 그는 목이 졸려 죽는 비참한 최후를 맞았고, 상신商臣의 스승은 자신의 제자를 잘 알아 부왕을 죽이는 난을 일으킬 수 있었다.

노魯나라 문공文公 원년(기원전 626년), 초왕은 상신을 태자로 세우기로 마음먹고 특별히 영윤슈尹 자상子上에게 의견을 구했다. 자상이 말했다.

"군왕께서는 아직 젊으시고 자제분들도 아주 많으십니다. 상신을 태자로 세웠다가 나중에 폐하게 되면 큰 화를 자초하시게 됩니다. 초나라에서는 태자를 세울 때 항상 나이가 어린 인물을 골랐습니다. 게다가 상신은 눈이 벌 같고 목소리가 늑대 같으며 무정하고 잔인하기 짝이 없는 사람이라 태자로 세우기엔 적합치 않습니다."

그러나 초왕은 자상의 말에 귀를 기울이지 않고 고집을 부려 상신을 태자로 세웠다. 그러고는 얼마 후에 공자 직職을 태자로 세우고 상신을 폐하려 했다. 이런 소식을 전해 들은 상신은 확실한 사실을 알아보기 위해 스승인 반숭潘崇을 찾아가 물었다.

"이 소식의 진위를 어떻게 하면 정확히 알 수 있겠습니까?"

"연회를 열어 고모를 초청한 다음 일부러 그녀를 존경하지 않는 듯한 태도를 보이도록 하게."

상신은 반숭의 지시에 따라 연회를 마련하고 그 자리에서 의도적으로 고모를 모욕했다. 그러자 그녀가 대로하여 말했다.

"아니, 이 미천한 놈이 정말 무례하기 짝이 없구나. 군왕이 너를 죽이고 직을 새 태자로 세우려 하는 것도 무리가 아니었어!"

상신이 반숭에게 말했다.

"군왕께서 나를 태자 자리에서 폐하려시는 게 사실인 것 같습니다."

"그럼 너는 공자 직을 태자로 받들어 모실 수 있겠느냐?"

"그럴 수 없습니다."

"그럼 다른 나라로 도망칠 수 있겠느냐?"

"그럴 수 없습니다."

"그럼 거사를 일으킬 수 있겠느냐?"

"네, 할 수 있습니다."

그해 겨울 10월, 상신은 영궁에 있는 경위들을 이끌고 성왕의 처소로 쳐들어가 조정을 제압했다. 성왕은 마지막으로 곰발바닥을 먹고 나서 죽게 해달라고 간청했지만, 상신은 성왕의 요구조차 들어주지 않았다. 10월 18일, 성왕은 목이 졸려 죽임을 당했고 영靈이라는 시호가 내려졌다. 그러나 죽어서도 눈을 감지 못해 다시 성成이라는 시호를 내리자 그제야 비로소 눈을 감았다.

초 목왕穆王으로 즉위한 상신은 태자였을 때 갖고 있던 모든 재산을 반숭에게 주고 그를 태사太師로 모시는 동시에 궁중에서 경위군을 관장하는 장관으로 임명했다.

반숭은 상신의 모든 것을 손바닥 들여다보듯이 훤히 알고 있었고, 이를 바탕으로 책략을 제공하여 상신을 왕위에 오르게 했던 것이다.

언뜻 보기에는 아주 간단한 일도 실제 상황은 매우 복잡할 때가 있다. 지인의 능력을 갖추고 있다 해도 여러 가지 정황상 힘을 발휘하지 못할 때가 있는 것이다. 또한 이론에 근거하여 정확하게 예측한다 해도 일이 뜻하지 않은 방향으로 전개되면서 아무런 효과도 거두지 못하는 때도 있다. 여왕厲王에게 간언했던 소공김公의 경우가 그러하다.

여왕은 잔학한 통치를 하면서 사치와 오만이 극에 달했고 온 나라가 그의 과실에 대한 논란으로 들끓었다. 이에 소공이 여왕에게 백성들이 왕의 통치를 감당하지 못해 몹시 힘들어하고 있다고 간언했다. 여왕은 대로하여 위衛나라에서 온 무당을 불러 자신의 통치에 대해 뒷공론을 일으키는 자들을 감시하게 했다. 그리고 그 보고에 따라 의론을 제기한 사람들은 무조건 목을 쳤다. 결국 의론은 잦아들었지만 더 이상 조정을 찾는 제후들이 없었다.

여왕 34년, 통치는 갈수록 엄하고 잔인해졌지만 민중은 더 이상 입을 열 수 없었다. 서로 얼굴을 마주치면 눈빛으로 삶의 고통을 하소연할 뿐이었다. 여왕이 흐뭇한 표정으로 소공에게 말했다.

"내가 백성들의 의론을 잠재웠소. 더 이상 감히 입을 여는 자들이 없단 말이오."

"이는 민중의 입을 억지로 틀어막은 것에 불과합니다. 막혔던 강물이 터지면 그 위력은 더욱 거세져 수많은 사람들이 목숨을 잃게 되지요. 민중의 힘도 마찬가지입니다. 제대로 물을 다스리려면 하수도를 잘 소통시켜 물길이 끊어지는 일이 없어야 하는 것처럼, 백성들을 잘 다스리려면 이들을 잘 이끌고 말할 통로를 열어주어야 합니다. 따라서 천자는 대신들과 평범한 관원들이 조정에 보내오는 민간의 이야기에 귀를 기울여야 하고, 악관들이 들려주는 민간의 악곡을 잘 경청하며, 사관들이 기록하는 사서의 내용을 깊이 헤아려야 합니다. 그런 다음 백관들이 마음대로 간언할 수 있어야 하고 민중의 의론이 간접적으로나마 천자의 귀에 들어가야 합니다. 좌우의 시종들에게는 간언의 책임이 있고, 대신들은 천자의 과실을 살펴 이를 보완할 수 있어야 하며, 악사와 사관들은 음악과 역사 기록으로 천자를 잘 보필해야 합니다. 그래야만 정사가 원만하게 이루어지고 인정에 위배되는 일이 없을 것입니다. 백성들에게 입이 있는 것은 천지에 산과 강이 있는 것과 같아서 모든 재물이 바로 여기서 나오는 것입니다. 백성들이 말할 통로를 열어야만 정사의 득실이 제대로 반영되어 좋은 일은 더욱 힘써 행하고 나쁜 일은 사전에 방비할 수 있지요. 백성들의 마음은 그 입을 통해 나오는 법인데 저들의 입을 닫아버린다면 대왕을 지지하는 자들이 얼마나 있겠습니까?"

그러나 여왕은 소공의 말을 듣지 않았고 끝내 입을 여는 백성들이 없었다. 3년이 지나 마침내 백성들은 일제히 반란을 일으켜 여왕을 습격했고, 여왕은 멀리 외지로 도망쳐야 했다.

이처럼 여왕의 패망은 언론을 탄압하면서 사람들의 입을 막은 데 그 원인이 있었다. 사실 언론 탄압이 우매한 통치 방법이란 사실은 누구나 알고 있지만, 하루아침에 권력을 손에 넣다 보면 욕망에 눈이 멀어 여론의 감시와 견제를 원치 않게 되고, 결국 날이 갈수록 민심을 잃게 된다. 소공은 여왕이 패망으로 향하고 있음을 분명히 알면서도 간언만 할 수 있었지, 실질적인 개혁 조치는 내릴 수 없었다. 국왕이 불행한 최후를 향해 달려가는 모습을 보고만 있어야 했던 것이다.

이와 반대로 생각을 조금 바꾸면 얼마든지 인재들을 활용하여 사태를 전환시킬 수도 있다.

정치적 예견이란 구체적 사물에 대한 고려나 판단이 아니라 멀리 내다보고 미래를 위해 준비하는 선견지명이라 할 수 있다. 어쩌면 가까운 장래에 효력을 나타내지 못하거나 심지어 정반대의 반응을 나타낼 수도 있긴 하지만, 먼 미래에는 중대한 의미를 갖기 마련이다.

송宋 진종眞宗이 왕흠약王欽若을 재상으로 등용하려 하자 왕단王旦

이 이를 제지하며 말했다.

"왕흠약은 폐하의 총애를 입어 그 지위와 대우가 이미 상당히 높은 수준에 와 있습니다. 제 생각에는 그를 추밀사樞密使의 자리에 남겨두는 것이 추밀부와 재상부 사이에 평형을 유지할 수 있는 길일 듯합니다. 왕실에서는 태조께서 개국하신 이래로 남방 사람을 재상에 앉힌 선례가 없었습니다. 고인들께서 인재가 있으면 당연히 써야 한다고 말씀하시긴 했지만 반드시 현명한 인재여야만 선례를 깨고 등용할 수 있는 것입니다. 재상으로서 현재를 억압할 생각은 없습니다만 왕흠약을 재상으로 임명하는 데 반대하는 것은 여러 사람들의 공통된 의견이기 때문입니다."

왕단이 반대하고 나서자 진종은 잠시 자신의 생각을 접어두기로 했다. 왕단이 세상을 떠난 후에야 왕흠약은 재상으로 기용될 수 있었다. 왕흠약은 사람들을 만날 때마다 이렇게 말했다.

"내가 재상이 되는 것을 왕단이 10년이나 지연시켰소."

원래 왕흠약은 진소수, 마지절 등과 함께 추밀원에서 일하고 있었는데, 보고하는 일을 담당하다 보니 황제의 눈앞에서 쟁론이 발생했다. 진종이 왕단을 불러 분쟁을 해결하려 하자 왕흠약은 마구 욕을 해댔다. 마지절이 울면서 말했다.

"원컨대 왕약흠과 함께 어사부에 가서 대질을 통해 공정한 판결을 받게 해주십시오."

결국 왕단이 왕약흠을 호되게 질책하여 물러가게 함으로써 분쟁은 매듭지어졌다. 이 일이 있은 직후에 진종은 몹시 격분하여 당장 왕약흠 등 세 사람을 감옥으로 보내라고 명령했다. 그러자 왕단이 엄숙한 어투로 말했다.

"왕약흠 등은 여러 해 동안 폐하의 총애를 의지하여 안하무인으로 행동했습니다. 폐하께서 그들을 처벌하고자 하신다면 공개적인 장소를 선택하시는 것이 바람직합니다. 오늘은 이만 궁으로 돌아가 쉬시옵소서. 내일 아침 소신이 성지를 받들어 그자들을 처리하도록 하겠습니다."

다음 날, 진종은 왕단을 불러 왕약흠 등을 처벌하는 일이 어떻게 되었는지 물었다. 왕단이 대답했다.

"그들을 처벌하는 것은 당연한 일이지만 폐하께서 그들에게 어떤 죄를 내리고자 하시는지 모르겠습니다."

"그자들이 과인 앞에서 무례하게 말다툼을 하지 않았소?"

"폐하께서 천하를 다스리시면서 말다툼을 했다는 이유로 대신들을 감옥에 가뒀다는 사실이 국외에 알려지면 폐하의 위신에 큰 해가 될 것이옵니다."

"그럼 어떻게 해야 한단 말이오?"

"중서성에 폐하의 뜻을 전해 왕약흠 등을 불러놓고 폐하의 관대하신 도량을 알리는 동시에 그들에게 경고하시는 것이 좋을 듯합니다. 그런 다음 시간이 흐른 뒤에 그들을 파면해도 늦지 않을 것입니다."

"그대가 옆에서 말해주지 않았더라면 저들의 방자함을 용서하기 어려웠을 것이오."

한 달 후에 왕약흠 등 세 사람 모두 면직 처분을 받았다.

왕단은 양억楊億과 함께 조정의 인물들을 품평한 적이 있었다. 양억이 물었다.

"정위丁謂는 앞으로 어떻게 될 것 같습니까?"

"정위는 능력이 뛰어나긴 하지만 덕성의 수양에는 문제가 있습니다. 앞으로 높은 관직에 앉게 되고 인품이 훌륭한 사람이 그를 보좌해 준다면 큰일을 이룰 수 있겠지만, 그가 큰 권력을 독점하게 되면 아주 불행한 최후를 맞게 될 것입니다."

정위의 삶은 왕단의 예언에서 크게 벗어나지 않았다.

왕단은 황제의 사자로 파견되어 곤주袞州의 경영궁景靈宮을 보수하게 되었다. 태감 주회정周懷政이 그와 동행했다. 한번은 주회정이 왕단과 만날 것을 요청했다. 왕단은 수종들이 다 도착한 다음에야 관복을 입고 대정에 나가 그를 맞았고, 얘기가 끝난 다음에는 곧장 작별을 고하고 들어와버렸다. 나중에 주회정이 정변을 획책했다는 죄명으로 죽임을 당하자 사람들은 그제야 사람을 정확하게 알아보는 왕단의 깊은 예지력과 통찰력에 찬탄을 금치 못했다.

또 다른 태감 유승규劉承規는 성실하고 충성스러워 진종의 총애를 받았다. 그는 병으로 죽어가면서 진종에게 자신을 절도사로 임명해달라고 간청했다. 황제가 왕단에게 말했다.

"유승규의 요청을 들어주지 않으면 죽어서도 눈을 감지 못할 것이오."

그러나 왕단은 고집스럽게 이를 허락하지 않았다.

"앞으로 누군가 죽음을 앞두고 자신을 추밀사로 봉해달라고 요청한다면 그때도 들어주실 작정이십니까?"

유승규는 마지막 소원을 끝내 이루지 못했다.

오늘날의 관점으로 볼 때, 왕단은 놀라운 일을 이룬 바도 없고 천고에 이름을 남기지도 못했지만, 항상 지인을 우선으로 했고 이치와 실리에 맞게 매사를 구체적이고 절도 있게 처리함으로써 모든 일을 공도와 충의에 부합하게 했던 것이다.

중국의 역사를 장식하는 수많은 현군들은 인재를 기용하는 데 고심했고, 인재 등용을 결정하는 데는 항상 덕행을 기준으로 삼았다. 이처럼 인재를 알아보는 능력은 지혜와 식견에 의해 좌우됐다. 그러므로 사람을 얻는 것은 그 덕에 있고 사람을 알아보는 것은 그 지혜에 있다고 할 수 있다. 인재를 얻어놓고 그 능력을 알아볼 줄 모른다면 모든 인재가 타인을 위해 능력을 발휘하게 된다. 따라서 인재를 얻는 것得人과 인재의 능력을 알아보는 것知人은 동전의 양면이라 할 수 있다. 그러나 지인은 항상 용인用人보다 우선하는 법이다.

능력이 없이 중대한 일을 맡게 되면 그 결과는 비참할 수밖에 없지만, 능력을 갖추고서 그 능력에 맞는 자리를 맡으면 오래 유지할 수 있다. 덕이 없이 관직을 차지하면 반드시 패망하지만 덕을 갖추고 높은 자리에 있으면 오래 유지할 수 있다. 특히 정벌 전쟁 시기나 권력 투쟁의 소용돌이에서는 사람을 정확히 알아보지 못하면 큰 화를 당할 수도 있다. 중국 역사에 이런 사례는 무수히 많다.

진정한 지자智者는 교조에 얽매이지 않고 시대의 흐름과 함께 움직인다. 그러나 시대의 흐름을 따르는 것이 간단하고 쉬운 일은 아니다. 여기에는 반드시 남다른 통찰력과 인식 능력이 수반된다. 한대의 장량張良이 이런 인물이었다.

초한楚漢 전쟁 시기에 유방劉邦은 형양滎陽에서 항우에게 포위되고 말았다. 그는 도움을 청하기 위해 역이기에게 계책을 마련하게 했지만, 역이기가 계략을 내기가 무섭게 장량의 강한 반대에 부딪히고 말았다. 장량은 사회 발전과 형세 및 인사의 변화라는 세 가지 관점에 입각하여 당시 상황을 분석하고 이를 기초로 전략을 세웠다. 유방이 승리할 수 있었던 것은 전적으로 장량의 뛰어난 분석과 예측에 의존했다고 해도 과언이 아니다.

장량은 항상 몸에 병을 달고 다녔고 단독으로 군대를 이끈 적이 한 번도 없었지만, 뛰어난 책사로서 항상 유방을 수행했다. 한 고조 3년(기원전 204년), 항우는 형양성에서 유방을 겹겹이 포위했다. 극도의 불안과 초조감에 빠진 유방은 역이기와 함께 초나라의 세력을 약화시킬 방책을 모색했다. 역이기가 말했다.

"과거 상나라의 탕왕湯王은 하夏의 걸왕桀王을 멸하고 나서 걸의 후손들을 기杞 땅에 봉했고, 주周의 무왕武王은 은殷의 주왕紂王을 멸하고 나서 주왕의 후예들은 송 땅에 봉했습니다. 지금 잔학무도한 진나라는 6국을 멸하려 하고 있어 그 후예들이 설 땅이 없습니다. 폐하께서 6국의 후예들을 새롭게 왕으로 세우신다면 이들은 기꺼이 폐하의 신하와 희첩姬妾이 될 것입니다. 이러한 기풍이 여러 제후국들에게 널리 알려지면 폐하께서는 서남 지역에서 이기실 수 있을 것이고, 초나라도 의관을 정제하고 공경스러운 태도로 찾아와 폐하께 머리를 조아릴 것입니다."

유방은 흔쾌히 이를 받아들였다.

"훌륭한 생각이오. 어서 6국의 옥새를 새겨 그대가 직접 6국을 두루 순방하도록 하시오."

역이기의 생각은 현대적인 관점으로 봐도 상당히 합리적이고 인지상정에 부합하는 책략이었다. 그러나 장량의 분석에 따르면 이는 대세를 잃는 치명적인 방법이었다.

역이기가 아직 출발하지 않았을 때 장량이 급히 유방을 찾아왔다. 마침 식사를 하고 있던 유방이 말했다.

"문객들 가운데 한 사람이 과인에게 초나라의 세력을 약화시킬 수 있는 좋은 방책을 알려주었소."

유방은 역이기의 방책을 장량에게 소상히 설명해주면서 장량의 견해를 물었다. 장량이 말했다.

"누가 폐하께 그런 방책을 올렸는지 모르겠지만 그대로 하셨다간 대왕의 대업은 그것으로 끝입니다."

"어째서 그렇소?"

"제가 대왕께서 손에 들고 계신 그 젓가락으로 대세를 설명해드리지요. 상의 탕왕과 주의 무왕이 걸왕과 주왕을 토벌하고 나서 그들의 후손들에게 봉지를 내렸던 것은 걸왕과 주왕이 이미 죽은 뒤였습니다. 그러나 항우는 아직 죽은 것이 아니지 않습니까? 이것이 이 방략을 쓸 수 없는 첫 번째 이유입니다. 무왕은 은나라로 들어가 기자箕子의 집 문앞에 이르러 수레의 가로나무를 붙잡고서 경의를 표했고 비간比干의 묘를 새로 단장했습니다. 폐하께서도 그렇게 하실 수 있겠습니까? 이것이 이 방책에 따라선 안 되는 두 번째 이유입니다. 또한 무왕은 주왕이 창고에 쌓아놓은 양곡을 전부 방출하고 재물을 모두 풀어 가난한 백성들을 구제했습니다. 지금 폐하께서도 그렇게 하실 수 있겠습니까? 이것이 이 계책을 사용해선 안 되는 세 번째 이유입니다. 은 왕조는 전쟁이 끝나자마자 군용으로 쓰이던 모든 수레를 개조했고 검과 창을 모두 폐기하여 더 이상 사용하지 않겠다는 뜻을 분명히 했습니다. 폐하께서도 그렇게 하실 수 있겠습니까? 이것이 이 계략에 따를 수 없는 네 번째 이유입니다. 무왕은 군마를 전부 화산華山 남쪽에 풀어줌으로써 더 이상 쓸모가 없음을 증명했습니다. 지금 폐하께서도 그렇게 하실 수 있겠습니까? 이것이 이 방략에 따를 수 없는 다섯 번째 이유입니다. 또한 무왕은 군수 물자의 운송과 축적에 쓰이던 우마를 전부 숲으로 막혀 있는 변방의 들판에 풀어줌으로써 더 이상 군수를 수송하거나 축적할 필요가 없음을 밝혔습니다. 지금 폐하께서도 그렇게 하실 수 있겠습니까? 이것이 이 책략에 따를 수 없는 여섯 번째 이유입니다. 천하를 유세하는 책사들이 조상들의 무덤을 내버려두고 부모를 떠난 채 친구들과도 헤어져 폐하를 수행하고 있는 것은 오로지 땅을 분봉받기 위한 것입니다. 지금 6국의 후손들에게 봉지를 내린다면 애써 공을 세운 책사들에게 하사할 봉읍이 없어진다는 것을 의미합니다. 결국 책사들은 전부 원래 주공主公에게로 돌아가 가족과 친구들을 다시 만나는 기쁨을 누리며 일하게 될 것이고, 누구도 폐하를 도와 천하를 도모하려 하지 않을 것입니다. 이것이 이 책략에 따를 수 없는 일곱 번째 이유입니다. 초나라가 강대하지 않다면 모르겠거니와 지금처럼 강대한 상태에서는 6국은 오히려 초나라에 복종할 텐데, 폐하께서는 어디에 가서 신하를 자청할 6국의 후예를 찾으시겠습니까? 이것이 이 책략에 따라선 안 되는 여덟 번째 이유입니다. 그의 방략에 따랐다가는 폐하의 대업은 그것으로 끝장나고 말 것입니다."

유방은 더 이상 젓가락을 들 수 없었고 입에 있던 음식마저 목구멍으로 넘길 수 없었다. 화가 난 그는 큰소리로 호통을 쳤다.

"이 멍청한 놈이 하마터면 대업을 망칠 뻔했구나!"

그러고는 당장 6국의 옥새를 깨뜨려버리라고 명령했다.

장량의 지적은 정확했다. 특히 후반부는 유방의 마음을 뒤흔들어 놓기에 충분했고, 유방은 제때에 잘못을 깨닫고 방략을 달리하게 되었다. 그가 장량의 말을 듣지 않았거나 조금만 더 늦게 들었다면 항우를 제압하고 한 왕조를 세우지 못했을 것은 물론이요, 자신의 몸과 야망을 객지에 묻어야 하는 비참함을 면치 못했을 것이다.

장량의 정치적 예측은 대단히 정확했다. 그의 지적이 있고 얼마 지나지 않아 제 땅을 차지하고 있던 한신韓信이 사자를 보내 자신을 제의 왕으로 봉해줄 것을 요구했다. 유방은 한신이 자신을 도와주지는 않고 자신의 어려운 입장을 이용해서 제왕으로 봉해줄 것을 요구하고 있다고 생각하여 크게 격분했다. 그러나 이번에도 장량의 권고에 따라 그를 제왕에 봉함으로써 한신을 끌어들여 항우를 격퇴할 수 있었다. 역이기의 말대로 제나라의 후손을 제왕으로 봉했다면 한신은 일찌감치 유방을 배반했을 것이다. 결국 한 왕조의 흥망성쇠는 장량이라는 정치 예측가의 손에 좌우됐다고 할 수 있다.

때로는 장기적인 목표를 달성하기 위해 눈앞의 이익을 포기하지 않으면 안 되는 때가 있다. 이른바 "나중에 확실히 얻기 위해선 잠시 내어줘야 한다"는 말이 그런 의미이다.

춘추시대 진秦과 진晉의 관계는 아주 재미있는 양상을 보이고 있다. 진晉 문공文公 중이重耳가 군주가 되기 전에 20년 동안 분란이 끊이질 않았고 여러 명의 군주가 교체되었다. 진晉의 공자 이오夷吾가 진秦나라에 있을 때 극예가 이렇게 말했다.

"다른 사람이 나라를 차지하려 하는데 우리가 재물을 아껴서 무얼 하겠습니까? 귀국하여 민심을 다시 얻을 수만 있다면 그까짓 땅이 뭐 그리 대단한 것이겠습니까?"

이오는 그의 충고에 그대로 따라 후한 뇌물을 바쳤다.

진秦 목공이 극예에게 물었다.

"이오 공자는 누구를 의지하고 있소?"

"이오는 어려서부터 사람들과 떠들썩하게 어울려 노는 것을 좋아하지 않았고, 싸움할 줄은 알았지만 한계가 있었습니다. 이런 성격은 어른이 되어서도 고쳐지지 않았지요. 다른 점은 저도 잘 모르겠습니다."

목공은 다시 진秦나라 대부 공손지公孫枝에게 물었다.

"이오의 지위가 안정될 수 있을 것 같소?"

"소신이 듣건대 원칙에 부합해야만 나라를 안정시킬 수 있다고 합니다. 거짓과 허위가 없고 백성들을 해치지 않아야 전범에 어긋나는 일이 적을 것입니다. 지금 그의 마음속에는 시기심과 승부 근성이 가득합니다. 나라를 안정시키는 일은 어려울 것 같습니다."

진백秦伯이 말을 받았다.

"시기가 많으면 원한이 많아지는 법인데 어떻게 성공을 기대할 수 있겠습니까? 자신에게 이용당할 뿐이지요."

목공은 뛰어난 두뇌를 가진 군주였다. 그는 훌륭한 사람을 내치고 부족한 사람을 세우기로 마음먹었다. 부족한 사람을 세워 그의 힘을 빌려 진晉을 스스로 멸망시키려는 목적에서였다. 묵공은 이오를 진晉

으로 돌려보내 즉위하게 했고, 이오는 곧 혜공惠公이 되었다. 과연 이오는 귀국하여 의롭지 못한 일들을 무수히 저질렀고, 그 결과 진秦과도 전쟁을 치르게 되었다.

기원전 646년 겨울, 진秦은 기근이 발생하자 진晉나라에 양곡 지원을 요청했으나 혜공은 이를 거절했다. 진晉의 대부 경정이 말했다.

"예전에 우리나라에 기근이 들었을 때 진秦은 다량의 양곡과 금전을 보내 지원해주었습니다. 은혜와 의리를 저버린다면 기댈 벽을 잃는 것과 같습니다. 운이 다하고 재앙이 찾아오는 것은 인의를 잃은 소치이지요. 덕행을 저버리고서 어떻게 나라를 보위하려 하십니까?"

진晉의 대부 괵사가 말을 받았다.

"가죽이 없는데 어떻게 털이 자랄 수 있겠습니까?"

경정이 다시 말했다.

"신의를 저버리고 은혜를 배반한다면 우리가 어려움에 처할 때 누가 와서 도와주겠습니까? 신의를 중시하지 않으면 환란이 닥치게 되고 도와줄 사람을 잃으면 반드시 망하게 되어 있습니다. 지원 요청에 응하는 것이 마땅합니다."

괵사가 다시 말을 받았다.

"진秦을 돕는다 해도 우리에 대한 원한을 누그러뜨리지는 못할 것입니다. 오히려 적의 세력을 강하게 할 뿐이지요. 아무래도 거절하는 것이 좋을 것 같습니다."

경정도 지지 않았다.

"은혜와 의리를 잊으면 행운이 화로 변하는 법이고, 이는 백성들을 버리는 일입니다. 이로 인해 가까운 이웃들이 원수로 변할 텐데 하물며 적국들은 어떻겠습니까?"

혜공은 끝내 경정의 말을 받아들이지 않았다. 경정이 물러나오며 말했다.

"국군國君께서는 나중에 반드시 이 일로 인해 후회할 날을 맞게 될 것입니다."

애당초 진秦나라가 혜공을 귀국시켜 즉위하게 했을 때, 혜공은 중대부에게 보물을 보내주기로 약속하고서 얼마 후 이 약속을 파기해버렸으며, 진秦 목공에게 동으로는 괵략성, 남으로는 화산華山을 포함한 황하 이외의 땅과 해량성을 주기로 약속했지만 끝내 지키지 않았다. 또한 진晉나라에 심한 기근이 들었을 때 진秦은 식량을 보내주었지만, 진秦의 백성들이 기아에 시달리게 되었을 때 진晉은 구원의 손을 내밀지 않았다. 이런 이유로 목공은 진晉을 토벌하기로 결심하게 되었다.

진나라의 복사卜師 목도보가 이 일을 위해 점괘를 뽑아보니 '황하를 건너 공후의 수레를 멸할 수 있다'는 길언吉言이 나왔다. 목공이 자세한 설명을 부탁하자 목도부가 말했다.

"아주 길한 점괘입니다. 저들을 세 번이나 대패시킬 수 있고 진나라 군왕을 포로로 잡게 될 것입니다.

과연 교전이 시작되어 진晉군은 세 차례나 크게 패했고 진秦군은 한원韓原까지 적군을 추격했다. 혜공이 경정에게 물었다.

"적이 압박해오는데 어떻게 하면 좋겠소?"

"이는 대왕께서 자초하신 일인데 무슨 방법이 있겠습니까?"

혜공은 방자하다고 나무라며 점괘를 뽑아 자신의 수레를 몰 사람을 고르게 했다. 경정이 길괘를 얻었지만 혜공은 이에 따르지 않았다. 혜공은 보양步揚에게 수레를 몰게 하고 하인들은 수레의 오른쪽으로 걷게 한 다음 정鄭나라에서 보내온 작은 말들이 끄는 수레에 올랐다. 이에 경정이 말했다.

"고대에 전쟁이 발생하면 반드시 본국의 거마를 사용했습니다. 타지에서 생산된 거마를 타고 전쟁을 진행하시다가 두려움에 말의 태도가 변하기라도 하면, 사람의 뜻과 부합하지 못해 콧김을 마구 뿜어대면서 교활함과 분노를 쏟아내고 온몸의 혈관이 팽창됩니다. 외표는 강인하지만 속으로는 겁에 떨게 되어, 앞으로 나아가려 해도 나아가지 못하고 물러서려 해도 물러서지 못하게 되며 몸을 돌리는 것도 불가능하게 됩니다. 그때가 되어서야 군왕께서는 후회하시게 될 겁니다."

혜공은 이번에도 그의 말을 듣지 않았다.

9월, 혜공은 진秦나라 군대를 공격하기 위해 먼저 한간韓簡을 파견하여 적의 군사력과 형편을 살피게 했다. 한간이 돌아와서 보고했다.

"적군은 우리보다 수가 적지만 투지는 우리의 몇 배나 됩니다."

"그 원인이 무엇인가?"

"군왕께서 당초에 망명할 수 있었던 것은 진秦의 도움 덕분이었고 다시 귀국하여 즉위할 수 있었던 것도 진나라의 총애와 신의 때문이었으며, 기아에 허덕일 때 먹었던 것도 진나라의 식량이었습니다. 진은 우리에게 세 차례나 은덕을 베풀었는데 우리는 보답할 생각을 하지 않았습니다. 그래서 진이 기병하여 우리를 치기로 한 것이지요. 지금 진을 공격하고 있지만 진은 사기가 충천해 있는데 우리는 군기가 떨어질 대로 떨어져 있는 상황입니다. 우리의 투지가 저들에 훨씬 미치지 못하는 것이 당연하지요."

"개인도 가볍게 후회하지 않는데 하물며 국가는 어떻겠소?"

그러고는 한간을 보내 전쟁의 의지를 확고히 밝히며 말했다.

"과인은 능력이 없어서, 군대를 모아놓기는 했지만 해산시키지는 못하오. 귀국의 군왕께서 군대를 물리지 않는다면 우리는 도망칠 곳도 없소이다."

목공이 공손지를 시켜 대답하게 했다.

"진군晉君이 아직 귀국하지 못했을 때 과인은 그를 위해 걱정했고, 그가 진晉으로 돌아가 나라를 안정시키지 못하고 있을 때도 마음을 놓지 못했소. 진군의 군위君位가 공고해졌으니 과인이 어찌 감히 작전의 명령을 받아들이지 않겠는가?"

한간이 물러나오며 말했다.

"이번 싸움에서 사로잡히지 않는다면 그것만으로도 행운이겠습니다."

진秦과 진晉 두 나라는 마침내 한원에서 결전을 벌였다. 혜공의 거마가 진흙탕에 빠져 나오지 못하게 되자 혜공이 다급하게 경정에게 도움을 청했다. 경정이 말했다.

"간언을 듣지도 않고 점괘도 믿지 않으셨으니 이는 이미 실패를 자초한 것이나 다름없는데 무슨 면목으로 도망치려 하십니까?"

이 전투에서 진秦나라는 혜공을 포로로 잡아 회군했고, 진晉나라의 대부들은 머리를 풀어헤치고 수레의 휘장을 걷은 채 잡혀 가는 군왕의 뒤를 따라야 했다.

이번 전쟁은 진秦의 완벽한 승리로 막을 내렸다. 사실 두 나라의 전쟁은 일찌감치 승패가 결정된 것이나 다름없었다. 목공은 이미 모든 것을 예측하고 있었던 것이다. 이는 단순한 예측이 아니라 계획을 실천한 것이기도 했다. 목공은 혜공의 성정을 철저히 분석하고 있었고, 몇 차례의 외교 공세를 통해 이미 주도적인 위치를 점하고 있었다. 게다가 진秦의 군사력은 진晉에 비해 약하지도 않았다. 그러므로 전쟁이 시작되자마자 혜공을 포로로 삼은 것은 결코 뜻밖의 일이 아니었다.

이처럼 정치적 예측은 실제적인 노력과 결합되어야만 최종적인 목표를 이룰 수 있다. 이는 주도적 예측으로서, 이러한 예측을 할 수 있는 사람들만이 성공할 수 있다.

일반적으로 중국의 정치 전통에서 어둠 속에서 빛을 보는 듯한 이러한 예측은 지모의 최고 경지로 평가되었다. 정치적 예측은 군사적 예측보다 훨씬 복잡하기 때문이다. 정치적 예측에는 군사적 요소와 경제적 요소, 정치와 인사의 요소가 모두 포함된다. 미래에 대한 모든 판단을 기상과 점괘로 결정하던 춘추전국시대에도 이미 자연적, 인적 사물과 요소들을 넓고 깊게 통찰하여 정확한 예측을 통해 실천하는 지략가들이 있었다. 그리고 그들의 지혜는 오늘날에도 실용적 가치를 지니고 있다.

정치적 예측이 어렵긴 하지만 중국 역사에는 성공한 정치적 예측이 적지 않았다. 지혜롭고 현명한 사람들은 세상사를 꿰뚫어보고 미세한 움직임까지 통찰할 수 있었으며 이를 기초로 풍부한 정치적 경험을 축적할 수 있었다. 과거를 알고 현재를 통찰하며 미래를 예측하는 역사적 경험은 결코 경시할 수 없을 것이다. 이처럼 넓고 깊게 통찰할 수 있는 능력이야말로 모든 지모를 능가하는 대지大智라 할 수 있을 것이다.

2 | 두 번의 전투로 왕조의 기초를 다지다

길고 긴 중국의 역사에서 농민 봉기로 세워져 비교적 오랫동안 정권을 유지했던 왕조는 한漢과 명明뿐이었다. 명 태조 주원장朱元璋의 파란만장하고 아슬아슬했던 전장 생활 가운데, 그가 가장 중요하게 여긴 대규모 전쟁은 단 두 번뿐이었다. 첫 번째는 진우량陳友諒을 물리친 전투였고, 두 번째는 장사성張士誠을 패퇴시킨 싸움이었다. 이 두 차례 대전은 뛰어난 지모를 가장 효과적으로 잘 운용한 본보기로, 현대의 전술에도 중대한 영향을 미치고 있다.

지정至正 20년(1360년), 진우량은 태평성太平城을 점령하고 성주인 서수휘를 살해한 뒤 스스로 칭제하여 국호를 한漢으로 하고 강서와 호광 등지를 점거하여 대단한 기세를 떨쳤다. 이후 진우량은 사자를 보내 장사성을 끌어들인 다음 군대를 일으켜 주원장의 본거지인 응천

應天을 공격하려 했다. 장사성은 주원장이 사라지면 자신이 두 번째 목표가 될 것이라 판단하여 즉각적인 응답을 피했다. 사자의 보고를 듣고 진우량이 대로하며 말했다.

"소금장수 따위가 날 따르지 않는다고 내가 응천을 차지하지 못할 줄 아는가?"

결국 진우량은 강주江州에 함대를 집결시켰다. 선단의 맨 앞에서 끝이 보이지 않을 정도로 길게 늘어선 모습이 응천까지 닿을 것 같았다. 기세로 응천성을 제압하려 한 것이다.

주원장은 즉시 사람들을 소집하여 대책을 논의하기 시작했다. 당시 병력의 차가 너무 컸기 때문에 두려움에 사로잡혀 성 밖으로 나가 투항할 것을 제의하는 사람이 있는가 하면, 잠시 응천을 포기함으로써 적의 칼을 피하는 것이 좋겠다고 주장하는 사람도 있었다. 주원장이 말했다.

"적군이 도착하기도 전에 싸워보지도 않고 투항이니 도망을 거론하는 것은 군심을 어지럽히는 일이오. 또다시 이런 말을 꺼내는 자들은 지위고하를 막론하고 모두 참수할 것이오!"

주원장의 명으로 여러 장수들은 전략을 의논하기 시작했다. 한 사람이 나서서 말했다.

"전면전으로 대항하는 것은 바람직하지 못합니다. 차라리 병사를 일으켜 태평을 공격하면 진우량을 견제하는 동시에 응천의 위급한 상황을 크게 완화시킬 수 있을 것입니다."

상당히 일리가 있는 얘기였지만 주원장은 여전히 고개를 가로저으며 말했다.

"그건 곤란하오. 진우량이 점거하고 있는 양자강 상류 지역은 수군 병력이 우리의 열 배에 달하기 때문에 단기간에 태평을 수복하는 것은 불가능하오. 태평을 수복하지 못하면 우리는 돌아갈 집마저 잃게 될 것이오."

다른 장수가 나서서 말했다.

"장군께서 직접 나가 적을 맞아 싸우신다면 응천은 무사할 수 있을 것입니다."

주원장은 이번에도 고개를 가로저으며 말했다.

"그것도 좋은 방법이 못 되오. 내가 직접 적을 맞아 싸운다 해도 진우량이 일부 군사만 남겨 나와 교전을 벌이는 동시에 자신은 대군을 이끌고 동쪽으로 움직일 것이고, 반나절이면 금릉金陵에 도착할 것이오. 게다가 우리의 주력군은 능사陵師라서 기동력이 비교적 떨어지기 때문에 도우러 가기도 어려울 것이오. 더구나 100리를 달려가 전쟁을 한다는 것은 병법에서도 금기로 삼는 것이니 결코 계책이 될 수 없소."

장수들은 묘책이 떠오르지 않아 모두들 어찌해야 할지 몰라 주원장만 쳐다보고 있었다. 오히려 주원장은 끝까지 침착함을 잃지 않았다.

"내게 적군을 이길 방법이 있으니 조급해하지 마시오. 범상范常과 강공康公만 남아 내 명을 받도록 하고 나머지 장수들은 우선 돌아가 휴식을 취하도록 하시오."

주원장은 범상에게 재빨리 호대해胡大海에게 편지를 보내 신주信州를 공격하여 진우량을 견제하게 하라고 명했다. 그러고 나서 다시 강무재康茂才에게 말했다.

“강공과 진우량은 오래전부터 친분이 두텁다고 들었소. 진우량이 빨리 공격하도록 유도했으면 하는데, 그에게 거짓으로 투항하는 서신을 써줄 수 있겠소?”

강무재는 주원장의 명에 따라 거짓 편지를 써서 하인을 시켜 전달하게 했다. 진우량은 강무재의 서신을 읽고 기뻐하며 말했다.

“적진에 있는 사람이 내응해주기만 한다면 적을 쳐부수는 일은 식은 죽 먹기가 될 것이다.”

진우량이 서신을 가져온 하인에게 물었다.

“강공은 지금 어디 계신가?”

“강동江東의 목교木橋를 지키고 계십니다.”

“어서 돌아가 강공에게 전해라. 우리가 강동교에 도착하면 ‘강씨’를 연달아 외칠 테니 창을 거꾸로 들고 내응하라고 말이다. 그러면 일을 그르치는 일이 없을 것이다.”

하인은 재빨리 응천으로 돌아와 강무재에게 보고했다. 주원장은 강무재의 보고를 받고 밤늦게까지 강동의 목교를 석교石橋로 바꾸는 공사를 진행했다. 다리가 완성되자 그 위에 ‘강동교’라고 세 글자를 크게 쓰면서 말했다.

“진우량은 이미 내 올가미에 걸려들었다.”

이튿날 주원장은 장수와 참모들을 모아놓고 말했다.

“곧 진우량이 도착할 터이니 경들은 명령을 기다리도록 하시오!”

주원장은 상우춘에게 5익翼의 군대를 이끌고 석회산石灰山에 매복하게 하고 서달에게는 군대를 이끌고 남문 밖에 매복하게 했다. 아울러 장덕승에게는 함선과 수사를 이끌고 용강관龍江關 밖으로 나가도록 했다. 주원장은 군대를 노룡산盧龍山에 주둔시키고 직접 지휘했다.

이윽고 진우량이 거대한 함대를 이끌고 대승항大勝港에 도착해서 강가 언덕 위에 무수한 병력이 수비에 임하고 있는 것을 보고는 곧장 강동교를 향해 질주했다. 다리에서 멀지 않은 곳에서 바라보니 '강동교'라는 세 글자가 보이긴 했지만 목교가 아니라 돌을 쌓아 만든 석교였다. 진우량은 이상하다는 생각이 들었다. 다리 근처로 가서 연달아 '강씨'를 불러댔으나 아무런 응답이 없자 그는 그제야 주원장의 계책에 걸려들었다는 사실을 깨닫고 황급히 퇴각 명령을 내려 용만龍灣으로 향했다. 그는 1만 명의 병력을 뭍으로 상륙시켜 진을 치게 했다.

주원장과 그의 장수들은 노룡산에서 진우량의 진영이 흐트러지는 모습을 내려다보고 있었다. 장수들은 지금이 진영을 무너뜨리기에 가장 좋은 기회라고 판단하고 산을 내려가려 했다. 주원장이 말했다.

"하늘을 보니 곧 비가 쏟아질 것 같소. 식사하면서 기다리다가 비가 내리면 그 틈을 타서 진격하도록 합시다."

여러 장수들은 뜨거운 햇볕이 쏟아지고 있는데 곧 비가 올 것이라는 얘기에 무슨 영문인지 몰라 어리둥절해 있었다. 그러나 잠시 후에 광풍이 몰아치면서 먹구름이 몰려오더니 비가 쏟아지기 시작했다. 주원장의 한마디 호령에 전군이 산을 내려가 상륙하는 적과 한바탕 결전을 벌였다. 비가 그친 뒤에 주원장이 다시 깃발을 흔들고 북을 두드리자 상우춘과 서달이 복룡산伏龍山과 남문 밖에서 밀고 나오면서 세 갈래 인마가 한곳으로 모여 진우량의 군대를 전부 강물 속에 빠뜨려 죽였다.

진우량은 물에 빠진 병사들을 구하기 위해 재빨리 함대를 몰고 달려왔다. 이때 건너편에서 장덕승이 수군을 이끌고 나타나자 진우량은 황급히 함대를 지휘하여 응전했다. 그러나 진우량의 배는 큰 함선이라 뜻하지 않게 썰물을 만나 밀려가는 조수에 휩쓸려 좌초하고 말았다. 진우량은 패배가 확실해지자 하는 수 없이 서둘러 작은 배로 옮겨 타 도주했다. 주원장은 수륙 협공으로 적군을 완전히 섬멸하고 무수한 포로들을 사로잡았으며 노획한 전함도 100여 척에 달했다.

그 후 주원장은 기세를 몰아 태평을 회복하고 안경安慶을 탈환했으며 호대해도 신주信州를 공격했다. 크게 패한 진우량은 다시 강주로 도망쳐야 했다.

주원장은 진우량을 공격하여 대승을 거두고 나서 장사성과 이웃하고 있었다. 당시 장사성은 스스로 오왕吳王이라 자칭하며 평강平江에 도읍을 정하고 있었다. 그러나 그는 정사를 아우인 장사신張士信에게 맡기고 어떤 일에도 관여하지 않았다.

장사신은 큰 뜻을 지닌 인물이 아니었다. 재물을 탐하고 여색을 좋아했던 그는 왕경부와 섭덕신, 채언부 세 유생을 중용했는데, 이들 모두 아첨에 능해 위로는 다른 대신들을 헐뜯고 아래로는 백성들을 억압했을 뿐만 아니라 진실을 왜곡하면서 온갖 악행을 저질렀다. 이런 상황을 전해 들은 주원장이 말했다.

"나는 조심해서 처리하지 않은 일이 하나도 없었음에도 불구하고 때로는 속임수에 당하기도 했소. 그런데 장사성은 1년 내내 집안에 들어앉아 정사에 전혀 관여하지 않는다니 어찌 실패하지 않을 수 있겠소?"

주원장은 여러 장수들을 소집하여 장사성을 토벌하기 위한 계책을 논의했다. 우승상 이선장이 먼저 나서서, 장사성이 아직은 완전히 부패하지 않은 상태이니 좀 더 기다렸다가 모든 조건이 무르익으면 그때 공격해야 한다고 말하자 서달이 말을 받았다.

"장사성은 성격이 오만하고 포악하며 사치가 극에 달해 있습니다. 지금이야말로 하늘이 그를 멸망시키려 할 때입니다. 그가 중용한 인물들은 하나같이 어려움에 대처하는 능력을 갖추지 못한 오합지졸들입니다. 게다가 왕경부와 채언부, 섭덕신 세 참군은 부패한 서생에 불과하기 때문에 큰 계책은 알지도 못합니다. 소신이 황상의 위엄과 성덕에 의지하여 그 죄상을 세상에 낱낱이 알리고 군대를 일으켜 토벌에 나서면 이들을 멸망시키는 것은 시간문제일 것입니다."

주원장이 크게 기뻐하며 말했다.

"그대의 견해가 실로 나와 같구려. 이번 일은 반드시 성공할 것이오!"

지정 26년(1366년) 8월, 주원장은 서달을 대장군으로 임명하고 상우춘을 부장군으로 하여 20만 대군을 이끌고 장사성 토벌에 나섰다. 출정에 앞서 주원장은 전쟁터로 떠나는 병사들에게 단단히 당부했다.

"적의 성을 공격할 때 함부로 사람을 죽이거나 재물을 약탈해서는 안 된다. 집을 망가뜨려도 안 되며 묘지를 파헤쳐서도 안 될 것이다. 듣자 하니 장사성 모친의 묘가 평강성 외곽에 있다고 하는데 절대 그 묘지를 침범하거나 훼손해서는 안 된다."

주원장은 또 서달과 상우춘을 따로 불러서 물었다.

"그대들은 어느 방향으로 먼저 진격할 셈인가?"

상우춘이 조금도 망설이지 않고 먼저 대답했다.

"맹금을 완전히 쫓아버리려면 그 둥지를 없애버려야 하고 쥐를 없애버리려면 땅굴을 완전히 태워버려야 합니다. 이번 작전에서 장강璋江까지 함락시키면 나머지 여러 군郡은 힘들이지 않고 쉽게 손에 넣을 수 있을 것입니다."

주원장은 그의 의견에 동의하지 않았다.

"지금의 상황은 다르네. 장사성은 소금장사로 가계를 일으킨 인물인 데다 장천기와 반원명은 그의 수족과 같은 인물들이라 장사성이 위험한 지경에 처하면 함께 망하게 될까 두려워 필시 힘을 모아 그를 도우러 올 걸세. 지금 이들의 세력을 분산시켜놓지 않으면 불시에 평강으로 진격할 수 있단 말일세. 장천기가 호주에서 병력을 이끌고 오고 반원명이 항주에서 출병하여 사방에서 지원군이 합세하게 되면 우리도 승리를 장담하기 어려울 걸세. 내가 보기에는 먼저 호주를 공격하여 이들을 혼비백산하게 만들어야 평강성을 쉽게 무너뜨릴 수 있을 것 같네."

서달과 상우춘은 주원장의 말에 일리가 있다고 판단하고 곧장 주원장의 지시대로 행동에 착수했다.

호주성을 지키고 있던 이백승과 장천기는 적군이 쳐들어온다는 소식을 듣고 병력을 세 갈래로 나눠 서달의 공격에 대응했다. 서달은 적군의 상황을 보고받고 병력을 세 갈래로 나누어 응전하되, 몰래 군대를 따로 보내 적군의 뒤쪽을 에워싸서 적군이 호주성으로 돌아가지 못하도록 퇴로를 차단하는 계책을 세웠다. 과연 적군은 전투에서 패하고 뿔뿔이 흩어져 호주성으로 도망치려 했으나 기다리고 있던 복병에 의해 길이 막히고 말았다. 적군은 퇴로가 막히자 다시 말머리를 돌려 서

달과 응전하는 수밖에 없었다. 서달은 흩어져 있던 병사들을 하나로
모아 적군을 에워싸 적의 병력을 완전히 전멸시키고 장수 200여 명을
포로로 잡은 다음 호주성을 철저히 포위했다.

장사성은 호주성이 포위됐다는 소식을 듣고 즉시 아들인 오태자五
太子를 보내 장수 여진呂珍과 합세하여 6만의 병력을 이끌고 호주성을
지원하게 했다. 오태자는 성 동쪽 다섯 곳에 대규모 군영을 설치하고
있었다. 서달과 상우춘은 고수교姑嫂橋에 열 개의 진영과 보루를 세우
고 호주성으로 들어가는 길목을 지켰다. 여진이 감히 섣불리 공격을
하지 못하자 상우춘도 먼저 출격하지 않았다. 그러나 이미 몰래 병사
를 보내 여진의 군량 운송 통로를 차단해놓은 상태였다.

장사성의 사위인 반원소潘元紹가 군량과 마초를 호송해 오진烏鎭에
이르렀으나, 이를 기습한 상우춘에게 전부 약탈당하고 허둥지둥 도망
쳤다. 얼마 후 장사성의 대장인 서지견徐志堅이 수군을 이끌고 고수교
를 습격했다가 상우춘의 매복에 걸려들어 생포되고 말았다. 사태가 위
급해지자 장사성이 친히 정예부대를 이끌고 여진을 지원하러 왔다. 그
러나 이를 기다리고 있던 서달이 조림皂林에서 장사성을 대패시키고,
기세를 몰아 달아나는 적을 추격하여 수사와 능사의 군영을 전부 파
괴한 다음 산으로 도망치는 패잔병까지 모조리 사살했다. 오태자와
여진은 달아날 퇴로가 보이지 않자 무기를 내려놓고 투항하는 수밖에
없었다. 상우춘이 서달에게 이런 상황을 보고하자 서달은 여진에게
호주성으로 가서 이백승과 장천익에게 투항을 권하라는 명령을 내렸
다. 이백승과 장천익도 이미 대세가 기운 것을 보고는 투항하여 살길
을 찾는 수밖에 없었다. 결국 두 사람은 성문을 활짝 열고 서달을 맞

아들였다.

곧이어 주원장의 대장 이문충李文忠도 항주성 탈환에 성공했다. 호주와 항주를 얻은 주원장은 계속해서 장사성을 공격하라는 명령을 내렸다.

그해 11월, 명령을 받은 서달이 대군을 이끌고 태호太湖를 출발하여 장사성의 오랜 근거지인 평강성을 공격했다. 서달은 평강성의 수비가 견고할 뿐 아니라 모두 장사성의 용승군勇勝軍이 지키고 있어 단번에 함락시키기는 어려울 거라고 판단하고 성을 겹겹이 에워싸기 시작했다. 그런 다음 서달 자신은 봉문에 군대를 주둔시키고 전군을 지휘했다. 그는 성의 사방에 담을 쌓고 밤낮으로 공격을 계속하는 한편, 곳곳에 목재로 망루를 세워 적진을 내려다보면서 정찰병의 보고에 따라 수시로 공격 계획을 조정했다.

적군이 비석포로 반격하자 서달은 서둘러 병사들에게 목조 가옥을 지어 몸을 피하게 했다. 병사들은 무사히 비석의 습격을 피할 수 있었고 또한 적을 공격하는 데도 방해가 되지 않았다. 얼마 후 서달은 적을 공격하기에 더 좋은 방법을 생각해냈다. 그는 병사들에게 적의 성벽에 3분의 1에 해당하는 높이로 단을 세우고 단 위에 궁노와 연통 그리고 거대한 대포를 설치하도록 명령했다. 이렇게 한 결과 대포를 쏜 곳은 방향에 관계없이 전부 산산조각이 났고 적군은 두려움에 떨게 되었다.

장사성은 성을 계속 지키기 어렵다고 판단하고는 적의 포위를 피해 기습 작전을 펴기로 결정했다. 그는 서의와 반원소를 시켜 정예부대인 용승군을 이끌고 몰래 서문을 빠져나가 호구로 돌아가서 상우춘을 기습하게 했지만, 오히려 상우춘 수하의 대장 왕필玉弼에게 대패하고 말았다. 장사성이 서둘러 그들을 지원하러 왔지만 결국 상우춘에게 쫓겨 사분담沙盆潭까지 물러나야 했다. 장사성은 갈팡질팡하는 군사들에 떠밀려 말과 함께 연못에 빠지고 말았다. 익사 직전에 다행히 용승군의 '십조룡十條龍'이 달려와 황급히 장사성을 구조하여 말에 태워 성으로 돌아왔다.

이백승이 세객을 보내 장사성에게 투항할 것을 권했지만 장사성은 저녁 내내 고심한 끝에 결국 투항하지 않기로 마음먹었다. 이튿날 그는 다시 병사를 이끌고 서문胥門 돌파를 시도했으나, 이번에도 실패로 끝나고 말았다.

그로부터 사흘 뒤 장사성의 동생인 장사신이 성루에서 병사들을 감독하고 있을 때, 갑자기 포탄 하나가 날아와 머리를 산산조각 내버렸다. 장사신의 죽음으로 성안은 한바탕 혼란에 휩싸였고 이런 틈을 놓치지 않고 서달이 공격 명령을 내렸다. 성의 함락을 코앞에 둔 상황에서 서달은 병사들에게 훈계를 잊지 않았다.

"백성들의 재물을 노략질하거나 가옥을 훼손시키는 자는 극형에 처할 것이며 군영을 20리 이상 벗어나는 자 또한 엄히 처단할 것이다."

얼마 지나지 않아 서달이 이끄는 부대가 먼저 봉문을 연 데 이어 상우춘도 창문閶門을 여는 데 성공했다. 곧이어 병사들이 사방으로 흩어져 성벽을 오르기 시작했고 평강성은 이내 함락되고 말았다. 홀로 남은 장사성은 황급히 불러 모은 2~3만의 패잔병을 이끌고 만수萬壽 동쪽 길에서 서달을 상대로 최후의 일각까지 시가전을 벌였다. 서달은 빠른 속도로 적군을 와해시켰고 장사성은 황급히 내성에 있는 관사로 도망쳤다. 이미 그의 곁에는 몇 명의 친위대밖에 남아 있지 않았다.

장사성의 아내 유씨는 평강성이 함락되자 어린 두 아들을 유모에게 맡기고 장사성의 첩과 시녀들을 제운루齊雲樓에 몰아넣은 채 불을 질렀다. 그런 다음 자신도 목을 매어 죽었다. 그날 해질 무렵 장사성도 목을 매려 했으나 부하에게 발견되어 구조된 직후에 결국 서달의 포로가 되고 말았다. 서달이 여러 차례 이백승과 반원소 등의 장수를 보내 주원장에게 투항할 것을 권했지만 장사성은 두 눈을 굳게 감은 채 끝내 응하지 않았다. 서달은 하는 수 없이 장사성을 배에 태워 응천에 있는 주원장에게로 보냈다.

장사성은 배에서도 줄곧 식사를 거부하면서 장수로서 절개를 고집하다가 응천에 도착하여 사람들의 주의가 소홀해진 틈을 타서 자진했다.

주원장은 서달을 비롯하여 혁혁한 군공을 세운 장수들을 치하하고 투항한 적장들을 사면했다. 석 달 뒤 주원장이 황제에 등극함으로써 명 왕조가 탄생하게 되었다.

명 왕조의 기반을 다진 두 차례의 전투에서 주원장은 항상 상대를 제압하는 면모를 보였다. 물리적인 전투력과 정신적인 지모 그리고 병력을 통솔하는 지도력 등에서 그는 장수가 갖춰야 할 충분한 능력을 지니고 있었던 것이다. 진우량과 싸울 때는 실제로 대단히 위급한 처지에 놓이기도 했다. 당시에는 공격을 자제하고 진영을 지키든 서둘러 도망치든, 아니면 억지로 불리한 전투를 강행하든, 어떻게 해도 실패할 수밖에 없는 상황이었다. 군사적으로 열세인 상황에서 그가 선택한 책략은 모택동과 장개석의 2차 국공 내전 시기에 벌어졌던 처음 네 차례의 '역토벌 작전'과 유사했다. 적을 완전히 제압하지 못한 상태에서는 무리하게 공격하거나 도망칠 것이 아니라 적이 먼저 진격하도록 유도해야 한다. 그런 다음 전세의 변화 속에서 적군을 제압할 기회를 찾아야 하는 것이다.

장사성과의 싸움은 이미 승리가 확실한 상황에서 시간이 문제일 뿐이었다. 그러나 주원장은 여전히 경계를 늦추지 않고 우선 적군의 좌우 날개가 되는 세력을 제거하여 아무런 지원도 기대할 수 없게 한 다음에야 비로소 적을 제압하는 방법을 선택했다. 이 또한 당시의 구체적 상황에서 가장 적합한 전략으로서 국공 내전 초기의 전쟁 상황과 매우 유사하다고 할 수 있다.

이처럼 역사는 놀라울 정도로 동일한 상황을 반복한다. 실제로 역사가 우연의 일치를 조성하는 것이 아니라 수많은 유형의 전쟁과 위기가 존재하지만 이를 대하는 방식이 유형화되어 나타나는 것일 뿐이다. 상황의 변화에 지혜롭게 대처하는 정신력이 물리적 역량을 초월할 수 있다. 그러므로 장수에게 임기응변의 지략이 절대적으로 필요한 것이고, 이는 전장에 나서는 장수뿐만 아니라 모든 유형의 경쟁에 나서는 지도자들에게 절실하게 요구되는 자질이기도 하다.

3 | 소리 없는 아우성을 듣다

자세한 설명 없이 미세한 움직임만 보고도 사태의 전말을 알 수가 있다.

제齊 환공桓公이 조정에 나가 관중과 더불어 위衛나라를 토벌하기 위한 계략을 상의하고 나서 후궁으로 돌아왔다. 위나라에서 온 후비 하나가 그를 찾아와 여러 번 절을 올리고 나서는 위나라 군주를 대신하여 사죄하며 용서를 구했다. 환공이 이유를 묻자 후비가 말했다.

"군왕께서 돌아오시며 발꿈치를 높이 들고 힘 있게 걸으시는 것으로 보아 필시 어느 나라를 정벌하시려 하는 것 같았는데, 저를 보시더니 금세 표정이 바뀌셨습니다. 그래서 소녀는 틀림없이 위나라를 정벌하시려는 것임을 알게 되었습니다."

이 말을 들은 환공은 놀라움을 금할 수 없었다.

다음 날 조정에 나간 환공은 관중이 읍하는 모습을 보고는 그를 안으로 불러들였다. 관중이 물었다.

"군왕께서는 위나라를 치려는 계획을 포기하신 모양이군요?"

"그걸 어떻게 아셨소?"

"군왕께서 예를 보이시는 모습이 무척 공경스럽고 말씀도 아주 천천히 하시는 데다 얼굴에 부끄러워하시는 모습이 역력했습니다. 그래서 알게 되었지요."

환공은 이번에도 놀라움을 금치 못했다.

또 한편, 환공과 관중이 거나라를 칠 계획을 세우고 이를 공포하기도 전에 이미 온 나라에 소문이 퍼지고 말았다. 이에 대해 환공은 몹시 화가 나서 기이하게 생각하여 관중을 불러 그 까닭을 물었다. 관중이 말했다.

"지혜가 뛰어난 사람이 있는 것이 분명합니다. 그렇지 않다면 백성들이 우리의 계획을 알 리가 없습니다."

환공이 탄식하여 말했다.

"아하! 낮에 시중을 들던 사람들 가운데 내가 앉아 있는 대전을 향해 눈길을 멈추던 사람이 있었는데 아마도 그 사람이겠구려."

그리하여 환공은 시봉하는 사람들을 교체하지 않고 계속 신변을 지키게 하면서 관중에게 유심히 관찰하게 했다. 며칠 후 관중이 말했다.

"그 사람이 틀림없는 것 같습니다."

환공은 즉시 명령을 내려 관중이 지목한 동곽수東郭垂란 인물을 불러오게 했다. 관중이 말했다.

"그대가 바로 거나라를 정벌하려는 계획을 민간에 퍼뜨린 자로군?"

"그렇습니다."

환공이 물었다.

"나는 거나라를 정벌할 것이라고 말한 적이 없는데 그대는 어떤 근거로 그런 소문을 퍼뜨린 것인가?"

"소인이 듣건대 나라를 다스리는 사람은 계책에 능해야 하고 그 밑에서 일하는 사람은 그 계책을 유추하여 알아내는 데 능해야 한다고 들었습니다. 이는 저 스스로 유추하여 알아낸 것입니다."

관중이 말을 받았다.

"나도 거나라를 정벌할 것이라고 말한 적이 없는데 어떤 근거로 그렇게 추측한 것인가?"

"소신이 듣건대 나라를 다스리는 사람에겐 세 가지 표정이 있다고 합니다. 여유롭고 즐거운 표정은 길상과 행운을 나타내고 처량하고 침울한 표정은 슬픔과 재난을 나타내며 흥분되고 격동된 표정은 정전과 용병의 계획을 나타내지요. 낮에 멀리서 전대를 바라보니 공의 얼굴이 몹시 흥분되고 격앙된 표정이었는데, 이는 정벌과 용병 계획을 드러내는 것입니다. 말씀하실 때도 어조가 읊조리는 투가 아니라 탄식하는 분위기였는데, 아무래도 거나라를 염두에 두고 계신 것 같았습니다. 게다가 손을 들어 가리키신 곳이 거나라 방향이었지요. 소신이 곰곰이 따져봤더니 작은 제후국들 가운데 칭신稱臣을 맹세하지 않은 나라가 거나라밖에 없더군요. 그래서 공께서 장차 거나라를 치시려 한다는 걸 알게 되었습니다."

환공은 그의 설명을 듣고 나서 그를 매우 존중하며 계단을 내려가 그를 자리에 앉힌 다음 함께 국사를 의논했다. 당시의 군자들이 이런 사실을 전해 듣고는 이구동성으로 말했다.

"어떤 말이든지 뜻을 알 수 있는 것은 소리 때문인데, 동곽수는 소리를 듣지 않고 표정과 손동작만 보고도 상대방의 의중을 알아냈으니 이는 그가 말을 듣지 않고도 속마음을 알아낼 수 있다는 뜻이다."

이처럼 뛰어난 통찰력을 지니고 있었으므로, 계략에 뛰어난 환공과 관중도 그를 속이진 못했던 것이다. 지혜가 뛰어난 사람은 소리 없는 가운데서도 울부짖는 소리를 들을 수 있고 형태가 없는 가운데서도 사물의 윤곽을 가늠할 수 있다. 동곽수가 그런 인물이었고, 환공은 그를 특별히 존경하여 두둑한 봉록과 높은 관직으로 예우했다. 모든 지모의 기초는 통찰력이라 해도 지나친 말이 아닐 것이다.

사람으로서 할 일을
다하면 부끄러움이 없다

한나라 말기, 군웅이 각축을 벌이고 있을 때 조조는 유비가 대단한 인재인 데다 마음속에 큰 뜻을 품고 있다는 것을 알고는 빠른 시일 내에 그를 제거하지 않으면 장차 후환이 끊이지 않을 것이라 판단했다. 그래서 그는 직접 대군을 이끌고 유비가 진을 치고 있는 형주를 공격하기 시작했다.

사실 조조와 유비는 형주목 유표 부자가 돼지처럼 무능하다는 데 정확하고 분명한 인식을 갖고 있었다. 유표가 형주를 차지하고 있고 그 지세 또한 대단히 우세했지만 이를 제대로 경영할 줄 몰랐다. 이 점은 그가 사인士人들을 대하는 태도에서 극명하게 드러났다.

처음에 원소는 기주를 차지하고 있으면서 사자를 보내 고향인 공남군攻南郡의 사대부들을 기주로 불러들였다. 당시 사인이던 화흡和洽

은 기주가 지세가 평탄하고 민속이 강경하여 영웅호걸들이 반드시 다투게 될 땅이긴 하지만 지세가 험준하고 민속이 부드러워 몸을 의탁하기 좋은 형주만 못하다고 판단하고 곧장 형주로 가서 유표에게 기탁했다. 유표는 화흡을 상객으로 예우했다. 화흡이 사람들에게 말했다.

"내가 원소에게 가지 않은 것은 시비의 땅을 피하기 위해서요. 난세의 어리석은 군주와 가깝게 지내서는 안 되는 법이지요. 그러나 내가 여기에 오래 머물면 틀림없이 사악한 무리들의 참언으로 중상모략에 빠질 게 틀림없소."

그리하여 그는 양양을 떠나 동쪽으로 가서 무릉武陵에 몸을 숨겼다. 유표는 다시 남양 사람 유망지劉望之를 불러 일을 시켰으나 그의 두 친구가 모두 참언으로 유표에게 살해당한 데다 자신의 견해가 유표에게 받아들여지지 않자 관직을 포기하고 고국으로 돌아가버렸다. 유망지의 동생이 그에게 충고했다.

"예전에 진晉나라의 대부 조경이 두오독을 죽이자 공자는 그 말을 듣고 곧바로 집으로 돌아가서는 다시는 진나라 근처에 얼씬도 하지 않았습니다. 이제 형님께서는 유하혜柳下惠처럼 세태를 따라 움직이고 탁류의 부침에 부화뇌동하실 것이 아니라 마땅히 춘추전국시대의 범려처럼 통치자의 범위 밖으로 멀리 벗어나는 것이 바람직할 것 같습니다. 집에 들어앉아 정권 다툼이 살벌한 정국을 벗어났다고 생각한다면 이는 큰 오산일 겁니다!"

그러나 유망지는 아우의 말을 귀담아듣지 않았고 결국 유표의 손에 죽고 말았다. 남양 사람 한기가 원소의 부름을 피해 형주로 가자 유표가 그를 부하로 삼고자 했다. 이런 사실을 전해 들은 한기는 곧바로 미잔尾屛으로 도망가 은거했다. 유표가 몹시 분개하자 한기는 유표가 자신을 해칠 것이 두려워 하는 수 없이 관직을 받아들여 의성현 현장이 되었다. 하동 사람 배잠 역시 유표의 예우와 경의를 받아들여 관직을 맡았다. 그러나 그는 왕창의 아들 왕찬王粲과 하내河內 사람 사마지司馬芝에게 이렇게 말했다.

"유표는 자신이 은나라 말기의 서백西伯이나 희창姬昌의 현능함을 갖추고 있다고 자부하고 있지만 그는 언제라도 실패할 수 있는 사람이지요."

결국 배잠은 장사長沙로 떠났다.

서한 말년, 형주목 유표에게는 유기와 유종이라는 두 아들이 있었다. 유표가 후처 채蔡씨의 조카딸을 유종에게 출가시키자 채씨는 이때부터 유종을 총애하면서 유기를 미워하기 시작했다. 채씨의 동생인 채모蔡瑁와 유표의 외조카 장윤 역시 항상 유표 옆에서 유종을 칭찬하고 유기를 비방했다.

유기는 자신의 위치가 갈수록 위태로워지고 있다는 사실을 알고는 불안한 마음에 제갈량을 찾아가 상의해보았지만 제갈량은 아무 말도 해주지 않았다. 하루는 유기가 제갈량과 함께 계단을 오르다가 걸음을 늦추고 제갈량에게 말했다.

"요즘 위로는 하늘을 쳐다볼 수 없고 아래로는 땅을 내려다볼 수 없습니다. 말은 모두 공의 입에서 나와 두 사람의 귀로 들어갑니다. 그래도 말씀을 해주실 수 없겠습니까?"

"그대는 춘추전국시대에 진晉나라의 태자 신생申生이 자기 나라 안에서도 항상 위기에 처했던 반면 그의 아우 중이重耳는 밖으로 떠돌았는데도 끝까지 평안할 수 있었던 사실을 잊었단 말이오?”

유기는 제갈량의 뜻을 알아차리고 몰래 유표의 곁을 떠날 계획을 세웠다. 때마침 황조가 손권에게 살해되어 황조의 직위를 대신할 사람이 없게 되자 유표는 유기에게 강하군江夏郡 태수의 자리를 맡게 하였다. 얼마 후 유표가 중병이 들어 유기가 문안을 위해 부친 곁으로 돌아왔다. 채모와 장윤은 그가 유표를 만나게 되면 부자의 감정을 자극하여 유표가 유종을 후계자로 세우지 않을지도 모른다는 생각에 유기에게 말했다.

“장군께서 자네에게 강하를 지키게 하셨으니 그 책임은 이만저만 막중한 것이 아닐세. 자네가 직무에 충실하지 않으면 부친께서는 틀림없이 화를 내실 걸세. 부친의 마음을 상하게 하여 병세를 악화시키는 것은 효도라고 할 수 없을 걸세.”

두 사람이 유기를 문 밖에 세워놓고 유표를 만나게 해주지 않자 유기는 눈물을 흘리며 돌아가는 수밖에 없었다. 채모와 장윤은 그 틈을 타서 유종을 형주목으로 옹립했고, 유종은 사람을 보내 유기에게 후작의 관인을 내려 그 작위를 계승하게 함으로써 자신이 형주의 합법적인 주인임을 밝혔다. 유기는 이에 격분하여 관인을 던져버리고 부친상을 구실삼아 유종을 토벌하기로 마음먹었다. 이때 조조의 대군이 형주로 남하하자 유기는 곧장 몸을 기탁했다.

장릉군 태수 괴월과 형주 동조록東曹祿 부손傅巽 등은 유종에게 투항하도록 권했다.

“순종과 거역에는 일정한 도리가 있고 강함과 약함에도 일정한 형세가 있습니다. 신하의 신분으로 천자에게 거역하는 것은 국가에 대한 반역입니다. 방금 손에 넣은 형주 땅을 근거지로 조정의 대군과 대적한다면 반드시 큰 위험에 빠지게 될 것이고 유비에게 몸을 의탁하여 조조에게 대항한다면 이 역시 실패하는 길이 될 것입니다. 이 세 가지 길 가운데 어떤 길로도 갈 수 없는데 무슨 방법으로 조조의 대군을 이길 수 있단 말입니까? 한번 생각해보십시오. 자신이 유비보다 낫다고 생각하십니까? 유비가 조조를 막아내지 못한다면 형주의 모든 병력을 다 동원한다 해도 지켜내기 어려울 것입니다. 설사 유비가 조조를 막아낸다 하더라도 그가 장군 밑으로 들어오진 않을 것입니다."

유종은 이들의 말을 듣고 대단히 일리 있는 견해라고 생각했다. 9월에 조조가 대군을 이끌고 신야현에 도착하자 유종은 곧 조조에게 투항하고 사람을 시켜 조정의 부절을 보내 조조를 영접했다. 그러나 조조의 장령들은 여전히 유종의 투항을 의심하고 있었다. 이때 루규가 말했다.

"지금 천하가 분열하여 각 지방의 세력이 할거하는 것은 하나같이 조정의 명분을 구실로 자신의 신분을 높이기 위해서입니다. 따라서 이번에 유종이 사람을 보내 조정의 부절을 바친 것은 진실인 듯합니다."

이에 조조는 유종의 투항을 받아들이고 형주를 자신의 땅으로 귀속시킨 뒤 진군을 계속했다.

당시 유비는 번성樊城에 주둔하고 있었으나 유종은 감히 투항의 뜻을 유비에게 전하지 못했다. 한참이 지나서야 유비는 상황이 자신의 뜻대로 전개되지 않고 있음을 알아차리고 자신의 친신을 유종에게 보내 그의 의중을 물었다. 유종은 부하 송충宋忠을 시켜 유비에게 자신의 뜻을 전했다. 당시 조조는 이미 완성宛城에 도착해서 사태가 매우 긴박하게 전개되고 있었다. 유비는 크게 놀라 송충에게 말했다.

"그대들은 어찌하여 일을 이런 식으로 처리한단 말인가? 내게 일찌 감치 알리지 않고 있다가 발등에 불이 떨어진 후에야 뜻을 밝히다니 너무하는 것 아닌가!"

그는 검을 뽑아 송충에게 겨누며 말을 이었다.

"지금 당장 그대의 머리를 베어버린다 해도 화가 다 풀리지 않을 것이지만 떠나는 마당에 그대 같은 자들을 죽여 구설수에 오르고 싶지 않다."

송충을 돌려보낸 유비는 부하 장령들을 모아놓고 대책을 상의했다.

한 장령이 유종을 공격하면 형주를 빼앗을 수 있을 거라고 권하자 유비가 말했다.

"유표는 죽기 전에 어린 유종을 내게 맡기면서 잘 돌봐달라고 부탁했소. 지금 내가 유종을 공격한다면 이는 유표와의 약속을 저버리는 일이 될 것이오. 사사로운 이익만을 탐해 그를 공격했다가 죽어서 어떻게 유표의 얼굴을 대한단 말이오?"

유비는 부하들을 이끌고 철수하기 시작했다. 양양을 지나면서 그는 행군을 멈추고 말에서 내려 유종을 만나보려 했지만 유종은 두려움에 떨면서 얼굴을 내밀지 못했다. 유종의 친신들과 형주의 사인들은 유종의 태도와 행동에 불만을 느껴 그를 떠나 유비를 따랐다. 유비는 유표의 무덤 앞에 가서 제사를 올린 후에 눈물을 뿌리며 다시 길을 떠났다. 가는 곳마다 유비를 추종하는 사람들이 더욱 늘어났고, 당양當陽에 이르렀을 때는 이미 그 수가 10여 만에 이르렀으며 군량과 물자를 나르는 수레만 해도 수천 대가 되어 하루에 10여 리밖에 이동할 수 없었다.

유비는 관우에게 명령하여 부하들과 함께 수백 척의 배를 이용하여 수로를 통해 강릉에 도착한 다음 회합하기로 했다. 그러자 누군가 나서서 유비에게 말했다.

"장군께서는 빨리 움직이셔서 강릉을 지키셔야 합니다. 지금 아군의 숫자는 많지만 개갑과 병기를 갖춘 인마는 그리 많지 않습니다. 이런 상태에서 조조의 군대가 쳐들어온다면 어떻게 막아낼 수 있겠습니까?"

"대업을 이루기 위해서는 반드시 백성을 근본으로 해야 하는 법이오. 지금 백성들이 밀물처럼 내게 귀순하고 있는데 어찌 냉정하게 그들을 버리고 갈 수 있단 말이오?"

유종의 장령 왕위王威가 유종에게 말했다.

"지금 조조는 우리가 이미 투항했고 유비 역시 도망친 것으로 알기 때문에 경계를 늦춘 채 소규모 정예병만 이끌고 가벼운 행장으로 진군하고 있을 게 분명합니다. 지금 제게 기병 수천을 허락하신다면 지세가 험준한 지점에 매복해 있다가 조조를 사로잡아 오겠습니다. 그렇게만 된다면 천하를 놀라게 하면서 지금의 형국을 완전히 바꿔놓을 수 있을 것입니다."

그러나 유종은 그의 건의를 받아들이지 않았다.

조조는 강릉에 상당한 양의 군수물자가 비축되어 있다는 사실을 알고는 유비가 먼저 도착하여 강릉을 점거하지나 않을까 하는 두려움에 치중輜重을 버려두고 가벼운 행장으로 행군을 계속했다. 양양에 이르러 유비가 이미 지나갔다는 소식을 들은 조조는 직접 5000명의 정예병력을 이끌고 유비를 추격하기 시작했다. 유비는 자신이 조조의 군대에 대적할 수 없음을 알고 치중을 포기한 채 제갈량과 조운 등 수십 명의 부하들과 함께 말을 타고 도망쳤다. 조조는 힘들이지 않고 수많은 인마를 포로로 얻을 수 있었다.

서서徐庶는 원래 유비 군중의 중요한 책사였다. 그는 모친이 조조군의 포로가 되었다는 소식을 접하자 유비에게 작별 인사를 고하며 자신의 심정을 토로했다.

"저는 원래 마음속의 책략에 의지하여 장군님과 함께 패왕의 대업을 이루고자 했습니다. 그러나 모친을 잃고 보니 마음이 심란하여 장군께 남아 있어도 아무런 도움이 되지 못할 것 같습니다. 그래서 이렇게 작별 인사를 올리는 것입니다."

인사를 마친 그는 조조에게 투항하기 위해 길을 떠났다.

장비는 스무 명쯤 되는 기병을 이끌고 후방을 차단하기 위해 강가를 지키고 있었다. 그는 다리를 끊어버리고 긴 창을 비껴든 채 눈을 부릅뜨고서 조조의 군영을 향해 큰 소리로 외쳤다.

"내가 바로 장익덕이다. 누구든지 용기 있는 자는 나와서 목을 내놓고 싸워보자!"

조조의 군사들은 모두 두려움에 떨면서 누구 하나 감히 앞으로 나가지 못했다. 혼란한 상황이 계속되는 가운데 누군가 유비에게 말했다.

"조운이 이미 북쪽으로 도망쳤습니다."

유비는 대로하여 이 소식을 알린 사람에게 창을 집어던지며 소리쳤다.

"조자룡이 나를 버리고 도망칠 리가 없다!"

잠시 후 조운이 죽음을 무릅쓰고서 품에 유비의 아들 유선劉禪을 안고 도망쳐 나왔다. 유비는 남은 병력과 관우의 선대를 규합하여 면수

沔水를 건너다가 우연히 유기와 그가 이끄는 1만여 명의 병력을 만나 함께 하구夏口에 이르렀다.

강릉에 진군한 조조는 유종을 청주靑州 자사로 임명하고 열후에 봉했다. 이로써 괴월 등과 함께 후작에 봉해진 사람이 도합 열다섯 명이었다.

형주 대장인 남양 사람 문빙文聘은 군사를 이끌고 외곽에 주둔하고 있었다. 유종은 일찍이 조조에게 투항하면서 그를 불러 함께 투항할 것을 계획했다. 문빙이 말했다.

"저는 형주를 지키지 못한다 해도 마땅히 이곳에서 처분을 기다릴 것입니다 !"

조조가 한수漢水를 건너자 문빙은 그제야 나와 조조에게 인사했다. 조조가 말했다.

"그대는 왜 이렇게 늦게 투항을 했는가?"

"유표가 살아 있을 때 저는 그를 보좌하여 조정을 지켰습니다만 그가 죽은 후로는 한수만 지키면서 형주의 강역을 보전하려는 생각뿐이었습니다. 생전에 유표의 뜻을 저버리지 않기로 마음먹은 바 있으나 사정이 여의치 않아 대세에 따라 행동하게 되었고, 결국 오늘에 이르게 되었습니다. 마음속으로는 비통하고 부끄러울 따름입니다. 그러니 무슨 낯으로 장군님을 뵐 수 있었겠습니까?"

문빙은 말을 이으며 눈물을 그치지 않았다. 그의 말에 감동한 조조는 문빙의 자를 부르며 말했다.

"중업仲業, 그대야말로 진정한 충신이오."

조조는 곧 그에게 후한 상을 내리고 원래의 부대를 이끌게 하는 동시에 강하군江夏郡 태수로 임명했다.

조조는 뛰어난 군사 전문가이자 훌륭한 정치가로서 인재를 알아볼 줄 아는 명석한 인물이었다. 그가 먼저 유비에게 맞섰던 것은 대단히 정확한 선택이라 할 수 있다. 그가 유비의 군대를 전멸시키지 못하고 적벽대전에서 크게 패했으며 심지어 삼국이 정립鼎立하는 국면을 조성하긴 했지만 이는 어디까지나 사람의 지모로는 할 수 없고 때를 기다려야 하는 불가항력의 문제였다.

사람으로서 할 일을 다하면 부끄러움이 없는 법이다. 아무리 불행한 상황에 처하게 된다 하더라도 이는 달리 논해야 할 일이다.

싸우지 않고 적을 굴복시키다

제 민왕閔王이 황제가 된 것은 제나라로서는 커다란 불행이었다. 그가 왕이 됨으로써 어떠한 실리도 얻지 못했을 뿐만 아니라 제후들의 분노와 증오심만 유발했기 때문이다. 민왕은 영민하지 못하여 도회술韜晦術을 알지도 못했고 남몰래 실력을 키울 줄도 몰랐다.

소진蘇秦의 이러한 평가는 당시의 제나라로서는 대단히 정확하고 이치에 부합하는 것이었지만 민왕의 귀에는 전혀 들리지 않았다. 소진이 민왕에게 권고하여 말했다.

"소신이 듣건대 먼저 전쟁을 도발하는 자에게는 반드시 후환이 따르고 사람들의 원한을 아랑곳하지 않고 동맹을 체결하는 자 역시 나중에는 고립된다고 합니다. 따라서 한걸음 물러나 있다가 적절한 시기가 오면 손을 써서 적을 제압하되 반드시 구실이 있어야 합니다. 다른 사람의 미움을 피하는 것 역시 기회를 포착하는 능력에 달려 있지요. 그래서 옛 성인들께서는 대업大業을 일으키고자 할 때 권력의 변화를 주시했고, 사업을 번성시킬 때에도 시기를 잘 살펴 일을 진행시켰습니다. 권력의 변화와 기회는 모든 사물과 일을 관통하는 문제의 관건이고, 시대의 흐름에 따르는 것이 모든 일의 핵심입니다. 따라서 권력의 변화를 고려하지 않고 시세時勢를 저버리면서 큰일을 이룬 사람은 실제로 찾아보기 어렵습니다.

오늘날 간장干將과 막야莫耶 같은 보검이 있다 할지라도 인력에 의지하지 않으면 사물을 자를 수 없습니다. 견고한 화살과 날카로운 화살촉이 있더라도 활시위를 당기는 힘이 없다면 멀리까지 날아갈 수 없지요. 화살이 견고하지 않은 것도 아니고 화살촉이 날카롭지 않은 것도 아닌데 어째서 멀리 날아가지 못하는 것일까요? 이는 인력에 의지하지 않았기 때문입니다.

그렇다면 이러한 이치는 무엇을 통해서 알 수 있을까요? 예전에 조가 위衛를 공격했을 때, 조나라의 수레를 모는 사람들은 쉬지 않고 전진했습니다. 위나라의 여덟 개 성문은 모두 흙으로 막혀 있었으나 결국 두 개의 성문이 공격당해 무너지고 말았지요. 이것이 망국의 징후였습니다. 이 소식은 곧 위나라에 전해졌고 그들은 평화를 유지하기 위해 영토를 할양할 것을 강요당했습니다. 위나라 군주는 목숨을 부지하기 위해 정신없이 도망치면서 위魏나라에 사신을 보내 도움을 청했지요. 위魏왕은 손수 갑옷을 입고 날을 세운 보검을 들고 직접 나서서 조나라를 공격했습니다. 조의 도성인 한단邯鄲에서는 전마들이 광분했고 황하와 태행산太行山 일대가 극도의 혼란에 빠졌지요. 위衛나라는 이에 힘을 얻어 남은 병력을 정비하여 북쪽으로 진격했고 마침내 강평剛平과 중모中牟의 외성을 무너뜨렸습니다. 위衛나라가 조나라보다 강대하지 않았는데도 승리할 수 있었던 이유가 무엇일까요?

비유를 들어 설명해보겠습니다. 위衛가 화살이라면 위魏는 활시위와 같습니다. 위衛는 위魏의 힘을 빌렸기 때문에 하동河東 지역을 차지할 수 있었던 것입니다. 조는 오히려 겁을 먹고 초에게 함께 위魏를 토벌할 것을 제안했지요. 주서州西에서 전쟁을 벌이면서 위魏나라 도성의 문을 지날 때 군대는 숲 속에 주둔시키고 전마는 강가에서 물을 마시게 했습니다. 조는 이러한 원조가 있었기 때문에 위魏를 기습 공격하여 황성黃城을 함락시킬 수 있었습니다.

이런 사례로 미루어 보건대, 강평의 함락과 중모의 패배, 극구의 실패 등은 모두 조와 위가 예상할 수 있었던 바가 아니었습니다. 그러나 양국은 모두 최선을 다해 공격에 나섰지요. 왜 그런 줄 아십니까? 위衛나라는 당시의 시세와 권력의 변화를 정확히 파악하고 있었기 때문입니다. 그러나 오늘날 나라를 다스리는 사람들은 이렇지 못합니다. 병력이 빈약하면서도 강국에 대항하기 좋아하고 국력이 쇠하는데도 남들에게 원한 살 일들만 하고 있으며, 전쟁에서 이미 패했으면서도 끝까지 대항하려 덤비고 있습니다. 병력이 빈약하면서도 남에게 굴욕 당하는 것을 참을 줄 모르고 협소한 땅을 차지하고 있으면서도 대국에 대항하기 좋아하며, 전쟁에서 패하고 나서는 오히려 모략을 꾀하려 하고 있습니다. 이처럼 무모한 방법으로 패업을 이루려 하지만 그럴수록 더 패업의 성취와 멀어질 뿐이지요.

소신이 듣건대, 치국에 뛰어난 사람은 인심을 따르면서 전쟁 결과를 예측하는 능력을 갖고 있다고 합니다. 이렇게만 하면 천하의 대세를 따를 수 있는 것이지요. 다른 나라 군주에게 원한을 살 만한 동맹은 맺지 말고 강국이 적국을 대신하여 좌절하거나 실패하지 않도록 적국을 토벌해야 합니다. 이렇게만 한다면 병력을 소모시키지 않고도 적을 제압할 수 있을 것이고 남에게 권세를 무시당하지 않을 것이며 영토는 더욱 광대해지고 바라는 바를 실현할 수 있을 것입니다.

이전에 제나라가 한韓, 위魏 두 나라와 함께 진秦을 토벌할 때도 전쟁은 그다지 격렬하지 않았고, 제나라가 나눠 가진 영토 또한 한나라나 위나라보다 많지 않았습니다. 그러나 제후들은 하나같이 잘못을 제나라에게 돌렸는데 그 이유가 무엇인지 아십니까? 제나라가 한과 위를 끌어들여 원수를 갚았기 때문입니다. 다시 말해서 당시 천하의 제후들은 모두 전쟁을 벌이고 있었습니다. 제나라는 연나라와 싸우고 있었고 조나라는 중산中山을 공격하고 있었으며, 진秦과 초는 한과 위魏를 상대로 싸우고 있었고 송과 월 역시 자신들의 군대를 동원하고 있었습니다. 이 열 나라가 모두 서로에게 대항하면서 이상하게도 모두 제나라를 증오하고 있었는데 그 이유가 무엇인지 아십니까? 이는 동맹을 체결하면서 제나라는 원한의 중심에 서는 것을 좋아했고 전쟁할 때에도 강국을 상대로 공격하는 것을 좋아했기 때문입니다.

다시 말해 강자가 재난을 당하는 것은 항상 그들이 다른 나라를 자신의 의도 아래 두고 통치하기 때문이고, 약자가 화를 입는 것은 항상 다른 나라를 통해 자신의 이익을 꾀하려고 계산하기 때문입니다. 그러다 보니 큰 나라가 위기에 처하고 작은 나라는 망하게 되는 것이지요. 큰 나라가 취할 수 있는 상책上策은 '후발제인後發制人', 즉 한 걸음 물러나 있다가 나중에 기회를 잡아 손을 씀으로써 적을 제압하고 의롭지 못한 나라를 토벌하는 것입니다. 후발제인으로 쉽게 구실을 삼을 수 있으며, 전쟁을 돕는 사람들이 많아져 병력이 강대해질 수 있습니다. 따라서 막강한 병력과 강력한 기세를 형성하여 쇠약해진 약국에 맞설 수 있으니 이기지 못할 일이 없는 이치지요. 단지 백성들의 뜻을 거스르지만 않는다면 이익을 취하려 하지 않아도 저절로 돌아올 것입니다. 큰 나라가 이렇게만 할 수 있다면 제왕의 이름은 저절로 얻어질 것이고 패왕의 위업을 쉽게 손에 넣을 수 있을 것입니다. 한편 작은 나라의 경우에는 마땅히 신중하고 냉철해야 하며, 다른 제후들을 쉽게 믿어서는 안 될 것입니다. 신중하고 냉철하기만 하면 대적하려 덤비는 자가 없을 것이고 제후들을 쉽게 믿지 않으면 반역하는 자가 없을 것입니다. 그리하여 나라 밖에서 배반을 당하지 않으면 나라 안에서도 거역하는 자가 없을 것이고, 전화를 피할 수 있을 뿐만 아니라 국고의 식량이 한쪽에서 썩어갈지언정 다 쓸 수 없을 정도로 늘어날 것이며, 보관해둔 옷감에 좀이 슬지언정 다 지어 입을 수 없을 정도로 넉넉해질 것입니다. 작은 나라가 이렇게만 할 수 있다면 행복을 기원하지 않아도 저절로 찾아올 것이고 대국에서 꾸어오지 않아도 모든 것이 풍족할 것입니다.

따라서 인덕을 실행하는 자가 왕이 될 수 있고 도와 의를 확립하는 자가 패왕이라 불릴 수 있으나, 무력을 남용하여 전쟁을 일삼는 자는 반드시 멸망하게 되는 것이지요. 그 이유는 아주 간단합니다. 예전에 오왕 부차는 자신의 강대함만 믿고 초를 공격했고 월을 멸망시킨 뒤에는 월왕을 구금한 채 주변에 제후들을 거느리고 다녔습니다. 그러나 결국 그는 몸도 망치고 나라도 망치는 신세가 되었고 훗날 사람들로부터 멸시와 조소를 받게 되었습니다. 어떻게 이렇게 되었는지 아십니까? 다름이 아니라 오왕이 스스로 패주의 자리를 차지하기 위해 자신의 강대함만 믿고 먼저 전쟁을 일으켰기 때문입니다. 과거에 내萊나라 군주와 거나라 군주는 계략을 잘 꾸몄고, 진陳나라와 채蔡나라의 군주는 속이는 일에 능했습니다. 거나라는 월나라에 의지하였으나 결국 멸망하게 되었고, 채나라는 진晉나라를 등에 업었으나 역시 망하고 말았습니다. 이는 모두 나라 안에서는 자주 사람들을 속이고 나라 밖에서는 제후들을 쉽사리 믿어버렸기 때문에 입은 화라 할 수 있지요. 이로 미루어 보건대, 강대국이든지 약소국이든 간에 화를 입는 모든 원인은 그전에 스스로 했던 행동에서 찾아야 할 것입니다. 속담에 '훌륭한 말이 노쇠하면 열등한 말이 그를 앞질러 달리게 되고, 남정네가 지치면 아낙네가 그를 이길 수 있다'라고 했습니다. 열등한 말과 아낙네는 애당초 강하지 못한데 어찌 이런 결과가 나올 수 있었겠습니까? 이는 상황이 유리했기 때문이지요.

오늘날 천하 제후들의 역량에는 커다란 차이가 없기 때문에 누구라도 상대방을 쉽게 무너뜨릴 수 없습니다. 따라서 가장 좋은 방법은 군사적 행동을 잠시 중지하고 때를 기다리는 것입니다. 다른 나라가 전쟁을 시작할 때까지 기다렸다가 모든 원한을 다른 나라에게 뒤집어씌워 남들로 하여금 바르지 못한 자들을 토벌하게 한다면 병력을 쓰지 않고도 정의를 내세울 수 있을 것입니다. 그렇게만 하면 천하를 점령하는 일이 눈앞에 보이게 될 것입니다. 제후들 간의 관계를 잘 살피고 지형의 분포를 정확하게 조사하면서 섣불리 동맹을 맺지 않고 서로 인질을 잡지만 않는다면, 조급해하지 않아도 모든 일이 신속하게 진전될 것입니다. 따라서 제후들 간에 왕래하는 것을 반대하지 않고 서로 토지를 할양해도 질투하지 않으면서 그들이 강대해지면 그들과 어떻게 좋은 관계를 유지할 수 있을지 대책을 강구해야 합니다. 그 이유가 뭔지 아십니까? 겉으로는 동고동락하는 것처럼 보이면서 실제로는 이익을 탈취하기 위해서이지요.

이러한 방법을 어떻게 설명할 수 있을까요?

과거에 제나라 연나라 두 나라가 환산桓山에서 결전을 펼치다가 결국 연나라가 패해 10만 대군이 전멸한 일이 있었습니다. 그 기회를 틈탄 이민족들이 연나라와 누번의 현 몇 개를 기습 공격하여 연나라의 소와 말을 빼앗았지요. 제나라는 그때까지 이민족들과 아무런 왕래도 하지 않았고 전쟁 중에 동맹을 맺은 적도 없었습니다. 그러나 조건이 무르익자 서로 힘을 합쳐 연나라를 공격했지요. 왜 그랬을까요? 이는 전쟁의 본질이 이익을 취하는 데 있다는 사실을 잘 보여주는 사례입니다. 이로 미루어 보건대, 형세가 비슷한 국가와 동맹을 맺으면 이익이 장구할 수 있고 군대를 움직이는 일을 잠시 미루고 기회를 기다리면 전쟁을 도와주는 제후가 나타나기 마련입니다.

영명한 군주와 총명한 재상이 진정으로 패업을 자신의 목표로 삼는다면 절대 먼저 전쟁을 일삼지는 않을 것입니다. 전쟁을 하면 반드시 자신의 국가에 피해를 입히게 되고 적어도 재력을 소모하게 됩니다. 일단 자신의 나라가 이러한 피해를 입게 되면 다른 나라에 도움을 청하고 싶은 마음이 들기 때문에 사정이 매우 어려워지게 됩니다. 전쟁은 극도의 파괴성과 잔혹성을 지니고 있습니다. 그러나 어떤 사람들은 전쟁이란 말만 듣고도 자신의 재산을 털어서 군대에 헌납하기도 합니다. 군량을 제공하고 병사들을 대접하며 수레를 잘라내 밥 짓는 데 쓰고 농사에 쓸 소를 잡아서 병사들의 술안주로 내놓습니다. 이는 실제로 나라를 곤경에 빠뜨리는 일이지요. 전쟁이 일어나기 전에 백성들이 기원하고 군왕이 제사를 올리기 위해서는 사방이 통해 있는 도성이든, 아주 작은 현성이든 간에 반드시 제단을 설치해야 합니다.

무릇 시장이 있는 지역은 장사를 중지하고 왕의 군대를 섬겨야 하지요. 이 모든 것들이 결국은 국고를 낭비하는 일입니다. 전쟁이 끝나면 그 이튿날부터 도처에 흉물스럽게 굴러다니는 시신들을 처리해야 하고 부상자들을 구휼해야 할 것입니다. 군대가 큰 공로를 세운다 해도 전쟁을 치르는 동안 걸어간 비용과 백성들의 슬픔은 이미 나라를 지치게 하고 말 것입니다. 전사한 병사나 백성들의 가족들은 가산을 털어서 장사를 지내야 하고 부상한 사람들의 가족들은 재산을 털어서 약을 구하고 병을 고쳐야 할 것입니다. 다행히 피해를 입지 않은 사람들이 집에서 주연을 베풀어 이를 자축하려 하면 그 역시 만만치 않은 비용이 들 것입니다.

이렇게 사람들이 허비하는 비용과 재산은 다시 10년 동안 모아도 메우기 힘들 것입니다. 군대의 손실은 훨씬 큽니다. 창이 부러지고 검과 활이 끊어지며, 수레가 부서지고 말이 지치게 됩니다. 갑옷과 병기 같은 전쟁 장비들은 모두 관아에서 돈을 들여 구입한 것이지요. 사대부가 몰래 가져다 감추고 저급한 사람들이 이를 훔쳐다 팔기라도 하면 그 손실을 10년이 지나도 메울 수 없을 것입니다. 그리고 국가가 이처럼 큰 손실을 입게 되면 다른 제후들과 연합을 꾀하는 것도 매우 어렵게 되지요.

성을 공격하는 비용은 더 큽니다. 낡은 옷을 기워서 간신히 몸을 가린 백성들은 배를 저어 병사들을 실어 날라야 하고 집에서 베를 짜야 하며 땅굴 속에서 흙을 파야 하고 치열한 격전 속에서 정신없이 도망치면서 힘겹게 목숨을 부지해야 합니다. 특히 성과 땅을 빼앗긴 사병들의 고통은 이루 말할 수 없을 겁니다. 장군들조차도 갑옷과 투구를 벗고 쉬지 못하니까요. 몇 달 안에 성을 함락시킬 수 있다면 그것만으로도 이미 충분히 빠른 것입니다. 성을 공격하는 동안 장군들은 사병들의 훈련에 게으르게 되고 사병들 역시 무기가 부족하여 한 성을 공격하여 재차 승리하는 경우가 많지 않습니다. 따라서 이처럼 성을 공격하는 일은 절대로 먼저 시작해서는 안 될 것입니다.

그렇다면 어떻게 해야 할까요?

옛날에 지백智伯이란 사람이 있었는데 그는 범씨范氏와 중행씨中行氏를 공격하여 그 군주를 죽이고 나라를 멸망시켰으며, 또한 서쪽으로 진양晉陽까지 포위하여 공격했습니다. 두 나라를 무너뜨린 데 이어 조양자趙襄子까지 공격하여 그를 두려움에 떨게 했지요. 당시는 그의 용병술이 최고조에 달했을 때입니다. 그러나 나중에 결국 나라가 망하고 지백이 죽게 되자 온 세상 사람들이 그를 비웃었습니다. 왜 그랬을까요? 다름이 아니라 지백의 군대가 먼저 전쟁을 시작했고 두 나라를 멸망시켜 후환을 남겼기 때문입니다.

당초 중산씨는 모든 병력을 동원하여 연나라를 공격하면서 남쪽으로는 장자長子에서 싸움을 벌여 조나라를 무너뜨리고 북쪽으로는 중산中山에서 연나라를 공격하여 그 대장을 사살했습니다. 중산은 천 승의 전차를 가지고 있는 작은 국가이지만 1만 승의 병거를 가진 대국을 무너뜨리고 두 번이나 승전고를 울릴 수 있었는데, 이는 뛰어난 용병술 때문이었습니다. 그러나 국력이 쇠약해져 나라가 망하면서 중산은 제나라에게 신국臣國이 되어야 했습니다. 왜 그랬을까요? 전쟁을 절제하지 못하여 화를 초래했기 때문입니다. 이런 사례로 미루어 보건대, 먼저 싸움을 일으켜 공격했다가 실패하는 것은 앞에서 한 모든 행위로부터 근거를 찾을 수 있습니다.

오늘날 세인들이 말하는 뛰어난 용병술이란 연이어 싸움에 승리를 거두거나 성지를 잘 지키는 것을 가리키는 것이지, 적을 호전적으로 쳐부수는 것을 말하는 것이 아닙니다. 천하는 이런 행태를 일컬어 남을 공격하는 데 능하고 싸움을 벌이는 데만 뛰어나다고 하지요. 그러나 이런 나라들은 영토를 보전할 수 있을지는 몰라도 오랫동안 국가의 안녕을 보전하지는 못합니다.

제가 듣기로는 다른 나라를 토벌하여 큰 승리를 거둔 나라도 승리를 거뒀다고는 하지만 그만큼 병력의 손실이 막대하고 전력이 크게 약화된다고 합니다. 병력이란 출동이 많을수록 필연적으로 쇠약해지기 마련이니까요. 성을 지키는 백성들도 끝내 성을 빼앗기지는 않았다 하더라도 그 피폐함이 이루 말할 수 없고 성 안팎이 전부 황폐해진다고 합니다. 나라 밖에서는 병사들이 무수히 전사하고, 나라 안에서는 백성들이 극도로 힘겨운 삶을 유지하며 변경 지역은 폐허가 되어버리는 것은 결코 군왕의 즐거움이 아닐 것입니다.

한 가지 비유를 들어보겠습니다. 저 과녁 위에 있는 붉은 점은 누구에게도 죄를 진 적이 없습니다. 그러나 사람들이 활시위를 당겨 활을 쏘게 되면 모두 맞춘 사람은 훌륭하다고 칭찬을 받게 되고 맞추지 못한 사람은 남이 뭐라고 하지 않아도 자신을 부끄럽게 여깁니다. 나이나 귀천에 상관없이 누구나 과녁을 맞히길 원하지요. 왜 그럴까요? 사람들은 누구나 과녁을 못 맞히는 것을 원치 않기 때문입니다.

그럼 이번에는 전쟁에서 연이어 승리하고 성을 공격하되 쳐부수지 않는 것에 대해서 얘기해보겠습니다. 이것 역시 사람들을 위기에 처하게 할 뿐만 아니라 그들을 크게 해치는 일로서, 온 세상 사람들에게 증오를 받게 됩니다. 영명한 군주는 병사들이 지치고 피폐해지며 나라가 황폐해지고 온 세상 사람들에게 원한 사는 것을 원치 않습니다. 또한 명석하고 지혜로운 재상은 강대한 병력을 이끌고 나가 다른 나라를 약화시키는 일을 좋아하지 않습니다. 이처럼 훌륭한 군주와 뛰어난 재상이라면 굳이 병력을 움직이지 않아도 주변의 모든 제후국들이 우러르고 순종하게 될 것입니다. 사양辭讓의 예를 중히 여기면 귀중한 재물들이 저절로 손에 들어오는 법이지요.

따라서 훌륭한 군왕은 전쟁을 할 때에도 군사를 출동시키지 않고도 승리를 거두게 되고 병거와 전함을 쓰지 않고도 변방 도성들의 항복을 받아낼 수 있습니다. 백성들이 전쟁이 일어난 것도 모르는 사이에 패업은 이미 이루어져 있을 것입니다. 이처럼 현명한 군주는 재물을 적게 쓰면서 오랫동안 나라를 경영할 수 있고 그가 얻은 이익은 오랫동안 지속될 것입니다. 따라서 성급히 공격에 나설 것이 아니라 한 걸음 물러나 기회를 기다림으로써 제후들이 달려와 전쟁을 지원하게 하는 것이 바람직합니다.

제가 듣기로, 전쟁에서 공격을 하는 데 있어서 군대는 별로 중요하지 않다고 합니다. 백만의 적군이 있다 할지라도 아군의 군막 안에서 그들을 무너뜨릴 수 있으며 합려闔閭나 오기吳起 같은 맹장이 있다고 해도 계략을 통해 그들을 사로잡을 수 있습니다. 천 장이나 높은 성지는 주연을 베풀면서 빼앗을 수 있고 전차는 침석에서 절단낼 수 있지요. 결과적으로 종이나 북과 거문고 같은 악기소리가 영원히 귀에서 끊이지 않으며 영토는 확장되고 바라는 바가 실현될 수 있습니다. 악기 소리에 맞춰 무희들이 춤을 추고, 간드러지는 웃음소리가 귓가에 맴돌며, 여러 제후들이 몰려와 예를 올릴 것입니다.

그리하여 명성이 천지에 전해지지만 공적이 크다고 느끼지 못할 것이고 권세가 온 천하를 통솔할 수 있으나 권력이 크다고 생각지 않을 것입니다. 왕업을 이루는 데 능한 사람은 온 세상 사람들이 지쳐 있어도 자신의 나라는 안락하게 만들 수 있고 천하에 대란이 일어나도 자신의 영토는 평안하게 유지할 수 있지요. 제후국들의 음모가 실현되지 않는 한, 그 나라에는 영원히 우환이 없을 것입니다. 이런 것들을 어떻게 알 수 있을까요? 우리는 생활이 안정되고 사회가 평안하지만 제후국들은 힘들고 사회가 혼란하게 되기 때문이지요. 이것이 왕업을 이루는 근본적인 방법입니다. 정예 병력이 몰려와 공격을 하면 곧바로 대항하고 우환이 밀려오면 적절한 방법으로 퇴치하면 됩니다. 그러면 제후국들의 음모는 이루어지지 못하고 우리 땅에는 오래도록 우환이 생기지 않을 것입니다.

어째서 그럴까요? 이전에 위魏나라 왕은 천 리에 달하는 영토와 36만의 대군을 거느리고 있으면서 스스로 강대하다고 생각하여 한단을 공격하여 무너뜨리고 서쪽으로는 정양定陽을 포위 공격했으며, 나중에는 열두 제후국들과 연합하여 천자를 조견하러 가면서 서쪽으로 진나라를 쳐서 곤궁에 빠뜨릴 음모를 꾀하고 있었습니다.

이런 사실을 알게 된 진왕은 두려움에 떨면서 전국에 일제히 훈령을 내려 군대의 경계를 철저히 하고 철통같은 방비를 갖춰 위나라의 공격에 대비했지요. 그러자 상앙이 진왕에게 건의했습니다. '위나라가 세력이 강대하여 일찍이 열두 제후국을 인솔하여 주의 천자를 조견할 정도라면 그 동맹국이 반드시 더 많을 것입니다. 따라서 진나라 혼자 힘으로 강대한 위나라와 그 동맹국들에 대항하는 것은 불가능합니다. 대왕께서는 저를 위나라로 보내주십시오. 제가 반드시 위나라를 무너뜨리고 돌아오겠습니다.' 진왕은 상앙의 건의를 받아들였습니다. 그리하여 위왕을 찾아간 상앙은 이렇게 말했지요. '대왕의 세력은 이미 매우 강대하여 명령만 내리시면 천하가 따라 움직입니다. 그러나 대왕께서 이끄는 열두 제후들은 송나라와 위나라 같은 대국이 아니라 추, 노, 진陳, 채 같은 소국들입니다. 이 나라들은 원래 대왕께서 채찍을 휘두르듯 마음대로 부리실 수 있는 작은 나라들로서 대왕과 더불어 천하의 대업을 도모하기에는 적합지 않습니다. 대왕께서 북쪽으로 연나라와 연합하여 동쪽으로 제나라를 공격하신다면 조나라는 반드시 대왕께 복종할 것입니다. 또한 대왕께서 서쪽으로 진秦나라와 손을 잡고 남쪽으로 초를 토벌하신다면 한韓나라는 스스로 대왕께 복종할 것입니다.

대왕께서 제나라와 초나라를 토벌하고자 한다면 그것은 실로 온 세상 사람들의 염원에 따르는 일로서 그렇게만 된다면 패왕의 업은 이루신 것이나 마찬가지일 겁니다. 대왕께서는 먼저 천자의 복장과 예

기를 준비하시고 그 다음에 제나라와 초나라를 공격할 계획을 세우십시오.'

위왕은 상앙의 말을 듣고 매우 그럴듯하다고 생각하고는 궁전을 크게 증축하게 하고 공사를 직접 지휘했으며 붉은 용포를 갖춰 입고 천자의 용기龍旗를 세웠습니다. 군영 안에도 모두 주작이 그려진 깃발을 세우게 했지요. 이처럼 위왕은 천자만이 사용할 수 있는 기물들을 모두 사용했습니다.

이 사실을 알게 된 제나라 왕과 초나라 왕이 격분하게 되었고, 다른 제후들 역시 제나라 왕을 지지하면서 연합하여 위나라를 공격했습니다. 그 결과 위나라 태자가 살해되고 위의 십만 대군은 크게 패하고 말았지요. 위나라 왕이 겁에 질려 전쟁을 중지하고 동쪽으로 달려가 제나라 왕에게 용서를 구한 다음에야 천하의 제후들도 공격을 중단했습니다.

이때 진秦나라는 너무나 쉽게 하서河西 지역의 영토를 얻었지만 이를 위나라 왕의 은덕으로 여겨 감격하지는 않았습니다. 이처럼 상앙과 진왕이 침석에 들 필요도 없이 청당에서 주연을 베풀면서 꾸민 계략으로 위나라의 장수는 제나라에 의해 산 채로 잡혔던 것입니다. 병거와 전함을 움직이지도 않고 하서 일대의 넓은 땅을 진나라로 귀속시킨 셈이지요. 이것이 방금 제가 말씀드린 아군의 장막 안에서 적장을 사로잡고 술자리에서 적군을 패배시키며, 주연을 베풀면서 적의 성을 공격하고 침석에서 적군의 병거를 산산조각 내는 방법입니다."

『손자병법』에서도 무력을 이용하여 싸움을 하지 않고도 상대를 굴복시킬 수 있는 장군이야말로 가장 뛰어난 장군이라고 했다. 이처럼 중국의 전통적인 전쟁 관념은 지혜를 겨루는 것이지, 용맹으로 승리를 쟁취하는 것이 아니었다. 소진이 바친 이 책략은 중국인의 전통적 전술 관념의 정수를 담고 있다고 할 수 있다. 오늘날에도 모든 유형의 경쟁과 싸움에서 타인의 완력을 이용하여 상대를 제압하고 자신의 실리를 추구하는 책략이야말로 상책 중의 상책이라 할 수 있을 것이다.

2장

동쪽에서 소리 지르고
서쪽에서 치다

6 | 적이 반드시 지키고자 하는 곳을 공격하라

'위점타원圍點打援'이란 고대 중국에서 아주 유명한 군사용어로서 적이 구하지 않으면 안 되는 지점을 포위하여 다른 지점들로부터 적의 병력을 이동하게끔 유도하고 그 증원 부대를 공격하는 것을 말한다.

중일 전쟁과 국공 내전에서 중국 홍군紅軍이 자주 사용했던 전술도 '위점타원'이었다. 모택동은 '위점타원'의 목적은 적을 포위하여 공격하는 데 있는 것이 아니라 적으로 하여금 스스로 병력을 움직여 기력을 소모하게 하는 데 있다고 지적한 바 있다. 일본군과 국민당군은 홍군의 전술을 알면서도 이를 피하지 못했고 덕분에 중국공산당의 홍군은 혁혁한 전적을 기록할 수 있었다.

사실 이러한 전술은 고대의 전쟁에서도 얼마든지 찾아볼 수 있다. 당 고조 무덕武德 4년(621년), 진왕 이세민이 군대를 이끌고 왕세충을 토벌하러 나섰다. 당시 또 다른 농민 기의군의 수령인 두건덕이 10만의 병력을 이끌고 왕세충을 지원하러 왔다. 이리하여 이세민은 졸지에 앞뒤로 적을 맞아야 하는 상황에 처하게 되었다. 이를 제대로 처리하지 못하면 대단히 위험한 지경에 빠질 수도 있었다. 여러 사람들이 잠시 병력을 뒤로 물렸다가 적의 형세를 면밀히 관찰한 다음 기회를 잡아 적절한 대응 방법을 취하는 것이 바람직하다고 말했다. 지모가 매우 뛰어난 설수薛收라는 인물이 있었는데, 혼자서 철군에 반대하고 나섰다. 그가 진왕에게 책략을 헌상했다.

"왕세충은 동도 낙양을 점거하고 있고 부고府庫에 엄청난 재물이 쌓여 있는 데다 그의 군대도 전부 강회江淮 지역의 정예 병력입니다. 그러나 왕세충에게 재물이 넉넉하긴 하지만 군량이 충분하지 않아 아군이 포위해버리면 속전속결 전략으로 나올 수밖에 없을 겁니다. 두건덕은 직접 대군을 이끌고 아군을 공격하면서 자신의 정예 병력을 전부 동원하여 속전속결을 시도할 것입니다. 만일 두건덕의 군대가 이곳으로 달려오도록 놓아두면 적군의 두 주력부대가 이곳에서 합류하게 됩니다. 그렇게 되면 두건덕은 하북의 양곡을 운반하여 왕세충을 지원할 수 있게 되고 왕세충 군대의 전력은 훨씬 강력해질 것입니다. 그러면 이들을 격퇴하는 것은 더욱 어려운 일이 되지요. 그런 국면이 형성되면 이수伊水와 낙수洛水 유역의 전역은 오래 지탱할 수 없을 것입니다."

이런 설명을 들은 이세민은 충분히 일리가 있는 말이라 판단하고 그에게 당장 어떤 조치를 취해야 하는지 물었다. 설수가 말했다.

"지금으로서는 일부 병력을 동원하여 도랑을 깊게 하고 보루를 높이 쌓아야 합니다. 왕세충이 도전해 온다 해도 아군은 절대로 나가서 싸움에 임하지 말아야 합니다. 그래야 왕세충을 붙잡아둘 수 있습니다. 대왕께서는 친히 맹장과 정병들을 이끌고 먼저 지세가 험한 성고를 점거하여 튼튼하게 진영을 갖추고 대오를 정비한 채 두건덕의 군대가 몰려오기만 기다리십시오. 그러면 아군은 아무 힘도 들지 않지만 두건덕의 군대는 이미 피폐하여 원기왕성한 아군의 장졸들을 상대로 싸워야 하지요. 아군이 대승을 거두게 되는 건 불 보듯 뻔한 일입니다. 두건덕의 군대를 격퇴하고 나면 왕세충은 고립무원의 상태에 빠진 데다 군량을 보급 받지 못해 반드시 아군에게 격퇴될 것입니다. 앞뒤로 20일 이내에 이 두 나라의 군왕들은 대왕의 발아래 무릎을 꿇게 될 것입니다. 아군을 한 걸음 뒤로 물리는 것은 적군의 계획에 그대로 말려드는 것으로서 하책 중의 하책이라 할 수 있습니다.”

그의 말에 이세민은 대단히 정확하고 치밀한 분석이라 판단하고 아무런 망설임도 없이 그의 건의를 받아들였다. 그리하여 이세민은 굴돌통屈突通을 남겨 제왕齊王 이원길李元吉을 도와 왕세충을 포위하게 하고, 자신은 직접 정병을 이끌고 성고로 진격했다. 한 차례의 치열한 접전 끝에 마침내 그는 두건덕의 군대를 전멸시키고 두건덕을 사로잡았다.

이세민이 두건덕의 군대를 무장해제 시키고 낙양성 밑으로 회군하자 왕세충은 두건덕이 생포되었다는 사실을 전해 듣고는 두려움에 떨다가 결국 2000명의 관속들을 이끌고 당군의 군영을 찾아와 투항했다.

이러한 사례로 볼 때 위점타원 전술의 장점은 전체적으로 열세에 놓인 상황에서 국부적인 우세를 취하는 것으로서 불리하고 수동적인 상황을 유리하고 주동적인 상황으로 전환시키는 데에 있다고 할 수 있다. 사실 '포위한다'는 것이 어떤 의미에서는 여전히 피동적인 것인지도 모른다. 공격과 수비에 필요한 대가가 서로 부합하지 않기 때문이다. 그러나 포위공격이 요구하는 과도한 대가가 적군의 진영을 뒤흔들어놓는 효과로 보상되고, 그 과정에서 아군은 다시 수비의 위치에 놓이게 된다. 이는 대단히 신비한 전환이지만 이러한 대가는 평형만을 가져다주는 것이 아니다. 일단 주도권을 장악하면 위점타원의 유리한 고지를 점령할 수 있기 때문이다. 전술 전략상의 주도권을 장악한다는 것은 그 가치와 의의를 따질 수 없을 만큼 중요하고 절대적인 것이다.

그러나 위점타원 전술의 사용에는 한계가 있다. 『손자병법』 「허실虛實」 편에서는 "아군이 정말로 싸움을 하고자 마음먹는다면 적이 아무리 성벽을 높이 쌓고 도랑을 깊이 판다 해도 아군을 상대하지 않을 수 없을 것이고, 아군은 적이 반드시 구하고자 하는 곳을 먼저 공격해야 한다"라고 지적하고 있다. 이러한 지적은 '위점타원' 전술의 원형이라 할 수 있다. 그러나 이 전술의 핵심이 '적이 반드시 구하고자 하는 곳을 공격하는' 데에 있는 것일까? 일반적으로 가장 먼저 공격하게 되는 곳은 적이 최선을 다해 지키고자 하는 성진이나 요새이다. 예컨대 중일전쟁이나 국공내전에서도 중국공산당의 홍군은 항상 전력의 열세로 놓여 있었고 그러다 보니 주로 게릴라전이라는 전술을 취해야 했다. 특히 장악하고 있는 대도시가 없었기 때문에 강한 적군에 이러한 전술로 대항하는 것은 대단히 유효적절한 방법이었다. 그러나 만일 일본군이나 국민당 군대 홍군을 향해 이런 전술을 펼쳤더라면 절대로 '포위'

가 불가능했을 것이다. 홍군은 한곳에 고정되어 있는 것이 아니라 왕성하게 떠돌아다니는 군대였기 때문이다. 이런 의미에서 '위점타원'의 전술은 한계가 있다고 할 수 있다.

그러나 이러한 한계도 극복이 불가능한 것은 아니다. 상대가 아군을 향해 위점타원의 전술을 취할 경우에는 아군을 지원하는 과정에서 이러한 관계를 역전시킬 수 있는 것이다. 그리고 이때의 상황은 구체적인 지휘의 수준과 능력에 의해 좌우된다고 할 수 있다. 실제로 요녕성 심양 전투에서 일본군은 '원援'의 과정에서 홍군에 대해 '위圍'를 시도한 적이 있었지만 전술의 지휘에 있어서 중대한 과실을 저질러 패전할 수밖에 없었다. 결국 '위점타원'은 하나의 원론적 전술이고 그 실행은 순수한 군사이론의 문제인지도 모른다.

7 | 하늘은 못 속여도 바다는 건널 수 있다

기원전 623년 8월, 진晉 양공襄公이 죽었다. 후계자를 세우는 문제에 있어서 대신들의 쟁론이 그치질 않는 가운데 권력이 가장 센 대신인 조순趙盾이 공자 옹雍을 후계자로 세워야 한다고 주장하고 나섰다. 그는 공자 옹이 가장 연장자일 뿐만 아니라 양공 생전에 남다른 총애를 받았고 덕과 능력을 겸비한 데다 오랫동안 진秦나라에 거주한 덕분에 진과의 관계도 좋기 때문에 일단 군주로 세우기만 하면 진과의 우호를 유지하는 데 가장 큰 힘이 될 것이라 생각했던 것이다. 권력과 지모를 동시에 갖춘 또 다른 대신인 호사고狐射姑는 공자 요樂를 후계자로 세워야 한다고 주장했다. 그는 공자 요의 생모인 진영이 진나라의 두 군왕으로부터 총애를 받았던 만큼, 그녀의 아들을 후계자로 세우면 백성들이 충심으로 복종하게 될 것이라 여겼던 것이다. 게다가 공자 요는 당시에 진陳나라에 있었기 때문에 진과의 우호관계에도 이로운 만큼, 그를 후계자로 세우면 진晉이 쉽게 진陳의 도움을 받을 수 있으리라는 것이 그의 계산이었다.

쌍방이 서로 한 치의 양보도 없이 대치하고 있는 가운데 조순은 사회士會를 진秦나라로 보내 공자 옹을 모셔 왔고 호사고도 몰래 공자 요를 영접하기 위해 사람을 진陳나라로 보냈다. 이런 소식을 들은 조순은 자객을 보내 진晉으로 돌아오는 공자 요를 도중에 살해해버렸다. 얼마 후 호사고도 더 이상 진나라에 발을 붙이지 못하고 적인狄人의 땅으로 강제로 추방되고 말았다.

진晉 양공의 부인 목영은 조순이 공자 옹을 진秦나라에서 모셔다가 후계자로 세우려 한다는 소식을 듣고는 자신의 아들을 품에 안고 조순의 집을 찾아가 말했다.

"선군先君께 무슨 죄가 있으며 그의 합법적인 후계자에게는 또 무슨 죄가 있습니까? 어째서 경께서는 선군의 적자를 세우지 않고 밖에서 후계자를 찾으시는 겁니까? 애당초 선군께서 살아 계실 때 이 아이를 경께 맡기신 바 있는데 설마 선군의 뜻을 어기시려는 것은 아니시겠지요?"

목영의 말에 조순은 몹시 두려운 생각이 들었다. 목영이 요량하기 힘든 여인임을 잘 알고 있는 그는 생각을 바꿔 그녀의 아들을 군왕으로 세우기로 마음먹었다. 그가 바로 춘추전국 시대에 어질지 못한 군주로 유명한 진晉 영공靈公이었다.

이때 진秦나라는 이미 군대를 파견하여 공자 옹을 진晉으로 호송하고 있었다. 이미 생각을 바꾼 조순은 군대를 보내 진군을 막고 공자 옹의 귀국을 허락하지 않았다. 진군晉軍은 영호令狐에서 진군秦軍을 패퇴시켰다. 이로써 공자 옹을 모시러 간 사회마저도 진으로 돌아오지 못하고 진秦에 남아 책사로 일하게 했다.

지모가 뛰어난 사회는 진秦에서 책사로 활동하면서 진나라에 적지 않은 지략을 제공했다. 이에 사회가 진왕에게 중용되는 것을 우려한 진晉은 여러 신하들이 한데 모여 대책을 상의했다. 조순이 말했다.

"지금 사회는 진나라에 있고 호사고는 적인의 땅에 있는데 이들은 둘 다 지모가 뛰어난 인물들인 데다 우리나라의 사정을 손바닥 들여다보듯 훤히 알고 있기 때문에 큰 위협이 아닐 수 없소. 이 문제를 어떻게 하면 좋겠소?"

외교 업무를 담당하는 중행中行의 자리에 있던 환자桓子가 나서서 말했다.

"호사고를 돌아오게 하면 되지 않겠습니까! 그는 나라 밖의 일을 훤히 알고 있는 데다 과거에 우리 진晉나라를 위해 적지 않은 공을 세웠지요."

성자成子가 말을 받았다.

"그건 안 됩니다. 호사고 그 사람은 지모가 뛰어나긴 하지만 사단을 일으키기 좋아합니다. 나라에 공을 세운 바가 없는 건 아니지만 죄과도 적지 않지요. 차라리 사회를 다시 불러들이는 것이 좋을 것 같습니다. 사회는 외표外表가 유약하기는 하지만 내심이 아주 강인하고 치욕을 아는 사람이라 쉽게 당하지 않습니다. 게다가 지모도 뛰어나기 때문에 그를 다시 데려오는 것이 진나라에 아무런 위험이 되지 않을 뿐만 아니라 요긴하게 써먹을 수 있을 것입니다."

그리하여 진나라는 사회를 다시 데려오기로 결정했다.

그러나 진晉은 진秦이 사회를 돌려보내주지 않을 것을 우려하여 한 가지 계책을 세웠다. 하루는 위魏나라 사람 위수여魏壽余가 갑자기 체포되었다. 죄명은 위나라 사람들을 규합하여 진에 대해 모반을 꾀했다는 것이었다. 위수여의 아내와 자식들도 모두 붙들려 감옥에 갇히는 신세가 되고 말았다. 물론 이는 진晉나라가 획책한 계략에 지나지 않았고 그 목적은 위수여로 하여금 진秦나라의 신임을 얻어 사회의 귀국을 책동하게 하려는 것이었다. 그날 밤, 일부러 위수여를 풀어주어 진秦으로 도망치게 했다. 위수여는 진왕을 찾아가 진晉나라가 자기 가족을 전부 붙잡아다 가뒀던 일이며 진에서 도망쳐 진秦으로 오게 된 사정 등을 자세히 아뢰었다. 아울러 진秦 강공康公에게 자신이 위나라에 있는 동안 위가 진秦에 귀속될 수 있도록 모든 준비를 다 해놓았다고 말했다. 이리하여 그는 너무나 빠른 시일에 진왕의 신임을 얻게 되었다. 얼마 후 또 비밀리에 사회와 접촉한 그는 사회에게 진晉으로 돌아갈 것을 종용했다. 사회는 진나라 사람이었던지라 진秦나라에 오래 머무는 것이 장기적으로 바람직한 일이 못 된다는 것을 잘 알고 있었다. 이에 그는 순순히 위수여의 말에 따르기로 했다.

위수여는 사회와 밀약을 나눈 뒤 강공을 찾아가 위나라로 돌아가서 위나라 사람들이 전부 진에 귀순할 수 있도록 책동하겠다고 말하고 강공의 승낙을 얻어냈다. 당시 진군은 황하 서쪽에 주둔하고 있었고 위나라는 황하 동쪽에 자리 잡고 있었다. 위수여가 강공에게 말했다.

"제가 한 사람을 데리고 함께 가야 하는데 반드시 동쪽 사람이어야 합니다. 위나라 관원들과도 잘 아는 사이여야 위나라로 가서도 말이 통할 수 있을 것입니다.”

이 조건에 가장 적합한 인물은 사회였다. 강공은 깊이 생각해보지도 않고 사회를 함께 데리고 가도록 허락했다. 위수여와 사회는 동쪽으로 가서 다시는 진으로 돌아가지 않았다.

그러나 진晉나라 사람들의 지모는 그다지 고명하지 못했고 진秦나라 사람들 모두를 속여 넘기진 못했다. 진秦의 대부 요조繞朝가 위수여가 진秦으로 도망쳐 온 의도를 간파했던 것이다. 그는 강공에게 위수여의 말을 그대로 따라선 안 된다고 간언하면서 사회를 함께 보내선 안 된다고 말했다. 그렇지만 강공은 진晉에 복속되어 있는 위나라 땅을 손에 넣으려는 욕심에 그의 간언이 귀에 들어오지 않았다. 사회와 위수여가 진秦을 떠날 때 요조는 특별히 그들을 찾아 자신의 말채찍을 사회에게 선사하면서 말했다.

“우리 진나라에 그대의 계략을 알아챈 사람이 아무도 없다고는 생각지 말게. 나는 이미 오래전에 그대의 속셈을 알고 있었다네. 단지 내 말이 강공의 귀에 먹히지 않았을 뿐이지.”

하늘을 속이지 못해도 바다를 건널 수 있다. 하늘이 눈이 멀었을 경우이다. 지나친 욕심 때문에 통찰력과 비판적 안목이 부족한 사람들이 남에게 쉽게 이용당하는 것은 너무나 당연한 일이다. 어쩌면 지나친 욕심은 마약보다 위험한 것인지도 모른다.

8 | 오욕의 나날을 견뎌내고
승리를 쟁취하다

『손자병법』은 병가의 지고무상의 경전으로서 인류문명사의 기적이라 하기에 충분하다. 이 책은 당시의 역사에 거대한 영향력을 발휘했을 뿐만 아니라 현재까지도 사람들에게 무시할 수 없는 지혜들을 던져주고 있다. 또한 이 책은 군사 영역에서만 지도적 기능을 하는 것이 아니라 정치와 상업, 처세 등 여러 분야에서 중요한 지혜들을 제공해 왔다. 특히 현대에 들어서서는 전 세계 모든 나라들이 『손자병법』의 실용 가치를 중시하여 번역 출판은 물론, 연구와 보급에 열을 올리고 있다.

전국 시기의 손빈은 『손자병법』의 저자인 손무孫武의 후손으로 역시 뛰어난 군사 전문가였다. 그가 쓴 『손빈병법』은 비록 유실되어 남아 있지 않지만 그의 사적을 통한 상상을 근거로 대단히 뛰어난 병서였음을 짐작할 수 있다. 그러나 그처럼 위대한 지략가였던 손빈의 삶에는 손무와 같은 행운이 따르지 않았다. 그는 보통 사람들은 도저히 참아내기 어려운 극도의 치욕과 고통을 겪어야 했던 것이다. 중국에서는 손빈과 방연龐涓의 이야기가 누구나 다 아는 역사적 이야기이다. 덕분에 손빈은 죽어서나마 중국의 역사를 장식하는 훌륭한 인물의 대열에 들 수 있었다.

춘추전국은 두 개의 역사 시기로서 항상 병칭되기는 하지만 일반적으로 세 나라가 진晉을 나눠 가진 이후를 춘추에 이은 전국시기로 구분한다. 당시 진晉나라는 한韓, 조趙, 위魏 세 나라에 의해 분할되어 멸망하고 세 나라는 흥성했다. 그 가운데 위나라의 세력이 가장 강해 야심이 만만했던 위 혜왕惠王은 진秦나라를 본받아 널리 인재들을 받아들이고 상앙같이 뛰어난 인물을 찾아 나라를 다스리려 했다. 그리하여 혜왕은 막대한 돈을 들여 널리 현사賢士들을 불러 모으기 시작했다. 얼마 후 방연이란 사람이 나타나 당시의 고사高士였던 귀곡자鬼谷子의 제자라고 자칭했다. 귀곡자는 종횡가의 시조로서 당시에 대단한 명성을 누리고 있었다. 그가 남긴 『귀곡자』라는 책은 제후국들을 종횡하면서 군주들을 설복하는 기교를 담고 있는데 지금까지도 완정한 상태로 보존되고 있다. 『귀곡자』의 내용으로 미루어볼 때 그는 정말 대단한 인물임에 틀림이 없었으나 은사隱士로서 끝까지 벼슬을 하지 않은 것이 안타까울 뿐이다. 귀곡자의 제자라고 자칭하는 방연은 종횡가의 대표적 인물인 소진과 장의와 함께 공부했다고 주장하면서 혜왕의 면전에서 크게 허세를 부렸다. 위 혜왕은 그의 말을 믿지 않을 수 없었다.

방연은 대장이 되었고 그의 아들 방영과 조카 방총, 방모 등도 모두 장군이 되었다. 이들이 조직한 '방가군龐家軍'은 확실한 실력을 보이면서 병마를 훈련시켜 위衛, 송宋, 노魯 등 여러 나라들을 공격하여 승리를 거둠으로써 세 나라로부터 조배를 받게 되었다. 동쪽의 대국인 제齊나라가 군사를 보내 공격해 왔지만 방연에 의해 격퇴되어 되돌아갔다. 이때부터 혜왕은 그를 완전히 신임하게 되었다.

방연의 동학同學인 손빈은 손무의 후예로 재덕을 겸비한 인물이었다. 보기 드문 인재였던 그는 특히 스승인 귀곡자로부터 선조인 손자의 병법 13편을 전수받음으로써 더욱 더 비범한 지모를 갖추게 되었다. 한번은 묵자의 문하생인 금활리禽滑釐가 귀곡자를 찾아왔다가 손빈을 만나보고는 그를 하산시켜 각국의 군주들에게 성지를 지킬 수 있는 지모를 제공토록 하여 전쟁을 감소시키려 했다. 손빈이 말했다.

"내 친구 방연이 이미 하산했는데 이곳을 떠나면서 좋은 자리가 나타나면 나를 부르겠다고 했습니다."

"듣자 하니 방연은 이미 위나라에서 큰 벼슬을 하고 있다고 하던데 어째서 선생에게 편지를 하지 않는지 모르겠군요. 제가 위나라에 가면 알아보도록 하겠습니다."

금활리는 위나라로 가서 혜왕에게 손빈과 방연에 관해 이야기했다. 혜왕은 금활리의 얘기를 듣고 당장 방연을 불러 손빈을 부르지 않은 이유를 물었다. 방연이 대답했다.

"손빈은 제나라 사람인데, 우리는 제나라를 적으로 여기고 있습니다. 그가 제나라로 온다면 먼저 제나라를 위해 지모를 낼 것이기 때문에 일부러 편지를 쓰지 않은 것입니다."

"그렇다면 다른 나라 사람들은 데려다 쓸 수 없단 말인가?"

말문이 막힌 방연은 하는 수 없이 손빈에게 편지를 썼다.

손빈이 위나라로 오자 혜왕은 그와 몇 마디 얘기를 나눠보고 이내 그가 방연보다 더 대단한 인물임을 알게 되었다. 혜왕은 그를 부장군에 임명하여 군사軍師인 방연을 보조하게 했다. 혜왕의 명령을 들은 방연이 다급한 표정으로 말했다.

"손빈은 나이가 저보다 위이고 능력도 저보다 뛰어난데 어찌 저의 부하가 될 수 있겠습니까? 차라리 우선 그를 객경客卿으로 대우하셨다가 그가 공을 세우면 제 자리에 그를 앉히시는 것이 좋을 것 같습니다."

사실 그의 이런 제안은 손빈으로 하여금 자신과 권력을 다투지 못하게 하고 나중에 기회가 생기면 그를 제거하려는 계략에 지나지 않았다. 당시 객경이란 지위는 실권이 없었고 단지 신하보다 조금 높은 데 불과했다. 그러나 방연의 말을 진심으로 받아들인 손빈은 감격해 마지 않았다.

방연은 원래 손빈의 가족들이 전부 제나라에 있기 때문에 그가 위나라에 오래 머물지 못할 것이라고 생각했다. 그가 손빈의 마음을 떠보려는 요량으로 물었다.

"자네는 어째서 가족들을 데려다가 함께 살 생각을 하지 않는 건가?"

"가족들은 전부 제나라 군왕에게 살해당했다네. 남은 가족 몇 명도 뿔뿔이 흩어져 어디 가서 찾아야 할지 모르는 형편이라네. 그러니 어떻게 가족들을 이리로 데려온단 말인가?"

손빈의 대답에 방연은 얼굴을 찡그렸다. 손빈이 정말 위나라에 남는다면 자신의 자리를 그에게 넘겨줘야 할 것이 뻔하기 때문이었다.

반년쯤 지나 제나라 사람 하나가 손빈에게 가족이 보낸 것이라며 편지 한 통을 전해 왔다. 형이 제나라로 돌아오기를 기대하고 있다는 내용이었다. 손빈이 편지를 가지고 찾아온 사람에게 말했다.

"지금 나는 이미 위나라의 객경이 되어 있는 몸이라 마음대로 떠날 수 없다고 전해주시오."

아울러 그는 편지 한 통을 써서 형에게 전달해달라고 부탁했다.

뜻밖에도 손빈의 편지는 중간에 빼앗겨 혜왕에게 전달되었다. 혜왕이 방연을 불러 말했다.

"손빈이 제나라를 그리워하고 있으니 어찌해야 좋겠소?"

"손빈은 능력이 뛰어난 인물입니다. 그가 제나라로 돌아간다면 위에 매우 불리하게 됩니다. 우선 제가 가서 만류해보겠습니다. 그가 위나라에 남기를 원한다면 다행이고, 만일 그렇지 않다면 어차피 그는 제가 추천한 사람이니 제가 알아서 처리하도록 하겠습니다."

혜왕은 그렇게 하라고 허락했다. 물론 방연은 손빈을 만류하지 않았다. 그가 손빈에게 말했다.

"듣자 하니 가족으로부터 편지를 받았다고 하던데 어째서 돌아가 가족들을 만나보지 않는 건가?"

"형님께서 돌아오라고 하시지만 나는 그렇게 하는 게 바람직하지 않다고 생각해서 돌아가지 않은 걸세."

"자네가 집을 떠난 지 여러 해가 지났고 오랫동안 가족들과 연락도 못한 처지인데 지금 형님께서 부르시는데 어째서 돌아갈 생각을 안 한단 말인가? 우선 제나라로 돌아가 가족들을 만나보고 조상들의 무덤에 제사를 올린 다음에 돌아오면 될 게 아니겠나?"

손빈은 혜왕이 허락하지 않을까 두려웠는데 방연이 이처럼 적극적으로 자신을 돕고 나서자 다시 한 번 감격해 마지않았다. 다음 날 손빈은 혜왕을 찾아가 두 달 동안 휴가를 달라고 간청했다.

혜왕은 그가 돌아간다는 말을 듣고는 제나라와 사통한 것이 분명하다고 판단하고는 당장 그를 붙잡아 방연에게 심문하도록 지시했다. 방연은 짐짓 놀란 표정을 지으며 우선 손빈을 풀어준 다음 그를 위해 변론하러 혜왕에게 달려가는 척했다. 얼마 후 몹시 긴장한 표정으로 다시 돌아온 그가 손빈에게 말했다.

"대왕께서는 대로하셔서 자네를 반드시 죽이라고 하시는 걸 내가 재삼 간청한 덕분에 간신히 자네의 체면을 살려주기로 하셨네. 자네의 목숨을 보전하되 경형과 빈형을 동시에 내리라고 하시더군."

이 말에 손빈은 분노를 금할 수 없었지만 방연이 자신을 위해 힘을 써준 데 대해 마음 깊이 감격하고 있었다.

결국 손빈은 얼굴에 죄인임을 알리는 글자를 새기고 종지뼈 아래를 잘리는 형벌을 감내해야 했다. 이때부터 그는 땅바닥으로 기어다니면서 죽을 때까지 불구자로 지내야 했다.

방연은 이런 손빈의 생활을 주도면밀하게 보살펴주는 척했고, 손빈은 이를 매우 고맙게 받아들이면서 언젠간 기필코 보답을 해야겠다고 마음먹었다. 하루는 손빈이 자발적으로 방연을 위해 뭔가 해야겠다고 나서자 방연이 말했다.

"자네 조상들께서 전수해주신 병법 열세 편을 글로 남겨주게. 그러면 우리가 함께 이를 연마하여 후세에 전수할 수 있지 않겠나?"

손빈은 잠시 생각에 잠기더니 그에게 보답할 수 있는 방법이 이것밖에 없을 것 같다고 판단하고는 이내 고개를 끄덕였다. 손빈은 곧장 자리에 엎드려 죽간에 병법을 새기기 시작했다. 그는 병법의 내용을 하나도 빠뜨리지 않고 전부 외우고 있었지만 이를 글로 적어내는 일은 그리 쉽지 않았다. 게다가 혹형을 받은 데 대해 몹시 분노하고 있었기 때문에 어렵사리 마음을 다스리면서 글자를 새기다 보니 하루에 열 자 남짓 새기는 것이 고작이었다. 그러자 방연은 답답함을 참지 못하고 부하 중에 성아誠兒라는 젊은이를 시켜 손빈을 돕게 했다. 성아는 손빈을 측은하게 여겨 손빈의 시중을 드는 사람에게 방연의 속셈을 털어놓았다.

"방 군사가 왜 손 선생께 병법을 글로 적어달라고 재촉하고 있는지 아시오? 잘은 모르겠지만, 방 군사가 손 선생으로 하여금 목숨을 보전하게 한 것은 병법을 전수받기 위해서입니다. 병법을 다 쓰고 나면 손 선생의 목숨은 없는 것이나 마찬가지일 겁니다."

이 말을 전해 들은 손빈은 놀라움을 금치 못하며 이리저리 고심하다가 한 가지 묘안을 생각해냈다. 그는 갑자기 큰 소리로 비명을 지르더니 이내 혼절해버렸다. 사람들의 보살핌으로 간신히 깨어난 그는 이미 미치광이가 되어 있었다.

손빈은 머리가 흐트러지고 눈이 휑한 모습으로 갑자기 신변의 물건들을 막 집어던지더니 또 잠시 후에는 얼굴을 감싸 쥐고는 큰소리로 울어댔다. 방연이 그를 부르자 그는 얼른 달려가 머리를 바닥에 조아리면서 연신 소리를 질러댔다.

"귀곡자 스승님, 살려주세요! 귀곡자 스승님 살려주세요!"

방연은 그가 정신 이상이 되었다고 생각하면서도 그가 일부러 미친 척하고 있다는 의심이 들기도 해서 우선은 그를 돼지우리에 가두어놓기로 했다. 손빈은 여전히 시시때때로 울고 웃다가 돼지들과 뒤섞여 잠들곤 했다. 어느 정도 시간이 지나도 여전히 이런 모습을 보였으나 방연은 마음을 놓지 못하고 사람을 시켜 주시하게 했다. 하루는 밥을 갖다주는 사람이 특별히 술안주를 주면서 낮은 목소리로 손빈에게 말했다.

"난 선생께서 억울하게 큰 치욕과 고통을 당했다는 것을 알고 있습니다. 지금 이 술안주도 방 군사를 속이고 가져온 것입니다. 조만간 기회를 봐서 선생을 구해드리겠습니다."

그는 이렇게 말하면서 눈물까지 흘렸다. 그러나 손빈은 무슨 말인지 모르겠다는 듯이 어리둥절한 표정으로 말을 받았다.

"누가 네놈의 더러운 음식을 먹겠다고 그랬어? 난 내가 직접 만든 음식이 가장 맛있단 말이야!"

이렇게 말하면서 그는 술안주를 바닥에 던진 다음 돼지 똥과 함께 버무려 입 안에 쑤셔 넣었다.

그 사람은 이 사실을 그대로 방연에게 보고했다. 방연은 손빈이 혹형을 받은 뒤로 충격을 받아 미쳤다고 단정했다. 이때부터 그는 사람을 시켜 손빈을 감시하게 하면서 더 이상 떠보지 않았다.

미치광이 손빈은 낮에는 길바닥에 누워 있다가 밤이 되면 다시 돼지 우리로 기어들어갔다. 가끔씩 사람들이 먹을 것을 던져주기라도 하면 이를 받아들고 신이 나서 웃다가 다시 우울한 표정을 지으면서 뭔가 알아듣지 못할 말을 중얼거리곤 했다. 이렇게 세월이 흐르면서 위나라 도성인 대량大梁 안팎의 모든 사람들이 손빈이 미쳤다는 사실을 알게 되었고 의심하는 사람은 아무도 없었다. 방연은 매일 그에 관한 보고를 들으면서 손빈이 더 이상 경쟁 상대가 되지 못한다는 사실을 확신하고 그를 죽일 생각을 하지 않게 되었다.

어느 날 밤 아주 남루한 차림의 사내 하나가 손빈 옆에 앉아 있었다. 한참이 지나자 이 사내는 슬그머니 손빈의 옷을 잡아당기며 낮은 목소리로 말했다.

"저는 금활리입니다. 저를 알아보시겠습니까?"

크게 놀란 손빈은 그를 한참 쳐다보더니 금활리임을 확인하고는 눈물을 흘리며 목이 메어 말했다.

"일찌감치 이곳에서 죽었어야 할 몸인데 이렇게 그대를 다시 만나게 될 줄은 몰랐소. 방연이 항상 나를 감시하고 있으니 조심하도록 하세요."

"제가 이미 선생의 억울함을 제왕에게 전했고, 제왕은 순우곤을 시켜 위 혜왕을 찾아가 자초지종을 따지게 했습니다. 모든 준비가 다 되어 있습니다. 선생을 순우곤의 수레에 숨겨 이곳을 떠나게 할 계획입니다. 우선 제가 부하를 선생으로 변장시켜 이곳에 이틀 동안 앉아 있게 하겠습니다. 선생께서 무사히 위나라를 벗어나시면 제 부하도 곧 도망칠 겁니다."

금활리는 손빈의 옷을 벗겨 부하들 가운데 생김새가 손빈과 비슷한 사람에게 입혀 대신 그 자리에 누워 있게 했다. 그런 다음 손빈을 수레에 태워 그곳을 빠져나왔다.

다음 날 혜왕은 방연을 불러 제나라 사신 순우곤의 출국을 호위하라고 지시했고, 다시 이틀이 지나자 길거리에 누워 있던 손빈의 모습이 보이지 않았다. 방연이 사람들을 시켜 찾아봤지만 그는 그림자도 보이지 않았다. 방연은 혜왕이 추궁할 것이 두려워 손빈이 물에 빠져 죽었다고 거짓으로 보고했다.

　손빈이 제나라에 도착하자 위왕威王은 한눈에 보배가 찾아왔음을 알아차리고 그 자리에서 그를 스승으로 모셨다. 손빈이 말했다.

　"제가 제나라에 있다는 사실을 방연이 알게 되면 질투할 것이 분명하니, 제가 쓰일 데가 있을 때 앞에 나서는 것이 좋을 것 같습니다."

　위왕은 그의 뜻에 그대로 따라주었다. 나중에 손빈은 몇 명 남은 당형들을 찾아봤지만 아무도 소식을 알 수 없었다. 그제야 그는 편지를 보내온 사람도 방연이 거짓으로 꾸며 보낸 것임을 깨닫게 되었다. 억울하고 치욕스러운 모든 일이 방연 혼자서 꾸민 것이었다.

　제나라의 대장 전기田忌는 대단히 유능한 인물로 사람됨이 매우 강직하고 후덕했다. 그는 다른 사람들을 통해 손빈이 제나라에 왔다는 사실을 알고는 직접 손빈을 초빙하여 자신의 관저에 머무르게 하면서 상빈의 예로 대우했다. 한 차례의 담론을 통해 전기는 손빈의 능력을 확인했고 훌륭한 인재를 얻은 데 대해 마음속으로 몹시 흐뭇해하면서 주야로 함께 지내며 항상 가르침을 구했다.

　당시 전기는 자주 제나라 왕족들과 경마 노름을 하곤 했는데, 전기의 말은 힘이 부족해 매번 경기에 져서 적지 않은 돈을 잃었다. 한번은 손빈이 전기의 말과 왕족들의 말이 힘에 있어서 큰 차이를 보이고 있는 것을 보고는 전기에게 말했다.

　"내일 또 경기를 하게 되면 최대한 돈을 많이 거십시오. 제가 반드시 이길 수 있는 비책을 알려드리겠습니다."

　전기는 손빈의 호언장담이 이해가 가지 않았지만 평소에 그를 굳게 신임하고 있던 터라 망설임 없이 대답했다.

　"선생의 말대로 제왕에게 천금을 걸고 경기를 하자고 하겠소이다."

시합할 시간이 다가오자 손빈이 전기에게 말했다.

"위왕의 말들이 왕정에 모여 있습니다. 장군께서 말의 등급에 따라 순서대로 시합을 하신다면 왕족들을 이기기 어려울 것입니다. 이번에는 가장 하등 말을 왕족의 상등 말과 대결하게 하십시오. 그런 다음 장군의 상등 말을 왕족의 중등 말과 겨루게 하고 장군의 중등 말을 왕족의 하등 말과 겨루게 하시는 겁니다. 그렇게 하면 한 번은 지겠지만 나머지 두 번은 이길 수 있습니다."

경기가 끝나자 과연 위왕과 왕족들은 한 번을 이겼고 전기는 두 번을 이겨 큰돈을 따게 되었다. 위왕이 놀라움을 금치 못하며 전기에게 시합에 이기게 된 비결을 묻자 전기는 사실대로 말해주었다. 위왕은 손빈의 지모에 감탄을 금치 못했고 전기는 이 기회를 놓치지 않고 손빈을 위왕에게 추천했다. 손빈의 능력이 출중하다는 사실을 이미 확인한 위왕은 기꺼이 그를 접견하면서 병법과 군무에 관한 여러 가지 질문을 던졌다. 손빈은 모든 질문에 일목요연하게 비책을 제시했다. 전쟁과 당시의 국제정세에 관한 손빈의 통찰력과 분석은 위왕의 탄복을 자아냈고 위왕은 손빈을 천하를 쟁패하고 나라를 크게 일으킬 수 있는 동량지재로 여기게 되었다. 얼마 후 위왕은 손빈에게 예의를 갖춰 스승으로 모시고 그를 제나라의 군사로 추대하여 군무에 관한 대사를 전부 일임했다.

위 혜왕 17년(기원전 353년) 10월, 위나라 군대는 조나라와의 오랜 전쟁 끝에 마침내 조나라의 도성인 한단을 함락시켰지만 당시의 정세는 이미 위나라에 불리하게 전개되고 있었다. 진나라 군대가 위의 후방이 비어 있는 기회를 틈타 이미 위의 소량少梁을 점령했고 초나라 군대는 위나라 남부의 휴 땅을 점령했으며 조나라를 침공한 위군은 기력을 크게 소모하여 전체적인 군사력이 몹시 피폐한 상황이었다. 제나라 위왕은 위군을 공격할 시기가 무르익었음을 확인하고는 대규모 군대를 파견하여 조를 구하기로 마음먹었다. 위왕은 전기가 손빈의 지략 덕분에 경마에서 크게 이겼던 사례를 통해 이미 손빈의 능력을 확인한 데다 그가 병법에 통달해 있을 뿐만 아니라 작전을 지휘하는 데 있어서도 독특한 주장을 펼치고 있음을 발견하고는 그를 대장으로 임명하여 조나라를 구하려 했다. 손빈이 사양하며 말했다.

"저는 혹형을 당한 사람이라 대장이 될 수 없습니다. 제가 대장이 된다면 적들의 웃음거리가 될 뿐만 아니라, 제나라에 인재가 없다는 것을 드러내는 처사가 되고 말 것입니다. 바라건대 대왕께서는 전기를 대장으로 임용하시고 저는 그를 돕는 일에 만족했으면 합니다."

위왕은 손빈의 의견을 받아들여 전기를 대장으로 임명하고 손빈을 군사로 모셔 8만의 병력을 이끌고 조를 구하게 했다.

손빈은 위나라에 있을 때 방연의 모함으로 혜왕에게 빈형을 당해 두 다리를 잃었기 때문에 휘장이 덮인 수레에 탄 채 군대를 따라 출정에 나서 대장군 전기를 위해 지모를 제공했다.

전기는 대군을 이끌고 곧장 한단으로 달려가 조나라를 구원할 생각이었다. 그러나 당시의 정세를 면밀히 분석한 손빈은 전기에게 강적에 정면으로 맞설 것이 아니라 적의 허약한 지점들을 집중적으로 공격함으로써 적진을 흐트러뜨리고 수동적인 입장에서 주동적인 입장으로 전환한 다음, 기회를 잡아 적을 일거에 무너뜨리는 전략을 취하는 것이 바람직하다고 충고했다. 손빈이 말했다.

“복잡하게 엉킨 실을 풀려면 주먹에 힘을 주어서는 안 됩니다. 실實을 피하고 허虛를 취하는 전략을 취해야만 적은 형세가 불리한 것을 깨닫고 스스로 병력을 거둬 조에서 철수할 것입니다.”

손빈의 얘기를 들은 전기는 대단히 일리 있는 견해라고 판단하고 그의 깊은 생각에 따르기로 했다. 손빈이 설명을 덧붙였다.

“지금 위나라는 조에 대해 맹공을 퍼붓고 있습니다. 정예 병력과 명장들이 밖에 나와 정벌 전쟁에 시달리고 있어 군사력이 고갈되어 있을 것이 분명하지요. 나라 안을 지키고 있는 노약한 병사들도 수비에 지쳐 몹시 피폐한 상태일 겁니다. 장군께서는 위나라 안에 병력이 부족하고 허술한 틈을 타서 대군을 이끌고 빠른 속도로 도성인 대량을 공격하고 위나라 교통의 요도를 장악한 다음 수비가 허약한 지역을 집중적으로 공격하십시오. 그러면 위군은 틀림없이 조를 포기하고 서둘러 자국을 구하러 회군할 것입니다. 그렇게 되면 제나라는 조를 구할 수 있을 뿐만 아니라 일부 병력을 따로 편성하여 추격에 나섬으로써 지칠 대로 지친 위군을 제압할 수 있을 것입니다. 또한 우리 군대는 적과의 정면 대결을 피함으로써 병력 손실을 크게 줄일 수 있을 것입니다.”

전기는 위를 공격함으로써 조를 구한다는 손빈의 책략에 전적으로 동의하고 그의 책략대로 제군의 주력부대를 이끌고 위의 도성인 대량을 향해 진군했다.

이런 소식을 전해 들은 방연은 너무나 다급한 나머지 조의 도성인 한단을 점령하고도 부대의 휴식과 정비를 생각할 겨를도 없이 소수의 병력만 한단에 남겨놓고 서둘러 경기병을 이끌고 회군하여 주야로 말을 달려 대량으로 향했다. 방연의 전략은 병가의 금기를 위반하는 일이었지만 달리 방법이 없었다. 물론 그도 이처럼 주야로 100리나 되는 길을 행군하여 신속하게 공격에 나섰다가 오히려 적의 기습을 받기라도 하면 삼군의 장령들이 전부 적에게 생포될 수 있다는 점을 잘 알고 있었다. 그러나 형세가 급박하다 보니 그렇게 할 수밖에 없었다. 방연이 대량을 구하기 위해 황급히 회군하여 계릉桂陵 부근에 이르렀을 때, 전기와 손빈은 일찌감치 제군의 주력부대를 파견하여 위군에 대한 매복 공격을 준비하고 있었고 큰 힘을 들이지 않고도 손쉽게 피로에 지친 위군을 섬멸할 수 있었다. 이리하여 위나라가 얻은 군사적 성취는 이미 상실한 것이나 다름없었고 하는 수 없이 화의를 통해 도성인 한단을 조에 돌려줘야 했다.

방연은 '계릉 전역'에서는 요행으로 목숨을 잃지 않았지만 10년 후에 벌어진 '마릉馬陵 전역'에서는 더 이상 죽음을 피할 수 없었다. 혜왕은 야심이 대단한 인물이라 휴식과 정비를 거쳐 위군의 병력이 나날이 강성해지자, 위왕이 대장군 전기의 병권을 빼앗아버린 기회를 이용하여 혜왕 28년(기원전 342년)에 또다시 방연으로 하여금 대군을 이끌고 가서 조를 공격하게 했다. 조나라는 한나라와 연합하여 공동으로 방어에 나섰지만 패전을 거듭했다. 그러자 다급해진 한나라는 제나라로 사신을 보내 지원을 요청했다. 위왕은 여러 대신들을 모아놓고 대책을 상의하면서 대신들의 견해를 물었다.

"서둘러 한나라를 구하는 것이 좋겠소, 아니면 아주 늦게 구해주는 게 좋겠소?"

한 신하가 나서 산 위에서 호랑이 싸움을 구경하는 것이 좋겠다는 의견을 내놓았다. 이때 이미 대장군의 지위를 회복한 전기가 하루속히 병력을 보내 한을 구해야 한다고 주장하고 나섰다. 전기가 말했다.

"서둘러 한을 구하지 않으면 한은 싸움에 패해 위에 굴복하게 됩니다. 그렇게 되면 위의 세력이 강대해져 직접 우리 제나라를 위협하게 되지요. 따라서 지금 당장이라도 출병하여 한을 구하는 것이 바람직합니다."

여러 대신들도 제각기 자신들의 주장을 펴면서 쟁론이 그치지 않았다. 보다 못한 위왕은 손빈을 찾아가 의견을 묻기로 마음먹었다. 위왕이 손빈에게 물었다.

"군사께서는 한 마디도 안 하고 계신데 어떤 견해를 갖고 계신지 궁금하오."

"위나라는 자신들의 강대함으로 약한 나라들을 능멸하고 있습니다. 한이 무너지면 곧 위에 굴복하게 되지요. 이는 제나라에 아주 불리한 일입니다. 따라서 한을 구하지 않으면 안 됩니다. 그러나 지금은 한과 위가 한창 치열한 교전을 벌이고 있고 양국 군대의 사기도 가장 왕성한 때입니다. 이처럼 양국 군대가 지치지 않은 상황에서 한을 구하러 나서는 것은 우리가 한을 대신해 공격을 받겠다는 것과 마찬가지지요. 그렇게 되면 제군이 한군을 지휘하는 것이 아니라 반대로 한군이 제군을 지휘하게 됩니다. 따라서 너무 서둘러 출병하는 것도 바람직하지 못하지요."

위왕은 손빈의 말이 일리가 있다고 판단하면서도 또다시 물었다.

"그럼 군사의 견해로는 어떻게 하는 것이 좋겠소?"

"위나라는 스스로 강함을 과신해서 진작부터 조나라, 한나라를 공격할 계획을 갖고 있었습니다. 우리는 먼저 군대를 보내 도와주겠다고 한나라의 요청을 들어주는 겁니다. 그러면 한나라는 우리가 도와줄 거라고 믿고 전력을 다해 위나라와 맞서 싸울 겁니다. 이렇게 해서 최대한 위나라 군대의 힘을 소진시키는 겁니다. 위나라는 한나라가 완강히 저항하는 것을 보고 역시 힘껏 맹공을 퍼붓겠지요. 이때, 한나라는 틀림없이 또 우리에게 도움을 재촉할 겁니다. 바로 이 시점에서 한나라와 동맹을 맺으면 한나라는 곧 제나라의 종속국이 될 겁니다. 그리고 위나라는 이미 한나라와 격전을 치르느라 힘이 대부분 손상된 상태일 테니, 이때 비로소 군대를 보내 싸운다면 손실도 줄이고 승리를 거두기도 쉬울 겁니다. 결국 위나라를 격파하여 한나라를 구하는 목적을 이룰 수 있습니다. 바로 이것이 제나라가 최대의 이익과 최고의 명성을 획득하는 방법입니다.”

이 말에 안개가 활짝 걷힌 위왕은 당장 손빈의 의견을 받아들였다. 그는 비밀리에 사람을 보내 한나라를 구원할 계획을 한나라 사신에게 알리고 그를 본국으로 돌려보냈다. 그리하여 제나라의 지지에 힘을 얻은 한나라는 필사적으로 위나라 군대에 맞서 싸웠지만 다섯 차례에 걸친 전투에서 모두 패하고 말았다. 다급해진 한나라는 즉시 제나라에 급보를 보내 제나라의 종속국이 될 의사를 밝혔다. 위왕은 비로소 군대를 일으켜 전기와 전영을 장군으로, 손빈을 군사로 삼아 한나라를 구하러 가게 했다.

대장군 전기는 손빈의 계략에 따라 직접 한나라를 구하러 가지 않고 10여 년 전의 수법을 다시 사용했다. 그는 먼저 대군을 이끌고 위나라 도읍 대량을 육박해 들어갔다. 이 소식을 들은 위나라 장군 방연은 다시 어쩔 수 없이 한나라 공격을 포기하고 밤낮을 달려 위나라로 회군해야 했다.

그런데 이번에는 지난번의 상황과 다소 차이가 있었다. 위나라 군대는 아직 여력이 남아 있었고, 한나라를 막 패배시켰기 때문에 사기도 충만했다. 이 때문에 방연은 결코 손빈을 두려워하지 않았다. 손빈도 방연이 위나라로 회군한다는 정보를 입수했지만 섣불리 위나라 군대와 맞서려 하지 않았다. 그가 전기에게 말했다.

"위나라 군사들은 강하고 용맹하며 규율이 엄격하여 일사불란하게 움직입니다. 아무래도 제나라 군대가 겁이 많다는 인식을 갖게 해야겠습니다. 즉, 겁을 집어먹은 것처럼 꾸며서 위나라 군대를 유인하는 것이지요."

"그럼 어떻게 적을 유인해야 합니까?"

손빈은 위나라 군사들의 자만심과 제나라 군대에 대한 경멸심 그리고 서둘러 자웅을 겨루려는 조급함을 이용하려 했다. 그는 '후퇴하며 아궁이를 줄이는' 방법을 건의했다.

"위나라 국경에 이르러, 먼저 군사들에게 10만 명분의 밥을 지을 수 있는 아궁이를 짓게 하십시오. 다음 날에는 5만 명분의 밥을 지을 수 있는 아궁이를, 그 다음 날에는 3만 명분의 밥을 지을 수 있는 아궁이를 짓게 하십시오. 방연이 그것들을 보면 틀림없이 제나라 군사들이 겁을 먹고 태반이 도망갔다고 여길 겁니다. 결국 의기양양해서 멋도 모르고 우리를 맹렬히 뒤쫓겠지요. 이때를 이용하여 매복 공격을 펼칠 수 있을 것입니다."

방연은 본래 위나라로 돌아가 제나라 군대와 결전을 벌일 생각이었다. 그런데 뜻밖에 제나라 군대가 동쪽으로 방향을 돌려 후퇴하는 것을 보고 즉시 군대를 몰아 추격하기 시작했다. 방연은 사흘을 추적하면서 제나라 군대의 아궁이 숫자가 나날이 반감하는 것을 보고 뛸 듯이 기뻐했다.

"본디 제나라 군사들이 겁쟁이인 건 잘 알고 있었다. 위나라 국경에 들어선 지 사흘 만에 도망간 숫자가 절반이 넘는구나."

그는 보병과 군장을 전부 뒤에 남기고 빠른 수레와 기병만으로 추격하기 시작했다. 쉴 새 없이 말을 몰아 이틀 걸릴 거리를 하루로 줄여가며 필사적으로 제나라 군대를 뒤쫓았다.

손빈은 방연이 저녁 무렵에 마릉에 당도할 것을 예상하고 있었다. 그가 본 마릉은 길이 좁고 지세가 험하며 양쪽에 나무가 빽빽한 산이 솟아 있었다. 군대를 매복시키기에 안성맞춤인 지형이었다. 그는 곧장 군사들에게 나무를 베어 길을 막을 것을 명령했다. 그런 다음 커다란 나무 한 그루를 남겨 껍질을 벗긴 다음, 그 하얀 줄기 위에 큰 글씨를 새겼다. "방연이 이 나무 아래 죽으리라!" 그는 군사 1만 명을 산길 양옆에 매복시키고 그들에게 말했다.

"밤에 불빛이 보이거든 일제히 활을 쏘아라."

그날 밤, 과연 방연이 군대를 이끌고 마릉에 도착했다. 군사 하나가 방연에게 보고했다.

"통나무에 길이 막혀 전진하기가 어렵습니다."

방연은 앞을 살피면서 군사들을 지휘하여 통나무를 치우게 했다. 그런데 갑자기 눈앞에 커다란 나무가 나타났다. 그는 나무 표면이 하얗고 그 위에 희미하게 글씨가 새겨진 것을 발견했다. 그는 얼른 불을 켜게 한 뒤, 직접 나무 아래로 가서 그 위에 새겨진 글자를 읽었다. 드디어 붉은 불빛 아래 드러난 글씨를 보고 방연은 모골이 송연해졌다. 그는 당장 군사들에게 철수를 명령했지만 이미 때가 늦은 상태였다. 산길 양옆에 숨어 있던 제나라 군사들이 일제히 활시위를 당겼고, 이에 놀란 위나라 군사들은 삽시간에 전열이 흐트러져 사방으로 달아났다. 방연은 이 아비규환 속에서 중상을 입고 결국 패배를 인정하면서 칼을 뽑아 스스로 목숨을 끊었다. 이후, 계속 적을 추격한 제나라 군대는 위나라 태자 신申을 포로로 잡아 본국으로 귀환했다.

이 사건은 중국의 전쟁사에서 대단히 유명한 사례로서 매우 풍부하고 심오한 이치를 담고 있다. 우리는 그 사례를 통해 손빈이야말로 진정한 장군의 재목이고 반대로 방연은 허상에 지나지 않았다는 것을 알 수 있다. 손빈은 자신과 싸워 이길 줄 알았고 마음을 고인 물처럼 냉정하고도 객관적으로 유지했다. 그러나 방연은 명성에 대한 허욕으로 마음을 어지럽혔으며 시기심과 탐욕이 지나친 인물이었다. 그러므로 정치적으로는 손빈이 방연에게 패했지만, 전쟁에서는 방연이 자신의 약점을 손빈에게 이용당해 그만 목숨을 잃고 말았던 것이다.

9 위기에 처하면 군자도 속임수를 쓴다

전상田常은 제齊나라에서 반란을 일으키려고 했지만 제나라의 신하인 고고高固와 국좌國佐, 포숙아, 안영 등이 버티고 있어 마음을 놓을 수 없었다. 결국 그는 이 네 사람으로 하여금 노나라를 공격하게 함으로써 그들의 세력을 약화시키기로 마음먹었다. 이 소식을 들은 공자가 제자들에게 말했다.

"노나라는 우리 조상이 묻혀 있는 땅이다. 너희들이 앞장서서 저들의 공격을 막아야 할 것이다."

이에 자공子貢이 자진해서 제나라로 가서는 전상을 만나 권면했다.

"공께서 노나라를 치려고 하신다고 들었는데, 이는 엄청난 과오를 범하는 것이라는 사실을 아십니까! 노나라를 공략하는 것은 쉽지 않을 것입니다. 그 성벽은 낮고 견고하지 못하며 땅은 좁고 비옥하지 못합니다. 임금은 우둔하고 어질지 못하며, 대신들은 거짓으로 가득한 무용지물들인 데다 병졸들까지 싸움을 싫어하지요. 따라서 그들을 상대로 싸움을 하는 것보다는 차라리 오吳나라를 공격하는 것이 더 나을 것입니다. 오나라는 성벽이 높고 견고하며 땅이 넓고 비옥하지요. 게다가 군사 방어시설이 잘 갖추어져 있으며 장졸들 또한 용맹하고 군량도 아주 넉넉합니다. 무기와 재물이 모두 오나라에 쌓여 있는 데다 현명한 대부들이 보좌하고 있으니 오나라를 친다면 아주 쉽게 성공할 수 있을 것입니다."

전상은 자공이 자신을 비웃고 있다고 생각하고는 얼굴을 붉히며 화난 목소리로 말했다.

"그대가 어렵다고 말하는 것들은 오히려 사람들이 쉽게 여기는 것들이고, 그대가 쉽다는 말하는 것들은 사람들이 어렵다고 여기는 것들이다. 이처럼 시비가 뒤바뀐 말로 나를 미혹하다니 도대체 그 저의가 무엇인가?"

"제가 듣기로 내부에 우환이 있을 때는 강자를 공격해야 하고, 외부에 우환이 있을 경우에는 약자를 공격해야 한다고 합니다. 지금 경께서는 노나라를 공략해서 제나라의 세력과 영토를 넓히고자 하시는데 물론 이는 쉽게 성공할 수 있는 일이겠지요. 그러나 손쉬운 승리는 군왕을 교만하게 하여 계속 다른 성을 공략하고 영토를 확대하려는 마음을 갖게 할 것이고, 아울러 대신들도 맹목적으로 자기 나라를 과대평가하게 될 것입니다. 이렇게 되면 노나라를 정벌한 공로를 경께서 차지할 수 없을 것이고, 결과적으로 경께서는 군왕과 갈수록 멀어지게 될 것입니다. 경께서 군대를 파견한 행위가 군왕의 교만과 대신들의 나태함을 초래한다면 이는 장차 경께서 대사를 이루시는 데 큰 장애가 될 뿐이지요. 일단 군왕이 교만함에 빠져서 멋대로 행동하게 되면 대신들도 노골적으로 아귀다툼하기 시작할 겁니다. 그때 가서 이미 군왕과 멀어진 경께서 대신들과 이해를 다투게 되면 제나라에서 경의 입지는 어떻게 되겠습니까? 이런 이유 때문에 제가 오나라를 공격하는 편이 낫다고 말하는 것입니다. 오나라를 공격하면 쉽게 성공할 수 없기 때문에 수많은 대신들과 병사들이 나라 밖에서 죽게 되지요. 그렇게 되면 경의 적수가 될 만한 대신이 사라져 경의 과오를 지적할 만한 사람도 없게 됩니다. 게다가 국왕도 고립무원의 처지에 놓여 의지할 곳이 없게 되지요. 이때 제나라의 대권을 단숨에 손에 넣을 수 있는 사람은 오직 경 한 사람뿐일 겁니다."

여기까지 듣고 난 전상은 갑자기 눈앞에 환히 열리는 것 같은 느낌이었다.

"아주 좋은 생각이오! 그대의 말에 일리가 있소. 그러나 노나라를 공격할 군대는 이미 출발한 상태요. 이제 와서 내가 방향을 돌려 오나라를 공격하라고 하면 대신들이 나를 의심할 것이 분명한데 어떻게 하면 좋겠소?"

"그것도 큰 문제가 아닙니다. 제가 오왕을 만나도록 주선해 주십시오. 그러면 제가 오왕으로 하여금 노나라를 위해 제나라를 공격하도록 할 테니, 그때 가서 경께서 다시 명령을 내려 오나라를 공격하게 하시면 됩니다."

전상은 자공의 말대로 즉시 그를 남쪽으로 보내 오왕과 만나도록 주선했다. 자공이 오왕 부차를 만난 자리에서 말했다.

"제가 듣기로 군왕이 된 사람은 그 도덕이 대대로 전해져서 패업을 이루게 된다고 합니다. 따라서 강적을 압도하는 위엄에다 도덕의 힘까지 갖춘다면 자연히 무게 중심이 군왕이 될 사람에게 기울기 마련이지요. 지금 강대한 제나라가 연약한 노나라를 제압하기 위해 오나라와 다투고 있는데, 제 생각으로는 대왕이 더 위험할 것 같습니다. 대왕께서 노나라를 구하면 천하에 널리 이름을 날릴 수 있고 제나라를 정벌하면 엄청난 이익을 챙길 수 있습니다. 게다가 사수泗水 유역의 제후들과 함께 제나라를 격파하고 다시 강대한 진晉나라를 굴복시킨다면 이보다 더 좋은 일이 어디 있겠습니까? 명분은 위기에 처한 노나라를 구하는 것이지만 실제로는 강대한 제나라를 제거하는 것이니 총명한 사람이라면 이러한 일에 절대 망설임이 없을 것입니다."

"아주 훌륭하신 계책이오! 하지만 내가 이미 월나라와 싸워 월왕을 회계會稽에 가두어놓았는데 월왕은 지금 딴마음을 먹고 내게 복수할 준비를 하고 있소. 나는 월나라를 먼저 멸한 다음에 다시 그대의 계책을 따르도록 하겠소."

"월나라 힘은 노나라에도 미치지 못하고 제나라의 적수는 더더욱 못 됩니다. 대왕께서 이제 제나라를 포기하고 월나라를 공격하신다면 그 기회를 틈타서 제나라가 노나라를 병탄하고 말 것입니다. 그렇게 되면 대왕께서 위기에 처한 노나라를 구하기 위해 군사를 보낸다는 명분도 사라지고 말지요. 게다가 작은 월나라를 공격하고 강대한 제나라를 피하는 것처럼 보여 다른 제후들이나 백성들로부터 용감하지 못하다는 비난을 받으실 겁니다. 용감한 자는 어려운 일을 피하지 않고 인의에 밝은 자는 가난을 꺼리지 않으며, 지혜로운 자는 기회를 잘 포착하는

법입니다. 대왕께서 지금 월나라를 그대로 두신다면 제후들은 오히려
대왕의 인의와 너그러움을 깨닫게 될 것이고, 노나라를 위해 제나라를
징벌한 다음에 제후들에게 이를 알리면 제후들이 앞 다투어 오나라에
귀순할 것이니 대왕께서 패업을 이루실 날도 멀지 않을 것입니다.

대왕께서 도저히 월나라를 용서하실 수 없다면 제가 동쪽으로 가서
월왕을 만나 그로 하여금 대왕을 따라 제나라 정벌에 나서도록 하겠습
니다. 그러면 월나라도 사실상 텅 비게 될 것이고 명분상으로는 제후
국들이 함께 제나라 정벌에 나서는 셈이 되지요.”

자공의 말에 오왕은 크게 기뻐하면서 그를 서둘러 월나라로 보냈다.
월왕을 만난 자리에서 자공이 말했다.

“제가 오왕에게 노나라를 구하고 제나라를 치도록 권했지만 오왕은
그럴 생각도 없지 않으나 월나라가 그 틈을 타서 공격해 올까 두려워
먼저 월나라를 멸한 다음에 다시 생각해보자고 하더군요. 그렇게 되면
오나라가 먼저 월나라를 공격할 것이 자명한 일이지요. 복수할 마음이
없는데 남에게 그렇게 보이는 것은 우둔한 짓이고 복수할 마음을 남이
알게 하는 것은 위험한 일이며, 거사가 실행에 옮겨지기 전에 누설되
는 것은 더더욱 위험한 일이지요. 이 세 가지 상황은 대업을 이루고자
하는 사람이라면 반드시 피해야 할 것입니다.”

자공의 일목요연한 설명을 들은 월왕 구천은 그에게 엎드려 절을 올
리며 말했다.

“과인은 한때 스스로를 과대평가해서 오나라에 대항하여 싸웠다가
이렇게 회계에 갇힌 신세가 되었소. 그러니 어찌 이 원수를 잊을 수 있
겠소? 과인은 오왕과 함께 죽을 각오를 하고 있소.”

월왕 구천의 말을 들은 자공은 그에게 더 자세하게 설명했다.

"오왕은 성정이 잔인해서 그의 신하들도 견디기 어려워합니다. 게다가 오왕은 전쟁을 너무 빈번하게 일으켜 군사들과 백성들로부터 원성을 사고 있습니다. 병사들은 지치고 백성들은 삶이 피폐해졌기 때문이지요. 또한 재상들은 자신의 권력과 재산을 지키기 위해 오왕의 과실을 그대로 수수방관하고 있으니 이 모든 일들이 패망의 징조가 아니고 무엇이겠습니까?

이제 대왕께서 군대를 보내서 오왕을 도와주면 패왕이 되려는 그의 야심은 더욱 커질 것이고, 군량을 보내 지원하면 더더욱 기뻐할 것이며, 공손한 말로 순종하는 태도를 보이면 오왕은 마음 놓고 제나라 정벌에 나서게 될 것입니다. 그리하여 오왕이 패하면 완전히 대왕의 복일 것입니다. 그렇지 않을 경우 오왕은 틀림없이 진晉나라를 다시 공격할 것이고 진왕은 제후들과 연합하여 오나라에 맞서게 될 것입니다. 그렇게 되면 오나라의 국력은 쇠약해질 수박에 없지요. 오나라가 정예 병력으로 제나라를 정벌하고 다시 대군을 이끌고 나가 진나라를 공격하는 틈을 타서 대왕께서 오나라를 공격하시면 충분히 승산이 있을 것이고 뜻하시던 바를 이루실 수 있을 것입니다."

자공의 말에 월왕은 크게 기뻐하며 그의 말에 따르겠다고 약속했다. 이에 자공은 월나라를 떠나 오왕을 다시 찾아가 말했다.

"제가 대왕의 말씀을 월왕에게 전했더니 월왕은 몹시 두려워하면서 이렇게 말하더군요. '과인의 운명은 너무나 불행하오. 어려서 부친을 잃고 분수도 모른 채 오왕에게 덤벼들다가 크게 패한 후에 겨우 회계에 몸을 붙이고 살고 있는 처지요. 이제는 나라 전체가 황폐해졌는데 그나마 너그러운 오왕 덕분에 종묘사직을 보존하고 있는 실정이오. 과인이 그런 은혜를 잊고 어찌 오왕께 다른 마음을 품을 수 있겠소?'라고 말입니다."

닷새 후 월왕은 오왕에게 대부 문종文種을 사신으로 보냈다. 오왕에게 예를 올리고 나서 문종이 입을 열었다.

"동쪽의 비천한 신하 구천의 사신 문종이 대왕과 여러 대신들께 문안 올립니다. 이제 대왕께서 대의를 위해 약자를 구하고 포악한 제나라를 정벌하여 주나라 종실을 보존하려 하시니, 저희 월나라는 국내에 있는 모든 병사를 대왕의 휘하로 보내 출정에 동참하도록 하겠습니다. 특히 월왕 구천은 직접 군대의 선봉이 되어 대왕을 위해 적의 화살을 대신 맞고자 합니다. 이에 특별히 저를 보내 구천의 선친이 노획한 갑옷 스무 벌과 창, 검 등 긴요한 병장기를 헌상하도록 했습니다."

문종의 말을 들은 오왕은 크게 기뻐하며 자공에게 물었다.

"월왕이 직접 나를 따라 출정에 나서고자 하는데 허락해도 되겠소?"

"절대로 안 됩니다! 군사를 모두 출동시키면 월나라가 텅 비게 되는데다 군왕인 구천까지 데리고 나간다면 이는 도리에 어긋나는 일이지요. 그냥 헌상해 온 선물과 군대만 받아들이시고 구천이 직접 나서겠다는 요청은 거절하시는 것이 좋을 듯합니다."

오왕은 자공의 말이 맞다고 생각하고 그대로 따랐다.

이어서 자공은 진晉나라로 가서 국왕 도공悼公을 만나 말했다.

"제가 듣건대 오나라와 제나라가 전쟁을 벌인다고 합니다. 만일 제나라가 오나라를 이긴다면 월나라가 반드시 어지러워질 것이고, 오나라가 제나라를 이기면 오나라는 그 기세로 진나라를 공격하게 될 것입니다."

진晉나라 왕이 깜짝 놀라 물었다.

"그럼 이 일을 어떻게 처리해야 좋겠소?"

"서둘러 병장기를 넉넉하게 제조하고 군사들을 잘 훈련시켜 오나라에 맞서 싸울 준비를 갖추셔야 합니다."

진왕은 곧장 그의 말대로 움직이기 시작했다.

진나라를 떠난 자공은 노나라로 돌아왔다. 과연 오나라는 제나라와 애릉艾陵에서 교전하여 제를 크게 격파하고 그 여세를 몰아 진나라 군대와 황지黃池에서 만났으나 진의 강력한 군대에 패퇴하고 말았다. 이 소식을 들은 월왕은 오나라를 공격하기 위해 군사를 일으켜 성에서 7리나 떨어진 곳에 머물렀다. 진에 패한 채 돌아오던 오나라 군대는 오호五湖에서 월나라 군대와 마주쳐 세 차례나 힘든 싸움을 벌인 끝에 완전히 패하고 말았다.

결국 오나라는 수도가 함락되면서 월왕 구천에게 멸망하고 말았다.

자공의 외교는 노나라를 보전하고 제나라를 혼란에 빠지게 했으며 오나라의 멸망을 초래했다. 그리고 이 기회를 놓치지 않은 진晉나라는 강성한 나라가 되었고 월나라는 패왕의 자리를 차지하게 되었다.

이처럼 전국시대는 위기와 기회가 공존하는 시대였다. 오늘날의 경쟁사회와 결코 다르지 않은 모습이다. 문제의 관건은 위기와 기회의 요소와 이들이 구성하고 있는 복잡한 역학관계를 예리한 통찰력으로 간파하고 이에 맞는 전략과 대책을 마련하는 데 있는 것이다. 그러므로 진정한 강자는 승리를 확인하고 달려간다고 말하는 것이다.

10 │ 분열이 단결보다 쉽다

소진은 진에 대항하기 위해서는 6국이 동맹해야 한다는 합종설合縱說을 주장하면서 새로운 바람을 일으키며 중요한 인물로 부상했다.

그러나 소진이 죽자 6국은 서로 마음을 돌려 각자 정치를 펴면서 일제히 진을 섬기는 국면으로 돌아갔다. 이는 장의의 연횡連橫 활동 덕분이었다.

장의는 진나라를 위해 위魏나라로 가서 양왕襄王에게 말했다.

"위나라 땅은 종횡으로 1000리를 넘지 않고 병사의 수도 30만을 넘지 못합니다. 땅은 넓고 평평하여 높은 산이나 험준한 계곡이 없기 때문에 사방의 제후들이 막히는 것 없이 마음대로 지나다닐 수 있습니다. 정나라에서 위나라까지의 거리는 200여 리에 지나지 않습니다. 사람과 말이 달려도 둘 다 피곤해지기 전에 도달할 수 있는 거리이지요. 위나라는 남쪽으로 초나라에 닿아 있고 서쪽으로는 한나라와 경계가 그어져 있습니다. 또한 북쪽으로는 조趙나라와 이웃하고 있고 동쪽으로는 제나라에 접해 있지요. 제나라 병사들로서는 사방을 두루 경계하는 수밖에 없습니다. 국경을 지키는 각종 시설물이 이어져 있고 수로로 운송되는 물품과 창고에 비축된 식량은 10만 근에 달하지 못합니다. 위나라의 지세는 원래부터 작전에 매우 적합하게 되어 있지요. 위나라가 초와 동맹을 맺으면서 제와는 동맹을 맺지 않는다면 제가 위의 동쪽을 치게 될 것이고, 제와 동맹을 맺으면서 조와 동맹을 맺지 않는다면 조가 위의 북쪽을 공격하게 될 것입니다. 또한 한나라와 연합하지 않으면 한이 위의 서부를 칠 것이고, 초와 동맹을 맺지 않으면 초가 위의 남부를 공격할 것입니다. 이것이 바로 위나라가 처한 사분오열의 형세이지요.

또한 제후들이 합종을 주장하는 것은 겉으로는 국가의 안정과 군주의 존엄을 위하면서 병력을 강대하게 유지하고 이름을 날리기 위한 것이라고 말하지요. 그러므로 합종을 주장하는 사람들은 합종이 천하를 통일하기 위한 행동으로서 제후국들이 서로 결맹하여 형제의 나라를 세우고 원수洹水에서 말을 잡아 회맹을 함으로써 단결을 공고히 하기 위한 것이라고 말합니다. 그러나 한 부모 밑에서 나고 자란 형제들끼리도 재물 때문에 싸우는 마당에 대왕께서 이런 허풍을 믿으시면서 소진이 남긴 반복무상한 지략으로 천하를 안정시키려 하신다는 것은 절대로 성공을 장담할 수 없는 일입니다.

대왕께서 진왕을 섬기지 않으신다면 진은 곧장 군사를 일으켜 하외河外를 공격하고 권卷, 연衍, 연燕, 산조酸棗 등지를 점령할 것이며 아울리 위衛나라를 억압하여 진양晉陽을 빼앗을 것입니다. 이렇게 되면 조나라는 남하하지 못하게 되고, 조가 남하하지 못하게 되면 위나라도 북상하지 못하게 되며, 위가 북상하지 못하게 되면 합종을 위한 도로는 완전히 막히게 됩니다. 합종을 위한 도로가 끊기면 대왕의 나라는 애기치 못한 위험을 만나도 어쩔 방법이 없게 되지요. 또 다른 면에서 살펴보자면 진나라가 한을 위협하여 위를 공격하라고 하면 한은 진에 복종하여 그렇게 하겠다고 약속하는 수밖에 없을 것입니다. 진나라와 한나라가 하나가 되어 함께 위를 공격한다면 위나라는 하루아침에 멸망하고 말 것입니다. 이것이 제가 대왕을 심히 걱정하는 까닭이지요.

따라서 제 생각으로는 대왕께서 진나라를 섬기시는 것이 아무래도 나을 것 같습니다. 진나라를 섬겨야만 초나라가 위를 향해 경거망동을 하지 못할 것이고 초나라와 한나라의 침략 위험이 사라지면 대왕께서는 높은 베개를 베고 편히 주무실 수 있을 것이며 나라에도 우환이 사라지게 될 것입니다. 게다가 진나라가 국력을 쇠하게 만들고자 하는 나라 가운데 가장 중요한 나라가 바로 초나라인데 초가 약해지면 누가 감히 위를 넘볼 수 있겠습니까? 초나라는 대외적으로 대단히 강대하고 부유한 것으로 알려져 있지만 실제로는 공허하기 그지없는 허명일 뿐입니다. 초나라의 병력 수는 아주 많지만 대부분 싸움이 시작되자마자 도망칠 사람들뿐이고 목숨을 걸고 적에 맞서 싸울 수 있는 사람은 얼마 되지 않습니다. 위나라가 남쪽으로 진격해 들어가면 틀림없이 초를 멸할 수 있을 것입니다. 이렇게 되면 위는 초의 패배로 인해 커다란 이익을 얻게 될 것이고 이로써 진을 기쁘게 할 수 있을 것이며 모든 우환의 책임을 남에게 전가하면서 자국의 안정과 이익을 보장

받을 수 있을 것입니다. 대왕께 이보다 더 좋은 일이 어디 있겠습니까? 대왕께서 제 말을 듣지 않고 진나라가 일단 동쪽으로 출병한 후에야 진을 섬기겠다고 하시면 이미 때가 늦습니다. 게다가 합종을 주장하며 유세하는 책사들은 자기와 명예를 위하여 움직이지 않는 자가 없기 때문에 믿을 만한 인물이 없습니다. 그들은 말로 군주를 움직여 놓고서 문 밖에 나갈 때면 남의 수레를 타고 다니고 한 군주를 설복하여 진나라에 반대하기만 해도 봉후封侯의 기초를 다지게 됩니다. 천하를 돌아다니며 유세하는 책사들은 하나같이 매일 눈에 불을 켜고 자신들의 수완에 의지하여 합종의 장점을 떠들고 다니지요. 그러나 이들은 일단 일이 잘못되면 누구도 책임지지 않습니다. 제후국의 군주들은 일단 그들의 화려하고 교활한 언변에 속아 넘어가면 아무리 해도 생각을 바꾸지 못하지요. 제가 듣기로 새털은 아주 가볍지만 많이 쌓이면 역시 상당한 무게를 지니게 된다고 합니다. 아무리 가벼운 물건도 많이 쌓이면 수레바퀴의 축을 부러뜨릴 만하지요. 대왕께서는 이런 점들을 신중하게 고려하셔야 할 것입니다.”

“과인이 너무 어리석어 이제까지 잘못된 생각을 갖고 있었구려. 과인이 진나라를 섬길 수 있게 해주시오. 앞으로 진나라를 위해 궁실을 건축하고 진왕이 하사한 옷을 입을 것이며 1년에 두 번씩 때맞춰 조공을 바치도록 하겠소. 또한 하외의 땅을 진나라에 헌납하도록 하겠소.”

상대적으로 말해서 합종을 파기하고 연횡하는 것이, 연횡을 파기하고 합종하는 것보다는 쉬운 게 당연한 이치였다. 언제 어디서든지 친구들을 단결시키는 것보다는 흩뜨리는 것이 쉬운 것과 마찬가지이다. 장의는 이번 유세를 통해 위왕의 마음을 움직여 아주 쉽게 진왕을

섬기게 만들었다. 다른 제후국들도 마찬가지였다. 6국이 마침내 진에
의해 병탄된 것은 결코 우연한 일이 아니었다. 여기서 6국을 안타까
워할 것이 아니라 중국 민족의 근성을 확인해야 할 것이다.

3장　이를 좇고 해를 피하라

11 | 반쯤 건넜을 때 공격하라

사실 교만함 때문에 실패한 상황은 모든 경우마다 다르다. 용차龍且의 교만함은 다른 사람의 명성을 직시하지 못한 데 있었다. 바로 이런 이유 때문에 '반쯤 건넜을 때 공격한다'는 한신韓信의 묘책이 성공을 거둘 수 있었다.

명성에 대해서는 명철하고 지혜로운 분석이 필요하다. 어떤 사람들은 한낱 이름뿐인 허명만 갖췄지 진정한 기량을 갖추고 있지 못한 경우도 있다. 이런 사람들은 명성만큼 실력이 따르지 못한다는 비난을 면키 어렵다. 반면에 명성은 없지만 진정한 능력을 감추고 있는 사람들도 있다. 이러한 사람들은 겉으로 드러나는 일을 하지 않는 것이 좋다. 그렇지 않을 경우 금세 이름을 날리게 되기 때문이다. 그러나 또 한 가지 유형으로 예사롭지 않게 명성을 날리고 있으면서 동시에 그에

상응하는 실력을 갖추고 있는 사람들도 있다. 이런 사람들의 명성에 대해선 반드시 깊이 있는 분석과 이해가 뒤따라야 한다.

용차는 애당초 분석할 줄 몰랐다. 그러다 보니 다른 사람의 명성을 무조건 부정해버리는 동시에 자신의 능력을 맹목적으로 과신하는 실수를 범하고 말았다.

한漢 4년(기원전 203년) 10월, 한신이 군대를 이끌고 제齊나라 수도 임치를 공격하자 제왕 전광田廣과 재상 전횡田橫은 정신없이 도주하여 초나라 왕 항우項羽에게 도움을 청했다.

그때 마침 항우는 서쪽 변경 지역에서 유방과 광무 골짜기를 사이에 두고 접전을 펼치고 있었다. 한나라 군사는 오창 지역의 식량을 원조 받을 수 있었지만 초나라 군대는 내지와 너무 멀리 떨어져 있는 바람에 군량 공급에 커다란 어려움을 겪고 있었다. 항우가 군량 문제를 어떻게 처리해야 할지 몰라 고심하고 있을 때, 갑자기 부하 하나가 달려오더니 한신이 군대를 일으켜 임치를 공격하자 제왕이 사신을 보내 지원을 요청해왔다고 보고하는 것이었다. 항우는 즉시 대장 용차와 부장 주란에게 병력 20만을 내주면서 서둘러 동쪽으로 달려가 제나라를 지원할 것을 명령했다.

군왕의 명을 받들어 제나라 국경에 이른 용차는 즉시 사람을 보내 제왕에게 먼저 두 나라의 병력을 합류시킨 다음에 자신이 직접 군대 전체를 통솔할 것이라고 알렸다. 전광은 지원병이 이미 도착했다는 소식을 듣고 서둘러 병마를 정리하고 고밀성高密城에서 나와 초나라 군대를 맞이했다. 양군은 하나로 합류한 후, 유수 동쪽 언덕으로 이동하여 그곳에 진을 쳤다.

한신은 초나라 군대가 제를 돕기 위해 달려왔으며 그 대장이 바로 용차라는 소식을 듣게 되었다. 용차가 보통 장수가 아님을 잘 알고 있던 한신은 그를 철저하게 경계하면서 한왕 유방에게 조참과 관영 두 장수를 유수 서쪽 요새로 보내 건너편 산기슭에 있는 제와 초의 연합군과 강을 사이에 두고 대적하게 할 것을 요청했다. 한신은 밤새 지세를 살피고 철저하게 계책을 세운 다음 전군에 요새를 굳게 지키고 일체 바깥출입을 못하도록 엄하게 군령을 내렸다. 아울러 이를 어기는 자는 직위 고하를 막론하고 목을 벨 것임을 천명했다.

초나라 장수 용차가 한나라 군사의 배치 상황을 살펴보니, 한나라 군사는 요새만 지키고 있을 뿐, 나와서 싸울 생각을 전혀 하지 않는 것 같았다. 이에 용차는 한신이 자신을 두려워하여 감히 싸움에 나서지 못하는 것이라 판단하고 강을 건너 적군을 공격하기로 마음먹었다. 이때 옆에 있던 관리 하나가 나서서 간언을 올렸다.

"한나라 군대는 먼 곳에서 왔기 때문에 장기전을 펼친다면 우리에게 유리할 것입니다. 제나라 군대는 몹시 피곤한 데다 자국의 영토에서 전쟁을 치르기 때문에 고향을 그리는 마음에 병사들이 야음을 틈타 도망칠 가능성이 크지요. 한편 우리 군대는 용맹하긴 하지만 역시 이러한 영향에서 자유로울 수 없습니다. 따라서 아군은 요새를 견고히 하고 스스로를 굳건히 지키면서 서둘러 한나라 군대와 싸우지 않는 것이 상책입니다. 그렇게만 한다면 제나라 왕은 이미 한나라 왕에게 투항한 각 성의 수장들에게 자신이 아직 건재하며 초나라 군대가 도와주고 있으니 절대로 한나라에게 투항하지 말라고 유세할 수 있을 것입니다. 한나라 군대는 현재 자국에서 2000리나 떨어진 제나라 땅에 와 있기 때문에 의지할 성과 식량이 없는데 어떻게 장기전을 버텨낼 수 있겠습니까? 그들은 며칠을 버티지 못하고 스스로 무너질 것입니다."

사실 이러한 분석은 대단히 깊이 있고 정확한 것이었다. 정말로 이렇게만 했다면 한신은 커다란 곤경에 처했을 것이다. 그러나 용차는 관원의 의견을 무시하고 미련하게 고집을 부리며 고개를 좌우로 흔들었다.

"나는 한신이란 자를 잘 알고 있소. 그는 어린 시절부터 아주 빈곤하게 자랐지. 일찍이 빨래하는 노파에게 먹을 것을 얻어먹으면서도 부끄러움을 몰랐고 수치스럽게 남의 가랑이 밑을 기어서 지나가는 수모를 당하고서도 태연하기만 했소. 그는 뛰어난 용맹이 없는 자이니 전혀 두려워 할 바가 못 되오. 게다가 나는 한왕의 명을 받들어 제나라를 지원하기 위해 이곳에 왔는데 싸워보지도 않고 승리를 거둔다면 어찌 공적이 있다고 말할 수 있겠소? 내가 군사를 일으켜 한신을 물리치면 제나라 전체가 진동할 것이고 제왕 역시 나에게 국가를 바치며 제나라 영토의 반을 떼어주게 될 것이오. 이것이 바로 명성과 재물을 함께 얻는 것이 아니고 무엇이겠소?"

주란 역시 용차가 전쟁을 얕잡아보고 실수할 것이 두려워 옆에서 간언했다.

"장군께서는 한신을 절대로 가볍게 보시면 안 됩니다. 그는 한왕을 도와 삼진三秦을 평정하고 조나라와 연나라를 멸한 다음 이제는 제나라까지 공격하고 있습니다. 그는 지략이 남다른 인물이니 장군께서는 반드시 여러 번 생각하신 뒤에 결정하여 실행에 옮기시기 바랍니다!"

용차는 이런 설득에도 귀를 기울이지 않고 상대를 경계하기는커녕 오히려 비웃음으로 말을 받았다.

"내가 보기엔 한신은 평범한 장수일 뿐이다."

그는 말을 마치기가 무섭게 도전장을 써서 한신에게 보냈다. 이는 한신이 무척 바라던 일이었다. 그는 당장 붓을 들어 다음 날 아침 해가 뜨는 대로 결전을 벌이자고 써 보냈다.

한신은 사전에 치밀하게 세워둔 계략에 따라 즉시 장수들에게 명령하여 식량을 꺼내고 빈 포대를 준비하게 했다. 아울러 부장인 부관傳寬을 불러 말했다.

"날이 저물면 한 부대의 인마를 이끌고 유수 북쪽 상류로 가서 물이 얕은 곳을 선택하여 그 자리에서 모래와 자갈을 포대에 담아 물이 흐르는 것을 막도록 하라. 그랬다가 내일 교전 중에 내가 신호를 보내면 즉시 포대를 끌어올려 물이 세차게 흐르게 하라. 실수가 없도록 각별히 주의해야 할 것이다!"

부관을 보내고 나서 한신은 조참과 관영 두 장수를 불러서 각각 명령을 내렸다.

"내일 용차가 서쪽 언덕으로 올라오거든 군대를 이끌고 나가 먼저 용차와 주란의 목을 베도록 하라."

다음 날, 한나라 군사들이 식사를 마치자마자 한신은 조참과 관영 두 장수에게 서쪽 언덕을 지키게 한 다음, 자신은 부장 몇 명과 일부 병력을 이끌고 유수를 건너 포진하여 초나라 군을 향해 싸움을 돋웠다. 용차는 전선에 나온 한신이 자신을 모욕하자 거세게 말을 달려 대영에서 나와 큰 소리로 그를 꾸짖었다.

"이놈아! 너는 본래 초나라의 신하로서 어찌 초나라를 배신하고 한나라에 투항했느냐? 오늘 황제의 군대가 이곳에 왔는데도 어찌 서둘러 말에서 내려 투항하지 않는 것이냐!”

곧이어 한바탕 싸움이 벌어지자 한신은 철수하는 척하면서 유수를 건너 서쪽 언덕으로 내달리기 시작했다.

한나라 장수는 한신이 후퇴하는 것을 보고는 덩달아 군대를 물려 한군의 대영으로 되돌아왔다. 이런 광경을 본 용차가 비웃으며 말했다.

“한신이 나의 일격에도 견디지 못할 줄은 몰랐군!”

이렇게 말하면서 그는 자신이 선두에 서서 말을 달리기 시작했다. 군대를 이끌고 강을 건너 맞은편 언덕에서 적을 소탕한 다음 한나라 군대의 대영을 빼앗을 속셈이었다. 그런데 주란이 문득 강물을 살펴보니 수위가 평소보다 훨씬 얕은 것 같았다. 의심스러워진 그는 즉시 용차의 진격을 저지하고 싶었지만 용차의 말이 너무 빨리 내달려 이미 건너편 언덕에 거의 도착한 후였다. 주란은 하는 수 없이 말을 빨리 달려 그 뒤를 쫓았다. 주란이 용차를 뒤쫓는 사이에 강을 다 건넌 초나라 군대는 2000~3000명밖에 되지 않았고 대부분이 아직 강을 건너고 있는 중이었다.

갑자기 어디선가 포성이 울리면서 순식간에 강물이 불어나기 시작했다. 눈 깜짝할 사이에 강물이 깊어지면서 세차게 솟아오르기 시작했다. 서둘러 강을 건너던 초나라 병사와 장수들은 그대로 거센 물살에 휩쓸려 말과 함께 익사하고 말았다. 이때 한나라 군대는 한신과 조참, 관영의 지휘 아래 3면에서 수천 명의 초나라 군대를 겹겹이 에워쌌다. 초나라 군대는 결국 중과부적으로 한나라 군대를 당해내지 못하고 전부 섬멸되고 말았다. 용차와 주란 역시 참수 당하고 말았다.

동쪽 언덕에 남아 있던 초나라 군사들은 용차가 이미 죽은 것을 보고는 재빨리 흩어져 도주했고 제왕 전광은 병사들을 이끌고 고밀성으로 달아났다. 한신은 곧장 인마를 정비하여 전광을 뒤쫓아 그를 생포했다.

'반 정도 건넜을 때 공격한다'는 전술은 병서에도 명백하게 기록되어 있는 일반적인 전술이라 이러한 전술의 사용은 결코 놀랄 만한 일이 아니다. 높이 평가해야 할 것은 이러한 전술을 구체적인 상황에 맞게 임기응변으로 완벽하게 구사한 한신의 뛰어난 지모일 것이다. 그가 이번 전쟁에서 이 전술을 운용한 방법은 대단히 창의적인 것이었다.

12 | 지략은 체계적인 시스템이다

춘추전국시대 제나라에 풍훤이란 사람이 있었다. 그는 집안이 너무 가난하여 더 이상 생계를 이어나갈 수 없게 되자 아는 사람을 통해 전국 사공자四公子 가운데 하나인 맹상군에게 넌지시 그의 문하에 들어가 식객이 되고자 한다는 의사를 밝혔다. 맹상군이 그의 친구에게 물었다.

"그 사람은 어떤 취미를 가지고 있소?"

"취미라 할 만한 것은 없습니다."

"그렇다면 무슨 재능이라도 있는 거요?"

"그다지 뛰어난 재능도 없습니다."

이처럼 맥 빠지는 대답에도 맹상군은 웃으면서 말했다.

"좋소, 그를 받아들이도록 하겠소."

이리하여 풍훤은 맹상군의 집에 들어가 여러 식객들과 함께 지낼 수 있게 되었다.

맹상군의 수하에 있던 사람들은 맹상군이 풍훤을 무시하자 그에게 매일 볼품없는 반찬을 내놓았다. 며칠이 지나자 풍훤은 집안 기둥에 기대어 허리에 찬 긴 검을 두드리며 노래 불렀다.

"밥상 위에 생선도 올라오지 않으니. 장검아, 집으로 돌아가자!"

좌우에 있던 사람들이 이 사실을 맹상군에게 전했다. 맹상군은 그에게 생선을 먹을 수 있게 하고, 식객의 예우로 대해줄 것을 지시했다. 얼마 후 풍훤은 또다시 검을 두드리며 노래를 부르기 시작했다.

"내겐 바깥출입할 수레도 없으니. 장검아, 집으로 돌아가자!"

사람들이 웃으며 다시 이런 사실을 맹상군에게 알렸다. 맹상군은 그에게 수레를 준비해주고, 거객과 동등한 대우를 해줄 것을 지시했다. 그리하여 풍훤은 한쪽에 검을 차고 득의양양한 모습으로 수레에 올라 친구를 찾아갔다. 그가 친구에게 말했다.

"내 모습을 보게. 맹상군이 나를 최고의 빈객으로 대우해주고 있다네."

그러나 얼마 지나지 않아서 풍훤은 또다시 검을 두드리며 노래를 불러댔다.

"이곳에서는 부모를 봉양할 방법이 없으니. 장검아, 집으로 돌아가자."

좌우에 있던 사람들은 이 노래를 듣고 풍훤을 탐욕스럽기 그지없는 자라고 욕하면서 맹상군을 찾아가 알렸다.

"풍공에게 가족이 있었소?"

"모친이 아직 살아 계십니다."

맹상군이 곧바로 사람을 시켜 먹을 것을 비롯하여 생활에 필요한 물건들을 잔뜩 보내주었다. 그의 모친은 더 이상 먹을 것과 입을 걱정을 하지 않게 되었다. 그 일이 있은 뒤로 풍훤은 더 이상 검을 두드리며 노래 부르는 짓을 하지 않았다. 얼마 후 맹상군이 통지를 내려 식객들에게 물었다.

"여러분들 중에 내 대신 빚을 받아올 사람 없겠소?"

풍훤이 자기가 할 수 있다고 말했다. 이를 본 맹상군은 크게 놀라며 이 사람이 누군인지 물었다. 주변에 있던 사람들이 말했다.

"이자가 바로 그 '장검아, 집으로 돌아가자'고 노래를 불러대던 그 자입니다."

맹상군이 웃으며 말했다.

"그에게 그런 재능이 있었는데도 아직 그를 대면해본 적이 없으니 큰 무례를 저질렀구려!"

그리하여 맹산군은 풍훤을 불러 인사를 건네며 용서를 구했다.

"나 전문田文은 하루 종일 많은 일들이 뇌리를 떠나지 않아 심신이 몹시 어지러운 지경이오. 또한 우매하고 부족한 부분이 많아 국가의 대사에 정신이 없다 보니 선생을 너무 소홀히 대한 것 같소이다. 그런데도 선생께서는 이를 마음에 두지 않으시고 나를 대신해서 친히 설薛 땅에 가서 빚을 받아다 주실 수 있겠습니까?"

"물론입니다. 제가 다녀오겠습니다."

그리하여 풍훤은 수레를 준비하여 짐과 차용증을 잘 챙겨 출발하기 전에 맹상군을 찾아가 인사를 올렸다.

"빚을 다 거둔 다음에는 어떤 물건을 사 오는 게 좋겠습니까?"

"선생께서 우리 집에 부족하다고 생각하시는 것을 사 오도록 하십시오."

풍훤은 설성에 도착하자마자 지방관을 불러 빚을 갚아야 하는 백성들을 소집하여 계약서를 확인할 것을 명령하고, 백성들이 계약서를 다 확인하고 난 다음에는 맹상군의 명의를 가장하여 마땅히 거두어 들어야 할 빚을 탕감해주고 계약서를 불태워버렸다. 백성들은 모두 큰 소리로 만세를 불렀다.

풍훤은 일을 다 마치고 곧장 제나라로 돌아와 그 다음 날 아침 일찍 맹상군을 찾아가 보고했다.

맹상군은 그가 너무 빨리 돌아온 것을 이상하게 여기면서 옷차림을 단정히 하고 그를 맞아들였다.

"빚은 모두 거둬들인 것이오? 어찌 이렇게 빨리 돌아오셨소?"

"모두 거둬들였습니다."

"그럼 어떤 물건을 사오셨소?"

"제게 댁에 부족한 것을 사 오라고 말씀하셨는데, 제가 유심히 살펴보니 대인의 궁중에는 진귀한 보석들이 넘쳐나고 마구간에는 준마가 가득하며 집안에 모두 미인들만 있으니 단지 부족한 것이라고는 '의義'밖에 없는 것 같았습니다. 그래서 저는 대인을 위해 '의'를 사 가지고 돌아왔습니다."

"'의'를 어떻게 사 온단 말이오?"

"대인께서는 설 땅에 작은 봉지를 갖고 계시면서 그곳의 백성들을 자신의 아들딸처럼 여기시지는 못할망정 그들의 재산을 갈취하시다니 말이나 되겠습니까! 그래서 저는 대인의 명의로 백성들의 빚을 모두 탕감해주고 계약서를 전부 불태워버렸지요. 그러자 백성들이 모두 큰 소리로 만세를 불렀습니다. 이것이 바로 대인을 위해 '의'를 사 가지고 온 것이 아니고 무엇이겠습니까?"

그의 얘기를 다 듣고 난 맹산군은 언짢은 투로 말을 받았다.

"선생, 그 이야기는 그만 합시다!"

1년이 지난 어느 날 제 민왕湣王이 맹상군에게 말했다.

"나는 감히 선왕의 신하를 내 신하로 둘 수 없소."

맹상군은 민왕이 이렇게 말한 것이 자신의 명망이 너무 높아서 그러는 것임을 눈치 채고는 하는 수 없이 자신의 봉지인 설 땅으로 돌아갔다. 설 땅에서 100리 정도 떨어진 곳에서부터 성의 백성들이 늙은이를 부축하고 어린아이들의 손을 잡고 모두 큰길로 나와 맹상군을 맞이했다. 맹상군은 몹시 감격하여 풍훤에게 말했다.

"선생께서 나에게 사다 주신 '의'를 오늘에서야 맛보게 되었소!"

"교활한 토끼는 굴을 세 개 파놓은 다음 한 차례씩 죽음을 면한다고 합니다. 지금 대인께는 굴이 겨우 하나밖에 없으니 이것으로 낙관해서는 안 될 것입니다. 제게 대인을 위해 두 개의 굴을 더 팔 수 있게 해주십시오."

맹상군은 즉시 그에게 50대의 수레와 500근의 황금을 내주었고, 풍원은 이것을 가지고 서쪽 위나라로 가서 유세를 시작했다.

풍훤이 혜왕惠王에게 말했다.

"제나라의 대신 맹상군이 외지로 추방당하자 각 나라의 제후들은 앞 다투어 그를 모셔 가려 하고 있습니다. 그를 먼저 차지하는 나라가 부국강병을 이루게 될 것이라면서 말입니다.”

　혜왕은 원래 있었던 상국을 상장군으로 임명하고 국상의 자리를 비워놓은 다음 상경上卿을 보내 황금 1000근과 100대의 수레를 맹상군에게 하사하면서 그를 모셔 오라고 분부했다. 이 소식을 들은 풍훤은 먼저 말을 내달려 맹상군에게 돌아와서 전했다.

　“황금 1000근과 수레 100대는 대단한 대우입니다. 제나라에서도 이런 소문을 들으셨겠지요?”

　위나라의 사자가 세 차례나 방문하였으나 맹상군은 끝까지 사양하면서 받아들이지 않았다. 민왕도 이런 소식을 듣게 되었고 군신들도 모두 놀라움을 금치 못했다. 민왕은 곧 태보에게 명하여 황금 1000근과 장엄하고 화려하게 장식된 사륜마차 두 대, 그리고 제왕의 보검을 보내면서 맹상군에게 사죄의 편지를 전했다.

　“과인이 몹시 불행하여 간신들의 꼬임에 넘어가 그대에게 몹쓸 짓을 하였소. 과인이 아니라 제나라 선조들을 생각해서 제나라로 다시 돌아와 국가의 대사를 도맡아주시길 간절히 바라는 바이오!”

　풍훤은 맹상군에게 또 다른 의견을 제안했다.

　“제왕께서 선왕으로부터 물려받은 제기의 일부를 대인께 주시면 그것으로 설 땅에 종묘를 세우십시오.”

　종묘가 완성되고 난 다음에야 풍훤은 맹상군에게 말했다.

　“이제 세 개의 굴이 다 준비되었으니 베개를 높이 하고 아무 걱정 없이 편히 주무십시오.”

　과연 맹상군은 몇 십 년 동안 제나라의 상국을 지내면서 아무런 후환도 당하지 않았다. 이는 모두 풍훤이 마련해준 세 개의 굴 덕분이었다.

풍훤이 맹상군 밑에서 식객으로 있었던 일은 삼척동자도 다 아는 이야기이지만, 풍훤이 이러한 지략을 제시할 수 있었던 것은 당시의 국제 정세를 정확하게 파악하고 있었기 때문이다. 이런 점에서 그는 식견과 지모가 뛰어난 인물이었음에 틀림없다. 그는 맹상군을 모시면서 구체적인 계책으로 모든 일을 원만히 처리했고 종횡가의 정수를 구현했다.

무엇보다도 중요한 것은 그가 펼쳤던 지략이 매우 체계적이었다는 점이다. 그는 절대로 눈앞에 보이는 사소한 이익을 탐하지 않았고 크고 원대한 이익을 출발점으로 삼아 일생 동안 겪게 될 정치 운명을 완정하고 체계적인 시스템으로 완성했다. 모든 일에 종합적인 계획을 세우고 사전에 철저히 방비하면서 매번 일어날 일을 예견하여 적시에 안배함으로써 맹상군의 정치 여정이 일생 동안 순탄하도록 이끌어주었다.

지략은 일회성 조치가 아니라 하나의 체계적인 시스템이어야 한다. 그래야 오랫동안 지속적인 효력을 발휘할 수 있다.

13 | 싸움은 혼자 하는 것이 아니다

예로부터 충정과 간사함은 확실히 구별되었다. 『삼국지연의』에 등장하는 인물들 가운데 제갈량은 충신이고 조조는 간신이었다는 견해에 대해 누구도 이견을 제시하지 않는다. 이런 평가는 1100년이 지나면서 정설로 굳어졌고 이들의 충성이 어디에 있고 간사함이 어디에 있는지 아무도 다시 생각하지 않는다.

조조는 간신 동탁董卓을 토벌하면서 군사를 일으켰지만 이것이 '간사함으로 간사함을 대신하는' 일이 될 줄은 아무도 몰랐다. 동탁을 제거한 후 조조는 정권을 농락하면서 천자를 무시하고 군신들을 억압했다. 그의 간사함은 동탁보다 더하면 더했지 절대로 모자라지 않았다. 게다가 그의 아들 조비曹丕가 스스로 칭제하여 황제가 됨으로써 위魏로 한漢 정권을 대체하고 조조를 위 무제로 내몰았던 일은 아비의 간사함을 대물림한 행태였다.

한편 제갈량은 대단한 충신이었고 그의 주군인 유비는 한실漢室의 종친으로서 인덕과 관후함을 겸비한 인물이라 천하의 민심이 그에게 돌아갔다. 조비가 칭제한 후에 유비도 촉한의 황제가 되어 엄연히 한 황실의 계승자임을 자처했다. 유비에게 충성하는 것이 한 왕조에 충성하는 것이었던 만큼 어느 모로 보나 제갈량이 충신이었다는 사실에는 쟁론의 여지가 없다.

그러나 인간의 사유는 때로 이상하게 전개되기도 한다. 조조가 한 황실에 충성하지 않았다고 해서 그를 간신으로 규정한다면 상商의 탕 왕이 하에 반역했던 것도 간신의 소의였단 말인가? 주 무왕이 은을 멸한 것과 당 고조 이연이 수에 반기를 들고 새로운 왕조를 세운 것, 송 태조 조광윤이 병변을 일으켜 후주의 과부 정권을 탈취한 것도 간신의 소행이었단 말인가? 그렇다고 한다면 중국 역사에는 반 이상의 정권이 간신의 정권인 셈이다. 그러나 이제껏 이런 문제를 제기한 사람은 아무도 없었다. 정권이 바뀌면서 왕조가 교체되는 것은 지극히 정상적이고 당연한 일로, 군주의 주살과 신하들의 모반은 당시의 구체적인 상황에 따라 차별적으로 해석해야 하는 것이다. 맹자는 주 무왕이 은의 주왕을 주살한 것에 대해 "주라는 사내를 죽였다는 얘기는 들었어도 군주를 시해했다는 얘기는 듣지 못했다"라고 말했다. 맹자는 주왕을 정상적인 군주가 아닌 잔학한 백성의 적으로 간주하여 신하들이 그를 죽인 것은 사람을 죽인 죄일 뿐 반역죄는 아니라고 해석했던 것이다. 맹자의 이러한 관점은 오늘날에도 상당히 진보적인 입장이었던 것으로 평가되고 있다.

그렇다면 『삼국지연의』에서 조조가 군벌이 혼전을 벌이던 국면을 종결하고 중원을 통일한 것이 어디가 잘못됐단 말인가? 사람들은 갖가지 이유를 들어 조조가 간신이요 난신적자였다고 말하기를 주저하지 않지만, 사실 이는 대단히 불공평한 처사이다. 실제로 조조가 천자를 무시했던 것은 천자가 유약하고 무능했기 때문이었다. 한 헌제는 폭군은 아니었지만 군신들을 영도하고 나라를 안정적으로 지켜갈 능력이 없었다. 이런 군주를 그대로 방기하는 것이 과연 바람직한 일이었을까? 또한 조조가 신하들을 속이고 이용해 먹었다고 하지만 신하들 가운데 어느 누가 중원을 통일할 수 있는 능력을 갖추고 있었는가? 『삼국지연의』는 헌제와 그의 신하들을 약자로 묘사하여 독자들로 하여금 동정심을 갖고 자연스럽게 약자의 편에 서서 조조를 증오하도록 유도하고 있는데, 이는 현실을 제대로 보지 못하고 모든 사람들을 자신도 모르는 사이에 약자가 되게 하는 동시에 민족 정신마저도 연약하게 변질시키는 결과를 낳고 말았다. 이러한 현상의 배후에는 진보에 대한 믿음도 없고 현실을 직시하는 용기도 없이 값싼 동정만을 기대하는 유약한 심리가 감춰져 있는 것이다.

천하는 원래 주인이 없다. 덕이 있는 사람이 이를 차지하는 것이다. 조조는 역대의 사서나 문학작품에서 항상 간사한 술수로 사람들을 다스리는 무덕한 인물로 묘사되었다. 한 가지 이해할 수 없는 것은 조조가 그토록 무덕한 인물이었다면 어떻게 그의 수하에 무수한 모신과 맹장들이 운집할 수 있었는가 하는 것이다. 은덕과 의기가 부족한 사람이 천하의 영웅들을 자신의 막하에 모을 수 있었다면 이들을 어찌 영웅이라 할 수 있겠는가? 객관적이고 정확하게 평가하자면 조조가 무덕했던 것이 아니라 사람들이 그의 술수를 싫어하는 것이라고 말해야 할 것이다.

이 점에 있어선 조조와 제갈량을 비교해볼 필요가 있다. 제갈량이 문치와 무공에 있어서 조조를 월등히 능가한 것으로 알려져 있지만, 조조의 수하에는 넉넉한 인재 집단이 있었던 반면 제갈량에게는 쓸 만한 인재가 없었다. 제갈량은 모든 일을 자신이 직접 처리했고 모든 싸움에 직접 출정했으며 스스로 전략을 마련하지 않으면 패전하고 말 것이라는 두려움을 갖고 있었다. 제갈량의 수하를 지킨 것은 '오호대장五虎大將'들뿐이었다. 반면에 조조의 수하에는 독자적으로 작전을 펼칠 수 있는 장수들이 수십 명에 달했다. 제갈량의 후계자로 강유가 있었지만, 그는 위에서 투항한 장수로 그의 수하에는 더더욱 인재가 없었다. 그래서 그가 고군분투했지만 고장난명이라 도처에서 손발이 묶였고, 그 결과 패전을 거듭할 수밖에 없었다.

조조의 경우와는 매우 대조적이었다. 그의 후계자였던 사마의는 지모에 있어서도 조조나 제갈량에 뒤지지 않아 마침내 촉을 멸하고 오를 합병하여 중원을 통일하는 대업을 이룰 수 있었다. 이처럼 용인에 있어선 제갈량이 조조에 훨씬 미치지 못했던 것이다.

물론 이것이 가장 중요한 관건은 아니다. 조조의 간사함은 잘못된 사상과 노선, 전략을 신봉하고 따랐기 때문이다. 유비는 자신과 조조의 차이를 비교하면서 "조조는 급하고 포악한 데다가 매사를 속임수로 일관했지만 나는 관후하고 인자했고 충정으로 일관했다"라고 말한 바 있다. 『삼국지연의』는 이러한 기제에 따라 조조와 유비의 형상을 묘사했고 독자들은 이를 그대로 받아들이게 된 것이다. 사람들은 모두

조조는 공리만을 추구하여 법술로 사람들을 다스렸고 법가의 음험함
과 잔인함을 가진 데 반해 유비는 백성들을 자식처럼 사랑했고 일의
득실을 따지지 않았으며 유가의 자비를 실천했다고 말한다. 그러나 유
비를 좋아하는 사람들의 잠재의식 속에 혹시 외부세계를 두려워하고
남에게 의지하기 좋아하는 나약한 심리가 숨어 있지는 않은지, 유비
같은 명군이 친부처럼 모든 일을 대신 해주고 자신을 보호해주었으면
하는 나약한 심리가 감춰져 있지는 않은지 생각해볼 필요가 있다. 남
이 내 삶의 주인이 될 때 노예가 될 수밖에 없기 때문이다.

유비를 좋아하는 것은 그에게서 안식처를 찾을 수 있기 때문이고 조
조를 싫어하는 것은 모든 일을 스스로 결정하고 책임지는 조조식 책임
제의 실행을 두려워하기 때문인지도 모른다.

14 | 전면 전투만이 능사가 아니다

춘추전국 시대에 지리적 위치가 가장 불리했던 나라는 바로 조趙나라였다. 그 이유는 무엇인가? 조나라는 다른 제후국들과 마찬가지로 나라의 운명을 건 전쟁을 수행하는 동시에 북방 흉노족의 침략과 소요에 대비해야 했기 때문이다. 이를 위해 조나라는 엄청난 자원과 인력을 쏟아 부어야 했고, 그 일환으로 1000리에 달하는 장성을 축조해야 했다. 나중에 진시황이 축조한 만리장성은 바로 조나라의 장성을 기초로 이루어진 것이다. 무령왕武靈王이 호복胡服과 기마의 훈련을 제창한 것도 북방 유목민족의 공격에 대비하기 위한 것으로서, 중국 역사에서 대단히 의미 있고 성공적인 개혁조치의 하나로 평가되고 있다.

이처럼 특수한 역사상황에서 조나라는 아주 유명한 장수를 하나 배출했다. 다름 아닌 이목李牧이었다.

이목은 조나라 북부 변경을 지키던 명장으로서 일찍이 안문雁門 태수를 지내면서 흉노의 침입을 막아낸 바 있었다. 그는 지형에 맞춰 관리를 설치하고 집시集市에서 거둬들인 세수를 전부 장군들의 관서에 투입하여 부대의 경비로 쓰게 했으며, 매일 소를 잡아 병사들을 배불리 먹이면서 기마와 사격 훈련에 힘썼다. 또한 적의 침입을 알리는 봉화대의 관리에 만전을 기하면서 적지 않은 밀정을 보내 흉노의 상황을 탐지하기도 했다.

이목은 흉노가 침략해 들어오면 즉시 병력을 성안으로 거둬들이고 응전을 피하되, 군령을 무시하고 감히 적군에 맞서는 사람은 고하를 막론하고 참수하겠다고 엄명했다. 그리하여 여러 해 동안 출병하지 않자 흉노는 조나라의 국방이 취약하여 자신들에게 겁을 먹고 있다고 판단하고 전력의 증강을 꾀하지 않았다. 이런 전략에 대해 조나라 조정에서는 의론이 분분했다.

조왕은 친신들의 의론을 받아들여 이목을 질책했지만 그의 전략에는 변함이 없었다. 화가 난 조왕은 그를 조정으로 불러들이고 다른 사람을 보내 변방의 병무를 관장하게 했다. 1년 남짓 지났을 무렵, 흉노는 두 차례에 걸쳐 변방을 공격했고 조의 장령들이 병력을 이끌고 출병했으나 커다란 손실만 입고 패퇴했다. 수많은 사병들이 목숨을 잃었고 변방 백성들의 가축이 큰 피해를 입어 더 이상 방목이 불가능하게 되었다. 그제야 조왕은 이목의 전략을 이해하는 것 같았다.

얼마 후 조왕은 다시 이목을 변방으로 보내기로 마음먹었다. 평소에도 대문을 굳게 걸어 닫고 바깥출입을 하지 않던 이목은 조왕이 자신을 다시 기용하려 한다는 소식을 듣고는 병을 핑계로 수락하지 않았다. 조왕이 이목에게 강제로 직책을 맡기려 하자 이목이 말했다.

"대왕께서 기필코 저를 기용하신다 해도 저는 이전과 똑같은 전략을 쓸 것입니다. 이를 허락하신다면 명령을 받아들이겠습니다."

조왕은 두말없이 그의 요구를 들어주었다.

이목이 과거와 똑같은 방법으로 변방을 관리하면서 1년 동안 흉노는 아무런 전적도 거두지 못했고, 이전과 마찬가지로 이목이 겁이 많아서 그러는 것이라 여겼다. 변경의 장사병들은 매일 이목으로부터 후한 대우와 상급을 받았지만 출전 기회를 얻지는 못했다. 가슴이 답답해진 병사들은 점차 흉노와의 일전을 간절히 열망하게 되었다.

그리하여 이목은 전차 1300승과 전마 1만 3000필을 준비하고 용감한 장사 5만 명과 사격에 능한 사병 10만 명을 선발하여 작전 훈련을 실시하면서, 모든 가축을 성벽 바깥으로 내보내 방목하여 들판이 온통 백성들의 소와 양으로 뒤덮이게 했다. 마침내 흉노가 소규모 병력으로 공격하자 이목은 패퇴하는 척하면서 흉노가 백성들의 소와 양을 마음 놓고 노략질하게 했다. 이런 상황을 전해 들은 흉노의 선우는 대규모 인마를 이끌고 변경으로 몰려 나왔다.

이목은 전면적인 정면 공격을 피하고 여러 차례에 걸쳐 특이한 형태로 진을 치고 좌우 양쪽에서 적군을 협공하는 전략을 씀으로써 흉노를 대파하고 흉노족 기병 10만여 명을 사살했다. 결국 흉노의 선우는 대패하여 황급히 도망쳤다.

이때 이후로 10년여 년 동안 흉노가 조의 국경을 침범하는 일이 없었다. 근거지의 이점을 최대한으로 활용한 이목의 전술은 가장 안전하고 효과적인 것이었다. 흉노와의 이번 전투 덕분에 이목은 춘추전국시대를 대표하는 최고의 명장으로 평가되었고 '진정한 천리장성'이라는 명성을 얻게 되었다. 그러나 나중에 이목은 모함에 희생당해 주살되었고, 이로써 조나라는 북방의 장성을 잃음과 동시에 나라 전체를 잃게 되었다. 점차적으로 진나라에 합병되어 완전히 멸망하고 말았던 것이다. 이러한 역사 사실에 대해 송대의 학자 소순蘇洵은 「6국론六國論」이란 제목의 글에서 정확한 평가와 함께 후대의 군주들을 위한 교훈을 남기고 있다. 역사는 이처럼 무수한 교훈으로 이루어지는 것인지도 모른다. 장성을 스스로 파괴하여 자멸을 초래했던 나라가 어찌 조나라 하나뿐이었겠는가!

관우는 부주의로
형주를 잃은 것이 아니다

중국인의 속담 중에 "부주의로 형주를 잃었다"라는 말이 있는데 이는 삼국시대에 관우가 형주를 잃고 맥성에서 피살당한 사건에서 유래한 것이다. 관우가 실패한 것은 능력이 부족해서가 아니라 지나치게 마음을 놓았기 때문으로 알려져 있지만 실제로 관우는 부주의 때문에 형주를 잃은 것이 아니었다. 그가 맥성으로 갔던 것은 지나치게 고집이 세고 자신을 과신하는 성격 때문이었다. 이런 성격이 후세 사람들에게 잘 알려지지 않은 것은 의리를 중시했던 그의 또 다른 성격에 대한 일반적인 평가 때문일 것이다.

건안建安 22년(217년), 노숙魯肅이 세상을 떠나자 손권은 좌호군과 호위장군 여몽呂蒙을 보내 육구陸口를 지키게 했다. 관우가 점령한 남안南安과 남군南郡 등지는 동오東吳의 국경과 인접해 있었다. 여몽은 관우가 하류를 점거할 것임을 알아차린 데다 그의 땅을 먹어치울 생각도 갖고 있었기 때문에 겉으로는 의도적으로 좋은 관계를 유지하려 했다.

여몽은 오래전부터 형주를 수복하려 했지만 적절한 기회를 찾지 못하고 있었다. 여몽은 노숙을 대신하여 육구를 접수한 후에도 여전히 우호적인 태도를 보였고, 심지어 손권과 상의하여 손권의 아들로 하여금 관우의 딸에게 청혼하게 함으로써 양국 간의 깊은 우의를 과시하기도 했다. 여몽이 손권에게 말했다.

"지금 관우가 감히 동쪽으로 세력을 확장하지 못하고 있는 것은 공께서 영명하시고 우리 같은 사람들이 곁에 있기 때문입니다. 지금처럼 세력이 강대해졌을 때 관우의 땅을 취하지 않는다면 나중에 우리가 없을 때에는 아무리 강한 무력으로도 형주를 정벌할 수 없을 것입니다."

이에 대해 손권은 먼저 서주를 점령하는 것이 바람직하다고 생각했지만 여몽은 자신의 주장을 굽히지 않았다.

"조조는 지금 멀리 황하 이북에 있으면서 최근에야 원袁씨 형제들의 세력을 제거한 상태이기 때문에 강동江東을 돌볼 틈이 없습니다. 서주 지역의 수비부대는 그리 걱정할 바가 못 됩니다. 지금 우리가 쳐들어가면 틀림없이 승리를 거둘 수 있을 것입니다. 그러나 그 지역이 육로의 요충지란 사실을 반드시 염두에 두셔야 합니다. 공께서 오늘 서주를 취하시면 내일 당장 조조가 빼앗으러 달려올 것입니다. 그렇게 되면 8만의 병력을 다 동원한다 하더라도 지켜내기 어렵지요. 차라리 먼저 관우의 땅을 빼앗으면 장강 지역 전체를 통제할 수 있기 때문에 우리의 세력은 누구도 당해내지 못할 정도로 막강해질 것입니다."

  손권은 여몽의 그럴듯한 설명에 형주를 수복하려는 욕심이 더욱 강해졌다. 건안 24년(219년), 관우는 조조가 점령하고 있던 번성樊城을 공격하면서 일부 정예 병력을 남겨 공안公安과 남군을 지키게 했다. 여몽은 이런 사실을 알아내고는 손권에게 상주를 올렸다.

  "관우는 번성을 토벌하면서 상당한 정예 병력을 진영에 남겨두었습니다. 이는 우리의 습격을 두려워한 까닭이지요. 저는 항상 병을 몸에 달고 사는 몸이니 공께선 제 병을 구실로 삼아 관병들로 하여금 저를 호위하여 건업建鄴으로 돌아가게 하십시오. 관우가 이런 사실을 알게 되면 곧장 방비를 풀고 공안과 남군의 병력을 빼내 번성 공격에 동원하게 될 것입니다. 이때 우리가 쳐들어가는 것이지요. 주야로 행군하여 장강을 거쳐 상류로 가서 관우의 공성을 습격하는 겁니다. 이렇게만 된다면 관우를 사로잡는 동시에 남군을 손에 넣을 수 있을 것입니다."

  손권은 여몽의 책략에 동의했다. 이에 여몽은 자신이 중병에 걸렸다는 소문을 퍼뜨리기 시작했고, 손권은 여몽을 건업으로 돌려보내라는 격서를 공개적으로 하달했다. 관우는 여몽이 육구를 떠나는 것이 계략인 줄도 모르고 남군의 병력을 조금씩 빼내 번성의 공격을 지원하게 했다. 손권은 때가 무르익었다고 판단하고 즉시 여몽에게 명령을 내려 책략을 실행에 옮기게 했다.

  여몽은 명성은 대단하지 못하지만 중임을 떠맡기에 충분한 능력을 지닌 육손陸遜을 추천하여 자신의 직무를 대신하게 했다. 육손은 임무를 맡자마자 대단히 우호적이고 겸손한 내용으로 편지 한 통을 써서 관우에게 보냈다. 관우는 여몽이 중병으로 한창漢昌을 떠난 데다 육손의 이런 편지를 받게 되자 완전히 마음을 놓게 되었고, 결국 아무런 경계심 없이 남군 등지에 남겨두었던 병력을 전부 번성으로 투입했다.

이런 소식을 들은 손권은 즉시 여몽에게 명령을 내려 정병을 이끌고 순양으로 가서 정예 장사병들을 배 안에 매복시킨 다음 노를 젓는 사람들을 전부 상인으로 변장시켜 밤낮으로 쉬지 않고 남군을 향해 배를 몰게 했다. 여몽은 정예병들을 전부 배 안에 숨기고 노를 젓는 사병들에겐 전부 상인들이 입는 흰옷을 입혀 빠른 속도로 장강 하류로 내려가면서 강 연안에 관우가 배치한 초소를 전부 제거하고 무사히 남군에 당도했다.

당시 남군 태수 미방은 강릉을 지키고 있었고 장군 부사인傅士仁은 공안을 지키고 있었지만 두 사람 모두 관우가 자신들을 무시하는 데 대해 줄곧 불만을 갖고 있었고 오래전부터 몰래 손권과 교통하고 있던 터라 여몽의 부대가 도착하자마자 두 사람 모두 병력을 이끌고 여몽에게 투항해버렸다.

여몽은 남군 등의 성지를 점령한 다음 모든 재산을 관우의 장병들 가족에게 나눠주면서 이들을 위로했다. 뿐만 아니라 여몽의 군대는 기율이 매우 엄격했다. 여몽과 동향인 사병 하나가 군용 갑옷을 가리기 위해 민가의 삿갓을 빼앗은 사소한 약탈 행위가 발생하자 여몽은 눈물을 머금고 이 사병을 참수했고, 이에 모든 장병들이 크게 놀라면서 백성들에게서 쌀 한 톨조차 빼앗지 않았다. 덕분에 남군의 치안은 완벽했다. 또한 여몽은 사람들을 보내 그 지역의 노인들을 도와주고 그들이 무엇을 필요로 하는지 알아내 지원해주었으며, 환자들에게 약을 나눠주고 추위와 굶주림에 지친 사람들에게 양식과 의복을 공급해주었다. 아울러 관부에 보관된 재산에 대해서는 전혀 손을 대지 않고 손권이 와서 처리하기를 기다렸다.

이때 관우는 남군으로 돌아오는 길에 여러 차례 사자를 보내 여몽과의 타협을 시도했다. 여몽은 매번 사자들을 후하게 대접하면서 이들에게 성안을 둘러보고 병사들의 집안을 구경시켜주었다.

관우는 번성 토벌에서도 승리를 거두지 못한 채 형주를 빼앗겼다는 소식에 황급히 회군했다. 여몽은 사람을 보내 관우의 장사병들에게 그들 가족들이 평안무사하다는 사실을 알리는 한편, 관우를 따르는 장사병의 가족들에게 직접 편지를 쓰게 하여 이것이 사실임을 알리게 했다. 이리하여 관우의 장사병들은 강릉이 점령당한 데 대해 아무런 두려움을 갖지 않게 되었고, 더 이상 관우의 오군吳軍을 위해 목숨을 걸고 싸우려 하지도 않았다. 관우는 대세가 이미 기울어 고립무원의 처지에 놓였다는 사실을 깨닫고는 고개를 숙이고 맥성으로 귀순하여 서쪽의 장향으로 갔고, 그의 수하에 있던 장사병들은 전부 손권에게 투항했다. 관우가 맥성으로 패퇴하려 하자, 손권은 즉시 병력을 보내 이를 저지하면서 관우와 그의 아들을 사로잡았다. 이로써 형주는 마침내 손권의 수중에 들어오게 되었다.

관우의 성격에는 자만심과 고집이라는 치명적 결함이 감춰져 있었다. 그는 한 번도 누군가에게 굴복한 적이 없었기 때문에 매사에 조심성과 경계심이 부족했다. 소설 『삼국지연의』를 자세히 읽어보면 여러 곳에서 관우의 이러한 성격적 결함을 발견할 수 있다. 유비가 칭제한 후에 '오호대장'에 봉했을 때, 그는 황충黃忠도 그 안에 포함되었다는 사실을 알게 되자 이를 못마땅하게 여기면서 황충은 유비의 형제도 아니고 마초馬超 같은 명문세가 출신도 아니기 때문에 그를 자신과 똑같이 '오호대장'의 대열에 넣는 것은 자신에 대한 모욕이라고 항변했다. 다행히 제갈량이 이런 사태를 예상하고 그를 다독거려줌으로써 황충이 '오호대장'에서 퇴출되는 일은 발생하지 않았다. 동오의 손권이 그와 결친하기를 원했을 때도 이것이 형주를 지킬 수 있는 마지막 기회였음에도 불구하고 그는 어찌 호랑이의 딸을 개의 자식에게 출가시킬 수 있느냐며 오만한 태도로 이를 거절했다.

그러나 관우가 의인이었던 것도 틀림없는 사실이다. 그의 이러한 장점이 모든 성격적 결함을 가려주었던 것이다. 그러나 진정한 군사 전문가라면 모든 문제와 상황을 냉철하게 통찰할 수 있어야 한다는 전제에서 관우를 평가한다면 적지 않은 결점을 발견하게 된다. 결국 관우의 실패는 일시적인 원인에 의한 것이 아니었던 셈이다.

16 | 군주와의 동행은
호랑이와 동행하는 것과 같다

군주와 동행하는 것은 호랑이와 동행하는 것과 같다. 사방에 위세를 뽐낼 수는 있으나 잘못하다간 먹혀 죽기 십상이다.

기나긴 중국 역사에는 현명한 재상과 유능한 재상, 간사한 재상 등 각양각색의 재상들이 출현했다. 한대의 진평陳平은 칭찬할 만한 구석이 없는 것 같지만 그래도 한 가지 고명한 부분이 있었다.

서한 12년(기원전 195년) 3월, 유방은 영포英布를 정벌하러 나섰다가 화살에 맞아 부상을 당했다. 상처가 아주 심각했다. 이때, 줄곧 번쾌樊噲와 사이가 좋지 않았던 신하 하나가 기회를 틈타 유방에게 참언을 했다.

"번쾌는 황후의 매부로서 여후와 사당을 결성하여 암암리에 모반을 준비하고 있다고 합니다. 폐하께서 연로하시게 되면 그가 병사를 이끌고 경사로 쳐들어와 척戚 부인과 조왕 여의如意 등을 주살할 것이 분명합니다. 그를 사전에 제압하지 않으면 안 될 것 같습니다.”

유방은 척 부인을 몹시 총애하여 날마다 척 모자의 안위를 걱정하던 터라 이런 얘기를 듣고 격분하지 않을 수 없었다. 그는 먼저 진상을 가리지도 않고 즉시 진평과 주발周勃을 불러 명령했다.

“번쾌 그놈이 여후 등과 짜고 모반을 꾸미면서 내가 빨리 죽기를 기다린다고 하니 그대들은 즉시 연으로 가서 번쾌의 목을 베되 한 치의 실수도 없도록 하라.”

아울러 유방은 주발에게 재삼 당부했다.

“번쾌를 제거한 후에는 그대가 그를 대신하여 반역자의 괴두인 노관을 공격하도록 하라.”

두 사람은 유방의 화난 모습에 놀라움을 금치 못했다. 아직 중병에 있는 그가 사태의 진상을 따져보지도 않고 내린 명령이긴 하지만 명령을 거역할 수 없어 서둘러 채비를 갖춰 연으로 향하던 두 사람은 길을 가면서 두 사람은 이 문제를 의논하기 시작했다.

“번쾌는 원래 폐하의 오랜 친구였고 공적이 적지 않은 데다 여후의 매부라오. 주상께서 어떤 자의 참언을 듣고 대로해서 그를 죽이려 하시는지는 모르겠지만 일이 벌어진 후에는 크게 후회하실 게 불 보듯 뻔한 일이오. 가장 좋은 방법은 일단 번쾌를 붙잡아 경사로 압송한 후, 주상께서 직접 그를 처단하도록 하는 것일 성싶소.”

두 사람은 이렇게 뜻을 모으고 밤새 북행길을 재촉했다. 며칠 후 연의 경내에 들어선 두 사람은 번쾌의 군영에서 몇 십 리 떨어진 곳에서 걸음을 멈춰 단을 쌓은 다음 사람을 보내 번쾌를 불러들였다. 이때 번쾌는 마침 병력을 이끌고 노관을 공격하러 떠나려던 차에 한조에서 사자가 찾아와 자신을 부른다는 소식을 듣고는 사자를 따라 진평과 주발이 쌓은 단으로 가서 무릎을 꿇고 천자의 명을 기다렸다. 진평이 단에 올라서서 황제의 명령서를 반쯤 읽었을 때, 갑자기 단 아래에서 뛰어 나온 무사 몇 명이 번쾌를 제압하여 포박했다. 뜻하지 않은 봉변에 번쾌가 있는 힘을 다해 몸부림치자 진평은 급히 단 위에서 내려와 번쾌에게 낮은 목소리로 귓속말을 했다. 번쾌는 그제야 비로소 두 손을 뒤로 내밀어 순순히 포박에 응했다. 목적이 달성되자 주발은 직접 군대를 통솔했고 진평은 번쾌를 장안으로 압송했다.

진평은 번쾌의 손목에서 포승을 풀고 일부러 천천히 수레를 몰았고 바로 그날, 노상에서 유방이 갑자기 죽었다는 소식을 듣게 되었다. 진평은 여후와 여수呂須가 자신에게 화가 나 있을 것이 두려워 수레를 천천히 몰라고 지시하고 나서 자신은 말을 타고 서둘러 도성 안으로 들어갔다. 궁궐 안으로 뛰어 들어간 진평은 유방의 영전에 무릎을 꿇고 머리를 조아리며 눈물을 흘렸다. 여후는 진평이 돌아온 것을 보고는 다짜고짜 번쾌의 신상에 대해 물었다.

"소신은 번쾌의 목을 베라는 명을 받았으나 그분의 공적과 인품을 생각하여 감히 형을 집행할 수가 없어 우선 연에서 압송한 다음 다시 처분을 받게 하고자 지금 호송 중에 있습니다."

여후는 이 말을 듣고 근심이 기쁨으로 바뀌어 마음을 놓으며 진평에게 가서 쉬라고 지시했다. 진평은 누군가 자신에 대해 참언을 올렸을지도 모른다는 생각에 궁중에 머무르면서 경비 업무를 맡게 해달라고 간청했다. 여후는 진평의 세심한 일 처리에 감동하여 그를 당장 낭중으로 임명하고 사군嗣君을 잘 보필하라고 당부했다. 그제야 진평은 마음 놓고 자리를 떴다. 며칠 후 번쾌가 도성에 도착하자 여후는 그에게 죄가 없으니 즉시 사면하고 관작을 회복시키라고 지시했다.

유방이 사망한 후에 한조의 정권은 그의 아내인 여후의 손으로 넘어가 7년간 무난히 유지되었고, 한조의 공신들 가운데 억울한 죽음을 당한 사람은 하나도 없었다. 진평이 번쾌를 죽였더라면 그 결과는 상상할 수 없을 정도로 참혹했을 것이다. 진평은 모든 면에서 영리하고 민첩한 처세의 지혜를 발휘했다. 그는 호랑이 입에서 이를 뽑은 것이 아니라 호랑이 입 안에서 자신의 안전을 지킨 셈이다. 그러나 이런 처세 기교를 실행할 수 있었던 사람은 중국 역사를 통틀어도 몇 명 되지 않을 것이다.

17 | 남모르는 바를 알고 말 못하는 바를 말하다

중국 역사에는 무수한 기인奇人들이 존재했다. 기인들은 대부분 옛 왕조가 쇠하고 새로운 왕조가 흥성하는 시기에 나타나 자신의 역량을 마음껏 발휘하곤 했다. 이른바 "난세에 영웅이 나온다"는 말은 기인들에게도 그대로 적용되는 말이다.

그럼 기인이란 무엇인가? 황량한 벌판을 누비면서 병력을 지휘하고 적을 소탕하는 장수는 영웅이라 할 수는 있겠지만 기인이라고는 할 수 없다. 뛰어난 지모로 치국과 안정의 방략을 제공하는 사람들도 현사이지, 기인은 아니다. 이른바 기인이란 과거에 통달하고 미래를 예측하며 세사를 통찰할 수 있고 하늘과 인간을 조화시킬 수 있는 사람들을 말한다. 한마디로 말해서 기인이란 속세를 종횡무진하면서도 속세 밖에 존재하는 사람들이다.

중국 역사상 최초의 기인은 주 무왕이 주왕을 토벌했을 당시의 강자아姜子牙 강태공일 것이다. 강태공은 자신에게 남다른 능력이 있지만 운이 따르지 않아 어쩔 수 없다는 점을 알고서 묵묵히 때를 기다렸다. 그는 모든 일이 뜻대로 되지 않았다. 하찮은 장사마저도 하늘이 그대로 내버려두지 않았다. 한번은 그가 길거리에서 국수를 팔려고 나섰는데 갑자기 강풍이 불어 물건을 날려버리는 바람에 본전도 찾지 못하고 장사를 망친 채 빈털터리로 돌아왔다. 그러나 그는 좌절하거나 실망하지 않고 운이 나아지기를 말없이 기다리면서 위수渭水에 나가 낚시를 했다. 그가 사용한 바늘은 끝이 구부러진 바늘이 아니라 곧은 바늘이었고, 물고기는 한 마리도 잡히지 않았다. 그의 아내가 밥을 갖다주러 왔다가 이런 모습을 보고는 버럭 화를 내며 낚시 바늘을 구부려 그가 식사하는 동안에 여러 마리의 물고기를 잡아놓았다. 강태공은 아내가 잡은 물고기를 전부 놓아주면서 아내에게 말했다.

"모든 일이 자연의 순리에 따라야지, 억지로 해서는 안 된다고 생각하오."

이 일이 있고 난 후 아내마저 그를 떠나버렸다. 그는 그래도 아무런 불평 없이 때를 기다렸다. 여든 살이 되었을 때 주공이 위수 가를 지나다가 강태공을 보고는 산에서 내려갈 것을 권했다. 주공은 직접 수레를 끌고 와 반나절을 기다렸고, 그제야 마음이 움직인 강태공은 산에서 내려와 무왕을 도와 주왕을 토벌했다.

강태공은 지모가 뛰어났을 뿐만 아니라 도술에 정통하여 주공에게 갖가지 지략을 제공하는 동시에 기상과 농사의 작황 등 미래의 자연현상을 예측하기도 했다. 무왕이 주왕을 토벌하는 과정에서 그는 커다란 공을 세워 나중에 제齊에 봉해져 장수와 부귀를 동시에 누렸다.

한편 진말한초의 장량張良도 기인이라 할 수 있다. 그의 기행은 네 가지 사건에서 찾아볼 수 있다. 첫째, 그는 한韓나라의 원한을 갚기 위해 자신의 가산을 다 털어 자객을 구해 박랑사博浪沙에서 진시황을 칼로 찌른 바 있다. 거사가 성공하진 못했지만 그의 용기와 의기에는 기인의 성격이 농후했다. 둘째, 그는 우연한 인연으로 병법을 배웠다. 전해지는 얘기에 의하면 장량은 우연히 한 노인을 만났는데, 노인은 그에게 길에 버려진 신발을 주워서 신게 했고 장량이 노인의 지시에 순순히 따르자 노인은 날이 밝을 무렵에 다시 만나 병법을 전수해주겠다고 약속했다고 한다. 장량이 두 번 노인을 만나러 갔으나 매번 노인이 먼저 도착해 있었다. 노인은 그에게 마지막 기회를 주었다. 장량은 비장한 각오로 초저녁부터 약속 장소로 가서 날이 밝을 때까지 기다렸고 노인을 감동시켰다. 노인은 그의 인품이 훌륭하고 자질이 범상치 않다고 판단하고 병법을 전수해주었다. 셋째, 그는 여러 차례 지략을 제공하여 유방을 곤경에서 구하고 항우를 격퇴함으로써 서한의 개국 공신이 되었다. 넷째, 그는 공을 세우고도 명리를 탐하지 않고 멀리 물러나 병법 연마에 전념함으로써 유방과 여치呂雉가 공신들을 주살할 때 화를 면했고 소하처럼 굴욕을 당하는 일도 피할 수 있었다.

유기도 이런 유형의 기인이었다. 그는 대단히 전기적인 인물로서 그에 관한 전설은 『수호전水滸傳』에 나오는 양산박의 호한들만큼이나 풍부하고 다채롭다. 『추배도推背圖』를 비롯하여 그의 이름으로 나온 풍수 서적이나 미래의 화복을 예측하는 책도 적지 않다. 이런 작품들에서 허구적인 요소들을 제거하고 역사의 진면목을 환원하면 유기가 학자이자 군사가, 정치가로서 독특한 모습을 확인할 수 있을 것이다.

유기는 자가 백온伯溫으로 절강 청전 출신이며 1311년에 정통 지주 가정에서 태어났다. 절강은 송대 이후로 문화교육의 중심지로서 뛰어난 인재들을 다수 배출하면서 '산과 물 그리고 인재의 고장'이라는 별명을 갖고 있다. 유기의 선조들은 송대에 관직을 지내다가 남송이 남쪽으로 도읍을 옮기자 절강 청전으로 이주했다. 남송의 태학상사太學上舍를 지냈던 유기의 조부는 박학다식하고 천문지리에 통달한 데다 정직하고 의기가 투철하여 일찍이 반원反元 봉기를 조직하기도 했다. 유기는 이처럼 명망 있는 가문 출신으로 어려서부터 큰 뜻을 품고 있었고 아첨하거나 시기하지 않는 강직하고 올곧은 성격을 갖게 되었다. 또한 그는 어려서부터 갖가지 재능을 나타냈는데, 특히 뛰어난 기억력으로 주위 사람들을 놀라게 했다. 유기의 집 근처에는 책방이 하나 있었는데 그는 서당을 오가는 길에 항상 그 앞을 지나쳤다. 하루는 그가 천문 분야의 책을 집어 대충 읽어보았다. 다음 날 다시 들러 그 책을 펼쳤을 때 내용을 완벽하게 외울 정도였다. 책방 주인이 몹시 놀라워하며 그 책을 유기에게 주자 유기가 말했다.

"이 책의 내용은 이미 제 머릿속에 들어 있기 때문에 가져가봤자 소용이 없습니다."

그는 사람들이 알지 못하는 바를 알고 말하지 못하는 바를 말하기도 했다. 그의 스승은 그가 장차 큰 재목이 될 것이라고 단언했다. 17세가 되자 유기는 부학府學을 떠나 괄창산括蒼山의 석문동石門洞으로 가서 당시의 명사였던 정복초鄭復初에게서 '이정二程'의 이학을 배웠

다. 이 기간 동안 그는 수많은 서적을 두루 통독했고 특히, 정통 경자
사집經子史集 외에 잡가의 저술에도 관심을 보여 의학과 농업, 천문,
지리 분야의 깊이 있는 학문을 심득했다. 이처럼 유기는 청소년 시기
부터 넓고 두터운 지식의 기초를 쌓아 나중에 정치와 군사 분야에 뛰
어난 실력을 발휘하기 위한 역량을 갖췄다.

그러나 유기의 청소년 시절은 고난과 시련으로 점철됐고, 1333년
에야 간신히 진사에 급제하여 강서 고안현高安縣의 현승이 되었다.
당시엔 원 왕조의 정국에 혼란과 불안이 그치지 않았다. 통치자의 취
생몽사와 폭정이 지속됐고 도처에서 농민 봉기가 끊이질 않았던 것
이다. 이런 상황에서 뜻있는 의사들은 거사를 도모할 기회를 엿보거
나 과감하게 기의군의 대오에 뛰어들었고 극소수의 지식인만이 원의
통치자에게 목숨을 팔았다. 유기도 마찬가지였다. 그는 현령을 보좌
하는 말직에 있으면서 말없이 인사를 관찰하고 인정을 이해하는 데
힘썼다. 물론 몸은 원 왕조의 관적에 올라 있어 공사를 무시하지 못
하고 적당히 요구에 응하긴 했지만, 언젠가는 정직한 지식인으로서
양심과 정의를 지키고 펼치는 데 전념할 것이라는 결심이 서 있었다.
결국 그는 아첨과 영합에 싫증을 느껴 관직을 버리고 집으로 돌아왔
다. 1340년, 청전의 고향으로 돌아온 그는 은사 생활을 시작했다.

유기의 학문과 인품은 이미 세상에 두루 알려져 절강의 행성에서는
그에게 유학 부제거副提舉의 관직을 맡아달라고 요청했고, 유기는 이
자리가 자신의 성격에 맞는다고 판단하고 곧장 부임했다. 그러나 천하
의 관리들은 이미 온통 부패해 있었다. 자신의 성격을 바꿀 수 없는 유
기는 일부 불법에 대해 혹독한 질책을 서슴지 않았고, 그 결과 수많은

사람들로부터 미움을 사게 되면서 적지 않은 사람들이 그가 직권의 범위를 넘어 사소한 일까지 참견한다고 불평하며 그를 탄핵했다. 결국 그는 또다시 울분을 품고 관직에서 물러나야 했다.

1351년을 전후하여 방국진方國珍 형제가 반항과 투항을 거듭하며 온주와 대주, 경원 등지를 점거하고 수시로 상해에 출몰하여 소요를 벌이면서 연해 지역 백성들의 재난을 가중시키고 있었다. 원조의 관리들은 자신들의 무능을 잘 아는 데다 유기가 훌륭한 인재라는 소문에 그를 절동원수부浙東元帥府 도사都事로 임명했다. 유기는 철저한 분산 전략으로 군심을 뒤흔들어 방국진 형제의 세력을 무력화시키기로 마음먹었다. 원래 방국진은 불의한 행동을 너무 많이 해서 수많은 부하들이 억지로 그의 명령에 따를 뿐, 그를 위해 목숨을 바칠 생각이 없었다. 그러던 차에 관부에서 방국진을 처벌하되 나머지 사람들을 달리 대하겠다는 포고문이 나붙자 적지 않은 사람들이 떨어져 나가 방국진의 세력은 크게 떨어졌다.

1358년, 그는 세 번째 사직을 하고서 다시 청전의 집으로 돌아왔다. 이때 그의 나이는 이미 40세가 넘어 있었다. 스무 살 갓 넘어 진사에 합격한 그는 20여 년을 관리로 있으면서 여러 차례 은거를 시도하며 언젠가 하늘이 자신을 낳아준 의미를 실현하겠다고 마음먹었으나 이제 기회가 다했다고 여겼다.

한편 곽자흥이 죽자 주원장의 세력은 급속도로 확대되어 갔다. 그는 "성벽을 높이고 널리 양식을 비축하되 칭제를 미뤄야 한다"는 주승의 정확한 충고를 받아들여 몽고인의 예봉을 피하면서 신속하게 세력을 증강시켜갔다. 특히 그는 군대의 규율을 매우 중시하여 훌륭한 위망

을 세웠고, 가는 곳마다 현지의 뛰어난 인사들을 맞아들였다. 처주處
州를 점령한 후에 주원장은 유기가 청전에 은거하고 있다는 소식을
듣고 사람을 보내 그를 맞아들였다. 유기는 일찍이 주원장의 명망을
들어온 터이지만 그에 대한 이해가 부족했고, 게다가 20여 년에 걸친
관리 생활에서 느꼈던 염증 때문에 산을 내려가고 싶지 않아 주원장
의 첫 번째 요청을 거절했다. 주원장은 화를 내지 않고 다시 손염孫炎
을 보내 간절하고 공손한 편지를 전했다. 손염이 주원장의 웅지와 지
략에 대해 설명하며 재삼 간청하자 유기는 그제야 마음이 움직였다.

"저는 일찍이 관직을 버리고 서호에서 한가롭게 세월을 보낸 적이
있습니다. 어느 날 우연히 서북방에서 이상한 기운을 발견했는데, 당
시 저는 그것이 천자의 기운이고 10년 후에 금릉에 다시 나타날 것이
라고 예견했습니다. 지금 주씨의 대업이 흥성하면서 현사들을 크게 예
우하여 하늘과 땅이 순조롭게 조화되고 있는 것으로 보아 장차 대성할
것이 분명합니다."

유기는 이런 말로 주원장의 세 번째 요청에 응했다. 유기는 주원장
을 만나 이른바 '시무십팔책時務十八策'을 제시했고, 주원장은 흥분을
감추지 못하며 그가 군문에 들어오기도 전에 천하의 대세를 꿰뚫어보
는 불세출의 인재라고 생각하고 즉시 명령을 내려 예현관禮賢館을 건
립하게 하고 그를 상빈으로 모셨다.

당시 주원장은 동쪽으로 장사성, 서쪽으로 진우량과 대치하고 있었
고 양군의 세력이 주원장을 크게 압도하고 있었고 합세하여 주원장을
제압하려는 계획을 갖고 있었다. 따라서 주원장의 군대는 사기가 충천
해 있긴 했지만 동서 협공의 위험에 처해 있어 주원장에게는 장사성과

진우량의 공격에 지혜롭게 대처하는 것이 급선무였다. 정확한 책략을 취한다면 주원장의 세력은 계속 발전할 수 있겠지만 잘못될 경우 장사성과 진우량에게 먹혀버릴 수도 있었다. 이런 어려운 문제를 앞에 놓고 주원장은 마음을 비운 채 유기에게 가르침을 구했다.

"선생께선 절 버리지 말아주십시오! 좋은 생각이 있으시거든 기탄없이 말씀해주십시오. 선생의 말씀대로 따르겠습니다."

"명공께선 금릉을 차지하고 있는 만큼 지세는 매우 유리한 편입니다. 그러나 동쪽에는 장사성이 있고 서쪽에는 진우량이 있어 여러 차례 공격한 바 있지요. 이런 상황에서 천하를 얻고자 한다면 가장 시급한 급선무는 이 두 사람을 제거하는 것입니다."

주원장도 바로 이 문제를 염두에 두고 있었지만 방법을 몰라 초조해하던 터라 미간을 찌푸리며 다시 유기에게 물었다.

"이 두 사람의 세력이 막강한데 어떻게 이들을 제압할 수 있겠습니까?"

"적을 방어하려면 완급의 균형을 잡아야 하고 용병에도 순서가 있어야 합니다. 제가 보기엔 먼저 진우량을 대적하시고 나서 장사성을 공격하시는 것이 바람직할 것 같습니다."

"장사성은 약소하지만 진우량은 매우 강대합니다. 그래서 대부분의 장수들은 먼저 약자를 제압하여 진우량의 날개를 꺾어야 한다고 생각하고 있습니다. 게다가 먼저 약자를 공격하고 나서 강자와 대적하는 것이 상식인데, 선생께선 어째서 약자를 제쳐두고 강자를 공격하라 하십니까?"

"지금의 형세로는 병법에 구애될 필요가 없습니다. 장사성은 자기를 지키는 데 만족하는 사람이라 큰 뜻을 품고 있지 못합니다. 스스로 자족하기 때문에 큰일을 원치 않지요. 명공이 전력을 집중하여 진우량을 공격하면 그도 금릉을 공격하는 경거망동을 범하진 못할 것입니다. 게다가 진우량은 스스로 칭제한 이후로 한순간도 금릉을 잊은 적이 없고 지금은 장강 상류를 점거하고 있는 상태라 순순히 남하할 것이 분명합니다. 그는 야심이 커서 군웅을 일소하려 하기 때문에 지금으로서는 그가 가장 큰 적일 수밖에 없지요. 병력을 집중하여 장사성을 공격한다면 그 틈을 이용하여 진우량이 밀고 들어올 텐데, 그때 가서 그를 어떻게 막아내시겠습니까?”

제갈량을 방불케 하는 유기의 이러한 전략에 주원장은 온몸에 땀이 날 정도로 흥분했다. 결국 주원장은 유기의 책략을 그대로 실행했고 덕분에 천하를 평정하여 명 왕조를 건립할 수 있었다.

실제 전투에 있어서도 유기는 적지 않은 공을 세웠다. 그가 주원장의 막하로 들어온 지 두 달쯤 되었을 때 진우량이 서수휘徐壽輝를 앞세워 장사성과 함께 동서로 협공했다. 당시 적군의 막강한 병력에 비해 주원장의 군대는 상당히 약세였고, 싸움에 임하는 장수들의 주장도 제각기 달랐다. 주전론자가 있는가 하면 도망하자는 사람도 있었고 심지어 투항을 건의하는 사람도 있었다. 이에 대해 유기가 단호한 태도로 말했다.

“먼저 투항과 도망을 주장하는 자들의 목을 베야만 승리를 보장할 수 있습니다. 지금으로서는 도망친다 해도 갈 곳이 없고 투항한다 해도 죽기는 마찬가지라 목숨을 걸고 싸우는 수밖에 없습니다. 진우량의 세력이 강대하긴 하지만 의롭지 못한 군대이기 때문에 사기가 높지 못한 데다 먼 길을 오느라 장사병들이 몹시 지쳐 있는 상태여서 정병을 매복시켜 기습 공격을 가하면 틀림없이 이길 수 있을 것입니다. 더구나 진우량은 오만하고 지략이 부족하여 무모하게 전면전의 전략을 쓸 것이 분명한 만큼 아군의 승리는 결코 어려운 것이 아닙니다."

유기의 이런 주장은 당시의 상황에도 정확하게 부합하는 것으로서 주원장과 모든 장사병들에게 필승의 신념을 불어넣기에 충분했다. 대단한 기세로 밀고 나와 부분적인 승리를 거둔 진우량은 태평太平을 점령한 직후에 서수휘를 죽이고 스스로 칭제하여 국호를 한漢이라 했다. 그러나 나중에 주원장의 근거지를 공격하다가 유기의 군대에 포위되어 꼼짝도 못하다가 결국 강주로 패퇴하고 말았다. 강주는 물가에 건설된 도시라 성벽이 대부분 물속에 세워져 있어 수비는 쉽지만 공격이 몹시 어려웠다. 주원장이 여러 차례 공격을 시도해 봤지만 워낙 난공불락의 성이라 아무런 효과도 거두지 못했고 이에 방심한 진우량은 잠에 떨어져 편안한 밤을 보내고 있었다. 그러자 유기는 성벽의 높이를 측량한 다음 모든 배의 선미에 사다리를 만들어 밤에 몰래 기습 공격을 감행했다. 진우량은 하늘에서 신병이 내려왔다고 생각하고 황급히 처자식을 데리고 배에 올라 남창으로 도망쳤다. 그 후 파양호 대전에서도 유기는 뛰어난 지략으로 주원장의 공격을 도왔고, 결국 호수 한가운데서 진우량을 사살함으로써 대한 정권을 무너뜨릴 수 있었다.

한림아韓林兒를 소명왕小明王으로 봉하는 문제에 있어서도 유기는 주원장 등과 다른 생각을 갖고 있었다. 주원장이 한림아의 봉작을 받아들인 목적은 사람들의 이목을 흩뜨려 원병의 공격을 전부 한림아와 진우량 등에게 향하도록 하기 위한 것이었다. 그래야만 자신의 세력을 증강시킬 시간을 벌 수 있기 때문이었다. 그러나 형세의 추이로 볼 때 한림아를 존봉하는 것은 백해무익한 일이었다.

1361년 정월, 주원장은 금릉 중서성에서 소명왕을 모시는 성대한 의식을 거행했지만 유기만이 꼿꼿이 서서 절을 올리지 않았다. 유기가 말했다.

"한림아가 한산동韓山童의 아들이긴 하지만 아무런 공도 세우지 못한 일개 목동에 불과하고, 성도 조趙가 아니라 한이기 때문에 송 왕조의 후예라 할 수 없습니다. 송이 망한 지 이미 오래고 민심이 아직 돌아오지 않았는데 굳이 전대의 연호를 빌려 쓸 이유가 어디 있단 말입니까? 대장부가 제업을 이루려면 어떤 견제도 뿌리칠 수 있어야 합니다. 계속 그의 명호를 존중하다간 스스로 설 기회가 없을 것입니다."

주원장은 그 자리에선 아무런 내색도 하지 않았지만 이미 유기의 말에 마음이 움직인 상태였다. 나중에 한림아를 구하려다 진우량에게 패할 뻔한 위험을 경험한 주원장은 그 후로 유기의 말이라면 무조건 신임하고 따르게 되었다. 결국 주원장은 한림아를 주살하고 스스로 대명제국의 기치를 들어올렸다.

유기가 명 왕조의 개국에 세운 공은 크게 세 가지로 요약할 수 있다. 첫째, 정확한 정치적 방향을 제시하여 한림아를 죽이고 칭제를 단행함으로써 인심을 모으고 천하를 장악하게 했다. 둘째, 정확한 전략을 정하여 먼저 진우량을 친 다음 장사성을 공격하게 하여 대승을 이끌었다. 셋째, 모든 전투에서 뛰어난 지략을 발휘하려 혁혁한 무공을 세웠다. 무엇보다도 중요한 것은 개국 이후에도 그는 자신의 주장을 끝까지 관철시키며 '인仁'으로써 천하를 다스려 나갔다는 점이다.

주원장이 치국과 치민의 방법을 묻자 유기는 "백성을 살리는 길은 '관인寬仁'에 있다"는 한마디로 치국의 도리를 밝혔다. 항상 아첨을 모르는 강직한 성품을 유지했던 그는 문신의 우두머리인 이선장의 요구나 위협에 조금도 아랑곳하지 않고 어사중승의 신분으로 이선장의 친신이자 부패 관리인 이빈李彬을 죽여 조야를 뒤흔들기도 했다. 그러나 나중에 이선장의 모함을 당해낼 수 없게 되자 아예 관직을 버리고 고향으로 돌아가버렸다.

호유용은 유기가 이전에 주원장의 면전에서 자신을 폄하했던 것에 앙심을 품고 있다가 승상이 되자마자 유기의 아들을 모함하면서 동시에 유기가 왕기의 분묘를 빼앗았다고 무고했다. 유기는 집으로 돌아가 차를 음미하거나 장기를 두면서 소요하는 은둔 생활을 하고 있다가 갑자기 경사로 불려와 무고 내용에 대해 시비를 가리는 대질 신문을 받게 되었다. 결국 주원장이 그를 감싸주어 무사히 집으로 돌아오긴 했지만 화병이 생겨 1375년에 향년 65세로 세상을 떠나고 말았다.

중국 역사에 있어서 영웅이나 열사, 지사와 의인들은 많았지만 기인을 찾기는 쉽지 않다. 기인은 찾는다고 찾아지는 것이 아니라 당시에는 알아보지 못하다가 긴 세월이 흐른 뒤에야 자연스럽게 사모하게 되는 신비한 풍격을 지니고 있기 때문이다.

4장 | 형세에 따라 움직여라

18 │ 인지상정을 어겨서는 안 된다

인지상정人之常情, 즉 인간의 보편적인 윤리와 감정은 사회에서 반드시 따라야 할 삶의 규범이다. 인지상정을 어기는 것은 부자연스럽고 작위적인 행위이다. 그래서 어떤 사람의 인격을 가늠할 때에는 인지상정에 대한 그의 태도를 살피는 것이 좋은 방법이다. 중국 역사에서 이에 관한 사례는 대단히 많다.

춘추전국 시대의 오기吳起는 노나라 군주의 신임을 얻고 장군이 되기 위하여 제나라 사람인 자신의 처를 살해했다. 그러나 그는 노나라 사람들의 신임을 얻지 못했을 뿐만 아니라 그들의 질책을 받았다.

낙양자樂羊子가 위魏나라 장군이 되어 중산국中山國을 토벌할 때, 그는 위나라 문후文侯에 대한 충성을 증명하기 위해 중산국 사신의 눈 앞에서 자신이 중산국 관리를 지낼 때 얻은 아들의 고기를 씹어 먹었다. 문후는 그의 공로를 칭찬하기는 했지만 이때부터 그를 믿지 않았고 결국 그를 파면했다.

명나라 천순天順 시기에 도지휘都指揮 마량馬良은 황제의 총애를 받았다. 마량의 처가 죽었을 때, 황제가 그를 위문하러 갔을 정도였다. 그런데 마량은 벌써 몇 날 며칠을 바깥출입을 하지 않고 있었다. 황제가 그 이유를 묻자 측근이 대답했다.

"마량은 지금 혼사를 치르고 있습니다. 새로 아내를 들이는 것이지요."

황제는 매우 기분이 나빴다.

"이자가 처한테도 이렇게 박정한데 어찌 내게 충성을 바칠 수 있겠는가?"

황제는 바로 마량을 불러 곤장을 쳤고, 이때부터 그를 멀리했다.

명나라 선덕宣德 시기에 금오위金吾衛의 지사였던 부광傅廣은 스스로 거세를 한 뒤, 궁궐의 내시가 되기를 청했다. 이 말을 들은 황제가 이상히 여겨 물었다.

"부광은 이미 3품의 고관이거늘 더 뭘 하고 싶다는 것인가? 자기 몸을 해쳐 가면서 또 승관을 하고 싶다는 건가?"

황제는 사법 기관에 명을 내려 그의 죄를 다스리게 했다.

위의 군주들은 사람을 알아보는 현명함이 있었기에 화를 피할 수 있었지만 그렇지 못한 이도 있었다. 가장 대표적인 예가 제나라 환공이다. 그는 몇몇 신하들을 피하라는 관중의 말을 듣지 않아서 그만 그들의 손에 죽고 말았다.

춘추전국시대, 환공은 현명한 재상 관중의 보좌를 받아 중원의 패자가 되었다. 그래서 환공은 관중에게 매우 극진하였다. 나중에 관중이 병석에 누웠을 때, 환공이 그를 위문하러 가서 물었다.

"이렇게 병이 위중하신데 혹시 내게 당부하실 말씀이 없으시오?"

자신이 얼마 더 살지 못하리라 느낀 관중이 간곡하게 말했다.

"부디 역아, 수조, 상지무, 위공자를 멀리하시길 바랄 뿐이오."

환공은 관중의 유언을 이해할 수가 없었다.

"역아는 아들의 고기를 삶아 날 봉양한 사람이오. 이는 아들에 대한 사랑보다 나에 대한 사랑이 더 크다는 게 아니겠소? 설마 이런 사람이 믿을 만하지 않다는 말이오?"

"세상에 자기 아들을 사랑하지 않는 사람은 없습니다. 아들에게 그토록 잔인한 사람이 어떻게 군주에게 잘하겠습니까?"

"수조는 스스로 거세까지 하며 날 시중든 사람이오. 이는 그가 자기 몸보다 더 나를 아낀다는 것인데 어떻게 그를 의심할 수 있겠소?"

"세상에 자기 몸을 아끼지 않는 사람은 없습니다. 독하게 자기 몸을 훼손하는 자가 어떻게 군주에게 잘할 수 있겠습니까?"

"그렇다면 상지무는 어떻소? 그는 사람이 죽을 때를 예언할 뿐더러 지병까지 치료해줬는데 그조차 믿지 못한단 말이오?"

"태어나고 죽는 건 운명에 달렸으며 지병은 본디 신체의 약점입니다. 자기 수명을 파악하고 근본을 지키지 않으면서 오직 상지무에게 기대어 건강을 유지하는 것은 옳지 않습니다."

"마지막으로 위공자 계방은 날 시중든 지 15년이 되었소. 나를 위하여 그는 부친이 죽었을 때도 고향에 가지 않았소. 이것은 부모보다 나를 더 사랑한다는 증거인데 이런 사람을 믿지 못한단 말이오?"

"사람에게 가장 가까운 사람은 곧 부모입니다. 부모에게도 그렇게 무정한데 다른 사람에게는 어떻겠습니까?"

환공은 관중의 말에도 일리가 있다고 생각했다.

"좋소, 당신의 말에 따르겠소."

관중이 죽은 뒤에 환공은 그 네 사람을 조정에서 쫓아냈다. 그러나 그들을 몰아낸 뒤부터 환공은 통 밥맛도 없고 단잠을 이루지 못했다. 조정의 일도 할 마음이 생기지 않았으며 과거의 병까지 도져 궁궐이 온통 소란해졌다. 그렇게 3년이 흘렀고 환공은 더 이상 참을 수가 없었다.

"관중의 말은 너무 지나쳤다! 그 네 사람은 이 나라에 필요한 이들이지, 해를 끼칠 이들이 아니다!"

환공은 그들을 다시 조정으로 불러들였다.

다음 해, 환공이 병이 나자 상지무는 무술巫術을 이용하여 '환공은 모년 모일에 죽을 것이다'라는 헛소문을 지어냈다. 이어서 역아, 수조, 상지무는 서로 결탁하여 반란을 일으켰다. 그들은 환공이 머무는 궁궐문을 막고 아무도 들어오지 못하게 했다. 또한 궁궐 밖에 석 장 높이의 담을 쌓고 일절 음식물을 들여보내지 않았다. 환공을 산 채로 굶겨 죽일 작정이었다.

환공은 죽음을 눈앞에 두고 눈물을 흘리며 말했다.

"아! 내가 이런 최후를 맞이할 줄이야. 내가 멍청하여 관중의 말을 듣지 않았구나. 관중은 실로 성인이었다. 성인의 눈은 먼 훗날의 일까지 내다보는구나!"

인지상정을 통해 한 사람의 인격을 판단하는 것은 매우 효과적인 방법이다. 이것은 더 말할 나위 없이 자명한 사실이다. 문제는 어떤 경우에는 인지상정을 어기는 행위가 설득력을 얻었다는 점이다. 아들이 아버지를 고발하고 아내가 남편을 배신하는 행위가 '충성'이라는 이름으로 합리화되었던 것이다. 그리하여 호전적인 반면에 인간성이 모자란 이들이 배출되었다. 우리가 살고 있는 시대도 환공의 시대와 그리 많이 다르지 않은 듯하다. 오늘날 인간의 보편적인 감정과 보편적인 이치, 보편적인 덕을 중시하는 사람이 과연 몇 명이나 있을까?

다만 주의해야 할 점은 인지상정을 중시하는 것과, 대의를 위해 천륜을 저버리는 것이 서로 모순되지 않을 경우도 있다는 사실이다. 더 나아가, 대의를 위해 천륜을 외면함으로써 인지상정을 고도로 승화시킬 수도 있다. 이것은 곧 인간의 보편적인 감정을 국가, 민족, 진리의 경지로 승화시키는 경우를 말한다.

19 | 용은 바다로
호랑이는 산으로 돌려보내라

'천시天時, 지리地利, 인화人和'는 어떤 일을 결정짓는 핵심적인 세 가지 요소로 간주된다.

'천시'란 사회의 다양한 요소들의 집합으로써 사물의 총체적인 추세를 말하는데, 이 추세를 잘 파악하고 이용하는 자만이 성공을 거둘 수 있다. '지리'란 당사자가 처한 구체적인 위치라고 이해할 수 있는데, 이는 당사자가 취하는 구체적인 형식과 방법, 시간을 말한다. '인화'란 인간관계를 가리키는 것인데, 특히 인심을 얻고 있는가 여부에 초점이 맞추어진다. 이 세 가지 요소 중에서 '지리'는 개인적인 노력으로 개선하거나 취득할 수 있으며, '인화'는 노력을 통해서 수습하고 조절할 수 있다. 오직 천시만이 가장 얻기 어려운 요소인데, 평소에 만나기도 힘들 뿐더러 심지어 100년이 지나도 만나기 힘든 것이라서

'천재일우'라는 용어까지 등장했을 정도이다. 일단 천시가 나타나면 수많은 영웅들이 그것을 얻으려고 다투기 때문에 천시야말로 가장 중요한 요소이다. 천시와 지리를 동시에 얻고 인화를 차지하는 자는 성공을 이루게 된다.

앞에서 말했던 몇몇 개국 황제들을 살펴보면 누구 하나 천시를 얻지 못한 자가 없었다. 천시와 지리와 인화를 얻은 임금은 지혜와 용기가 모두 초인적인 사람이었으며, 시세의 흐름에 부합하는 개국의 황제였다.

칭기즈칸은 오로지 활시위를 당겨서 독수리를 쏘는 것밖에 할 줄 몰랐다고들 말하지만, 그가 몽골의 각 부족을 통일할 때는 서하가 쇠퇴하고 금나라 역시 부패하기 시작할 때였으니 가히 '천시'를 얻었다고 할 수 있다. 게다가 칭기즈칸의 능력과 야망은 몽골군으로 하여금 끝내 서하를 멸망시키고 전 유럽 대륙을 휩쓸게 만들었다. 당시의 위풍은 오늘날 돌이켜보아도 사람을 흥분시킨다.

칭기즈칸은 후손들에게 아주 훌륭한 기업基業을 남겨주었다. 그는 아들 넷을 두었는데, 큰아들 조치術赤와 둘째아들 차가다이察合臺, 셋째아들 우구데이窩闊臺, 막내 툴루이拖雷였다. 칭기즈칸이 죽은 후 우구데이칸窩闊臺汗, 구유크칸貴由汗, 몽케칸蒙哥汗을 거쳐서 쿠빌라이忽必烈에게 기업이 전해졌다.

1241년부터 1251년에 이르기까지 몽골의 정치는 혼란에 빠졌고, 백성들은 도탄에 허덕였다. 우구데이가 죽은 후 황후 투루게네乃馬眞가 섭정을 했는데, 부하들은 그녀의 통제를 받기 싫어했다. 1246년 우구데이의 큰아들 귀유가 즉위했지만 얼마 지나지 않아 '서순西巡'도중에 죽었다. 그 뒤로는 칭기즈칸의 막내아들 툴루이 계열의 여러 왕들과 셋째아들 우구데이 계열의 여러 왕들이 정권을 다투었는데, 몽골은 이 때문에 '3년 동안 임금이 없는' 나날을 보냈다. 1251년 툴루이의 장자 몽케가 왕위를 계승하면서 툴루이 계열이 권력을 장악했다. 툴루이의 차남 쿠빌라이는 형 몽케의 통치하에서 잠번潛藩의 시절을 보냈다.

쿠빌라이의 모친은 한족 문화를 깊이 이해하고 있었으며, 쿠빌라이도 모친의 영향을 받아서 어릴 때부터 한족 문화에 깊은 흥미를 갖고 있었다. 청년기에 접어들면서 그는 '천하를 소유하겠다'는 생각을 갖기 시작했다. 1242년 쿠빌라이는 당시의 유명한 선사禪師를 관저에 모셨는데, 선에 대한 내용을 묻지 않고 오히려 나라를 다스리는 것에 대해 물었다.

"불법에 천하를 안정시키는 방법이 있습니까?"

"나라를 다스리고 천하를 안정시키려면 현자와 유학의 석학들을 찾아야 합니다. 불교에 이러한 인재가 있다고 하지만 마음에 들지 않을 수 있을 것입니다."

그러고 나서 선사는 쿠빌라이에게 유병충劉秉忠을 추천했다. 유병충은 재능과 학식을 모두 겸비한 사람이어서 쿠빌라이의 마음에 쏙 들었다. 쿠빌라이는 또한 유명한 유학자 조벽趙壁을 얻게 되었다. 쿠빌라이는 청년 시기에 이미 중원의 문화를 지향했는데, 이는 나중에 정치인이 되기 위한 훌륭한 토대가 되었다.

당시 몽골 사람들은 황하 유역과 양자강 이남의 넓은 지역을 점령하고 있었지만, '한지漢地는 다스리기 어려워서' 몽골군이 천하를 차지하는 후방의 근거지로 삼을 수 없었다.

장자 몽케는 왕위에 오른 후에 쿠빌라이의 탁월한 재능을 인정하지 않을 수 없었기 때문에 1251년 6월에 쿠빌라이로 하여금 한지의 군사와 정부를 총괄하도록 했다. 쿠빌라이는 속으로 은근히 기뻤다. 그에게는 용을 바다로 보내고 호랑이를 산으로 돌려보내는 것과 같았기 때문이다. 그는 즉시 연회를 베풀어서 이 일을 축하하려고 했으나, 유명한 유학자 요추姚樞가 쿠빌라이에게 속마음을 너무 드러내지 말라고 귀띔했다. 그의 말에 쿠빌라이는 깜짝 놀라서 급히 연회를 취소했다.

1252년 쿠빌라이는 번부藩付를 환주桓州로 옮기고 그곳에 막부를 설치한 후 나라를 다스리고 세상을 안정시킬 한족 지식인을 널리 구했다. 상당한 노력 끝에 그는 한족 지식인들을 위주로 하는 고문 집단을 조직했다. 이 기간 동안 그는 '인재를 선발하고, 탐관오리를 제거하고, 청렴한 정치를 하고, 농업과 양잠업을 권장해서 백성을 부유하게 만드는' 등 백성들에게 유익한 조치를 많이 취했다.

그해 6월 몽케는 남성을 완벽히 포위를 하기 위해 쿠빌라이를 대리大理로 출정시키고, 자신은 요추와 유병충 등을 거느리고 그 뒤를 따랐다. 12월에 그는 황하를 건너서 섬서를 거쳐 육반산六盤山을 지난 후에 요추에게 관농關籠 지역을 관할하도록 했다. 요추는 그곳에서 농업과 양잠업을 권장하고 학교를 세우는 등 풍성한 형세를 이루었는데, 이는 쿠빌라이의 남하를 위해 중요한 보급로가 되었으며, 쿠빌라이에게 한법漢法의 효력을 보여주었다.

한편 쿠빌라이는 군대를 세 갈래로 나누어 남하했다. 그는 2000여 리 산길을 걸으면서 군졸들과 함께 짐을 메고 행군했다. 마침내 대리

성을 공략해서 대리의 국왕 단흥지段興智와 대장 고상高祥 등을 제거한 후에 장수 우량카다이兀良合를 그곳에 주둔시키고 1254년 가을에 난하의 원래 주둔지로 돌아왔다. 쿠빌라이는 이번 남정南征에서 대도하大渡河, 대설산大雪山, 금사강金沙江을 건넘으로써 군사사軍事史의 한 페이지를 작성했다.

쿠빌라이는 군사적으로 거대한 업적을 쌓았을 뿐만 아니라 중원을 다스리는 면에서도 현저한 성과를 거두었는데, 그는 한족과 몽골족 내에서도 높은 위신을 누리게 되었다. 그는 한법으로 하남과 섬서 일대를 다스렸기 때문에 몽골족과 서역 상인들의 이익에 손상을 주었을 뿐만 아니라 심지어 몽케의 세금 수입에까지 누를 끼쳤다. 그 결과 쿠빌라이가 다른 마음을 품고 스스로 왕이 되려고 한다는 소문이 퍼지게 되었다.

1257년 몽케는 쿠빌라이의 군권을 박탈하고, 일부 심복들을 보내서 섬서 일대의 돈과 양식을 상납하도록 독촉했다. 쿠빌라이의 부하들에게는 여러 죄명을 씌워 박해했는데, 이 위기 상황에서 쿠빌라이가 조금만 잘못하면 모든 것이 끝장날 판국이었다. 요추 등의 권고로 쿠빌라이는 아내와 자녀들을 몽케에게 인질로 보내는 것으로서 자신의 결백을 증명하고자 했다. 그해 가을 쿠빌라이는 직접 몽케를 찾아가 그 동안의 오해를 풀고 화해했다.

남송을 멸망시켜 전국을 통일하겠다는 생각에서 몽케는 쿠빌라이에게 다시 군권을 넘겨주었다. 1258년 2월 몽케는 출정을 결심했다. 그는 어린 동생 아릭부케阿里不哥에게 카라코룸和林을 지키도록 하고, 친히 서로군西路軍을 이끌고 사천으로 진출하는 한편 타가차르塔察兒

와 장유에게 중로군中路軍을 이끌고 장강의 중류 지역으로 진출할 것을 명했다. 쿠빌라이에게는 동로군東路軍을 이끌고 황주 일대를 공격하도록 한 뒤, 대리에 주둔하고 있던 우량카다이에게는 남송의 남쪽에서 공격할 것을 명했다.

이와 같이 남북에서 남송을 포위하는 형세를 이루게 되었을 때 몽케의 군대는 사천의 조어성釣魚城을 공격하기 시작했다. 이 성곽은 산 위에 세워진 것이어서 공격하기가 아주 어려웠는데, 몽케는 직접 앞장서서 공격하다가 중상을 입고 얼마 후에 죽었다.

몽케가 전사했다는 소식은 쿠빌라이와 화림을 지키고 있던 아릭부케에게도 전해졌다. 아릭부케는 후방을 지키고 있었기 때문에 주도권을 잡기가 용이해 일부 부하들의 계획하에 왕위를 계승할 준비에 착수했다. 그러나 아릭부케는 모든 면에서 쿠빌라이에게 미치지 못했다. 그래서 쿠빌라이가 왕위를 탈취하는 것을 사전에 막기 위해 비밀리에 군대를 움직여 쿠빌라이를 저격하려고 했다.

쿠빌라이는 이 일을 처리하기 위해 부하들의 의견을 청취했다. 이때 학경郝經이 「반사의班師議」를 올려 말했다.

"응당 먼저 남송과 비밀리에 화해한 뒤에 귀로에 올라야지, 그렇지 않으면 아릭부케가 일단 몽케의 유서가 있다고 떠들면 설사 강한 군사력이 있다고 해도 되돌아가기 어렵습니다. 따라서 지금은 우선 사람을 보내서 몽케의 영구를 실은 수레를 막고 황제의 옥새를 탈취한 후에 여러 형제들과 왕들에게 통지하여 함께 몽케를 매장해야 합니다. 그리고 무장한 기병을 거느리고 주야로 연도로 가서 중원 일대의 형세를 안정시켜야 합니다."

쿠빌라이는 남송과 협의를 맺은 후에 군대를 이끌고 급히 북으로 귀환했다.

연경에 도착하자 톡리치脫里赤가 군대를 조련시키고 있었다. 톡리치는 선왕의 명이라고 했지만, 쿠빌라이는 여기에서 아릭부케의 진정한 의도를 알 수 있었다. 그는 톡리치의 군대를 해산시킨 후에 몽케의 장례를 치르자는 아릭부케의 통지를 무시한 채 군대를 이끌고 개평으로 향했다. 대다수 왕과 제후들의 지지를 얻은 쿠빌라이는 한발 앞서서 황제의 지위에 올랐다.

소위 '먼저 기선을 제압한' 것인데, 아릭부케는 쿠빌라이가 스스로 황제로 칭하자 급히 대신과 여러 왕들을 모아놓고 자신도 황제로 칭했다. 그러나 속담에 "한 솥에 양 머리를 두 개를 삶을 수 없다"라고 했듯이, 두 형제는 불가피하게 전쟁을 벌일 수밖에 없었다. 쿠빌라이는 지지하는 왕들도 비교적 많았고 군사력도 강했을 뿐만 아니라 정치적인 능력과 경험도 아릭부케보다 훨씬 풍부했으며, 더욱이 이미 넓은 지역을 점령하여 중원 지역에 공고한 근거지를 확보하고 있었다. 1264년 7월 아릭부케는 전혀 가망이 없음을 깨닫고 쿠빌라이를 찾아가 귀순할 뜻을 밝혔다. 쿠빌라이가 물었다.

"양심적으로 말해서 우리 둘 중 누가 황제의 지위를 계승해야 하는가?"

"원칙대로 한다면 제가 왕위를 계승하는 것이 마땅하지요. 그러나 지금은 당신이 계승해야 맞소."

말하자면 쿠빌라이의 승리는 인정하지만, 쿠빌라이의 계승이 옳다는 말은 할 수 없다는 뜻이다. 쿠빌라이는 그 말을 듣고 크게 웃으면서 칭기즈칸의 자손은 모두 사면하고 그 밖에 반란에 참여한 사람은 처형할 것을 명했다.

황제의 지위에 오른 쿠빌라이는 적극적으로 한법漢法을 실행했다. 그는 즉위식에서 공개적으로 칭기즈칸의 50여 년 업적을 평하면서 "무공을 여러 차례 세웠지만, 문치文治는 부족한 점이 많다"라고 말했다. 그리고 한법을 실행해야만 오랫동안 치안을 유지할 수 있다고 하면서 한법의 실행을 첫째 자리에 놓았다. 그가 실행했던 한법은 주로 다음과 같다.

첫째, 농업 발전을 격려했다. 이 정책은 유목 민족의 습관을 변화시키는 동시에 한족의 민심을 안정시켜서 사회의 발전을 촉진시켰다. 10여 년 후 그의 조치는 아주 훌륭한 성과를 거두었는데, 파괴당했던 중원 지역의 농업 생산이 회복되었다.

둘째, 한족 문화의 주도적 지위를 인정했다. 그는 관학官學을 설립해서 몽골의 귀족 자제들에게 한족의 문화를 교육했다. 뛰어난 학자들을 예우하고 많은 한족 지식인들을 관리로 임명했으며, 1267년에는 상도上都에 공자 묘를 재건해서 친히 제사를 지내기도 했다. 이러한 조치는 한족의 호감과 신뢰를 얻는 데 중요한 역할을 했으며, 한족의 민심을 안정시키는 데도 큰 도움이 되었다.

셋째, 중앙집권제라는 통치 제도를 확립하고 완벽한 국가 기구를 설립했다. 과거 몽골에도 나름대로의 국가 기구는 있었지만, 너무나 간단해서 군사 작전에만 유리할 뿐 복잡한 국가 관리에는 적용하기 어려웠다. 그의 조치는 한족의 마음과 잘 맞았는데, 한족은 이때부터 자신들이 이민족의 통치하에 있다고 느끼지 않게 되었다.

넷째, 국호 연호 제도를 도입했다. 1264년 8월 아릭부케가 귀순한 후 쿠빌라이는 연호를 '지원至元'이라 칭하고, '대몽고大蒙古'라는 국호를 '대원大元'으로 개칭했다.

쿠빌라이는 원元의 세조世祖로서 진정한 개국 황제가 되었다. 그가 한족의 제도를 시행하고 있을 때, 산동 회남의 행정장관 이탄李壇이 반란을 일으켰다. 이탄은 산동 일대에서 30여 년간 할거하던 사람으로서 군사력이 강할 뿐만 아니라 뿌리도 아주 깊었다. 대략 반년 동안 전쟁을 벌인 후에 쿠빌라이는 비로소 반란을 진압할 수 있었다. 그는 이탄의 반란에서 많은 교훈을 얻었는데, 이후 효과적인 방어 조치를 취해서 한족들이 반란을 일으키지 못하도록 했다.

쿠빌라이에게 이제 남은 문제는 남송을 제거하는 것이었다. 몽케가 남송을 없애려고 나섰을 때, 남송은 장강 유역의 험난한 곳에 세 개의 방어 구역을 설치하고 있었다. 상류의 중경 일대, 중류의 양양 일대, 하류의 건강 일대인데, 이 세 구역은 서로 조응할 수 있도록 되어 있었기 때문에 몽케는 세 갈래로 나눠서 공격하는 방법을 택했던 것이다. 쿠빌라이는 남송에서 귀순한 장수 유정劉整의 제안을 받아들여서 양양에서 악주 방향으로 공격하기 시작했다.

양양을 수비하고 있던 장수 여문환呂文煥은 악착스럽게 성곽을 지키면서 물러서지 않았다. 사상자가 부지기수로 나오고 양식도 거의 떨어졌지만, 남송의 간신 가사도賈似道는 권력을 농단하느라 구원병을 보낼 생각조차 하지 않았다. 여문환은 어쩔 수 없이 성문을 나서서 투항할 수밖에 없었다. 양양은 포위된 지 5년 만에 함락되었는데, 이는 몽골군이 전쟁에 나선 이래로 가장 애를 먹은 성곽이었다.

원나라 군사가 계속해서 승전을 거두자, 1275년 가사도는 어쩔 수 없이 친히 10만 정예군을 거느리고 무호蕪湖로 나갔다. 그러나 그는 싸울 생각은 하지 않고 원나라 승상 바이얀佰顔에게 화해를 구걸했다. 그러나 바이얀은 가사도가 지난번에 화해 각서를 찢어버린 일을 떠올리면서 화해를 허락하지 않았다. 오히려 더욱 맹렬한 공격으로 가사도를 대했다. 결국 가사도는 작은 배를 타고 임안으로 도주했으며, 송나라 군사는 일대 혼란에 빠지게 되었을 뿐만 아니라 군사들도 뿔뿔이 흩어졌다. 이 패배로 가사도의 행실은 민중의 분노를 사게 되었고, 조정에서는 그에게 귀양 처분을 내렸다. 귀양지로 가는 길에 가사도는 압송하던 관리에 의해 화장실에서 맞아 죽었다.

그 후 원나라 군사는 세 길로 나뉘어 세찬 기세로 남하했고, 남송은 저항할 힘을 완전히 상실한 채 끊임없이 화해를 구걸했다. 남송은 원나라의 속국이 되어서 공물을 바칠 것을 약속했으나, 원나라는 허락하지 않았다. 원나라가 기어코 남송을 없애고자 한다는 것을 알게 된 송 공제恭帝는 어쩔 수 없이 귀순하고 말았다. 1276년 5월 원나라 사람들은 공제를 수도로 압송했고, 쿠빌라이는 송 공제의 제호를 폐지하고 영국공瀛國公으로 봉했다.

송 단종端宗이 즉위하자, 원나라는 그를 바다의 섬으로 추방했다. 육수부陸秀夫 등 대신들이 다시 여덟 살인 조예趙藝를 왕위에 올렸으나, 역시 원나라 군사에 포위되어서 꼼짝달싹할 수가 없었다. 육수부는 모욕을 당하지 않으려고 어린 왕을 등에 업고 바다에 뛰어들어 자살했다.

이리하여 남송은 쿠빌라이에 의해 멸망하고 말았다.

쿠빌라이가 만년에 시행한 정책은 그의 탐욕과 잔인한 면모를 그대로 드러냈는데, 무력을 마구 사용한 것에서 더욱 두드러지게 나타났다. 그는 무력으로 주변의 이웃 나라인 고려, 일본, 안남安南, 면전緬甸 등과 전쟁을 치렀는데, 이러한 무력행사는 그가 세상을 떠날 때까지 계속되었다. 이와 같이 무의미한 전쟁에서 쿠빌라이가 살상과 약탈을 즐기는 옛 유목 민족의 특성을 지니고 있었음을 알 수 있다.

쿠빌라이는 이 밖에도 변방에 있는 여러 왕족들의 반란을 모두 평정해서 원나라의 천하 통일을 확고히 했다. 1294년 쿠빌라이는 죽으면서 황제의 지위를 황손인 테무르鐵木爾에게 전해주었는데, 그가 바로 원 성종成宗이다.

쿠빌라이는 지혜와 용기가 다른 사람보다 뛰어났다. 이는 한족의 문화를 흠모해서 뛰어난 정책을 시행한 것으로 나타났다. 칭기즈칸의 통치 방식으로 중원과 강남 지역을 다스리려고 했다면, 적어도 수십 년 동안은 쉽게 안정을 찾을 수 없었을 것이다. 다른 한편 그는 뛰어난 군사 전략가라고 할 수 있는데, 계책과 지모에 능했을 뿐만 아니라 온갖 전투에서 앞장서서 돌격했다. 중국 역사에서 이와 같이 문무를 겸비한 황제는 그다지 많지 않았다.

쿠빌라이는 세상의 전체적인 흐름을 파악하고 이용하는 데도 아주 탁월했는데, 특히 '천시', '지리', '인화'의 세 방면을 정확히 이용했다. 몽케가 전사한 후에 몽골에서는 새로운 왕을 추대하려고 했다. 한족의 제도를 실행해서 유목 민족의 단점을 완전히 바꿀 수 있는 새로운 임금이 필요했는데, 이는 '천시'로서 쿠빌라이에게 매우 유리한 것이었다. 쿠빌라이는 당시 많은 군사를 거느리고서 중원과 관롱 일대에 확

고한 근거지를 확보했는데, 이는 '지리'였다. 다음에 그는 많은 왕공王
公들의 지지를 얻었고 지모와 결단성이 있는 신하들을 데리고 있었는
데, 이는 '인화'였다. 이 세 가지 방면을 모두 차지한 원 세조는 실로
시세時勢를 타고났다고 할 수 있다.

웅재는 나라를 열고
영재는 권력을 지킨다

나라를 연다는 것은 결코 쉬운 일이 아니지만 개국을 했다고 해서 권력을 계속 지킬 수 있는 것도 아니다. 때로는 정권을 지키는 것이 나라를 여는 것보다 어려울 때가 있다. 중국의 봉건시대에는 괴상한 정권들이 많았다. 환관 정권이 있었는가 하면 외척 정권도 있었다. 이처럼 일성―姓의 정권을 오래 지켜간다는 것은 힘든 일이었다.

"황제는 돌아가면서 하는 것이니 내년엔 내 차례이다." 중국인들은 대단히 개방적이고 자유로워 생각하지 못하는 바가 없고, 하지 못하는 일이 없다. 수많은 서구 국가의 왕실들이 짧게는 400~500년에서 길게는 1000년까지 유지됐던 사실은 중국인들에게는 상상조차 할 수 없는 일이었다. 중국인들은 누구나 천지개벽의 꿈을 꾸었고, 실제로 적지 않은 사람들이 이러한 생각을 실천으로 옮겼다. 그렇지 않았더라면 중국 역사에 그렇게 많은 왕조가 존재하진 않았을 것이다.

그러나 나라를 세우는 데는 일정한 법칙이 있다. 중국 역사에 나타난 수많은 권력의 전환에서 우리는 "처음 기병한 사람은 성공하기 어렵고, 나중에 계승한 사람이 대업을 완성한다"라는 일정한 법칙을 발견할 수 있다.

중국 역사상 최초의 농민봉기는 진승陳勝과 오광吳廣의 난이었다. 이들은 세력이 막강했음에도 불구하고 아주 짧은 시간에 진군秦軍에 진압되어 황천길을 재촉하고 말았다. 진승과 오광이 일으킨 회오리바람 속에서 항우와 유방이 각자 대오를 갖춰 진군에 대항하는 과정에서 민중의 역량이 강대해졌고, 결국 진 왕조를 멸망시킬 수 있었고, 나중에 초한 전쟁에서 유방이 항우를 제압함으로써 서한 왕조를 수립할 수 있었다. 수 왕조에 대항한 농민 기의에서도 적양翟讓과 이밀李密이 와강군을 영도했고 두건덕은 하夏나라를 세웠으며 두복위杜伏威 등도 강대한 기의군을 이끌고 있었다. 그러나 이 세 지대의 병력은 끝내 천하를 얻지 못했고 나중에 수에 대항하여 일어난 관롱의 귀족 이연, 이세민 부자가 농민 봉기군을 진압하는 동시에 수 왕조를 전복시키고 당 왕조를 세우게 되었다. 원나라의 개국도 이와 마찬가지였다. 칭기즈칸은 웅재와 대략을 갖춘 인물이긴 하지만 몽고의 각 부족을 통일하여 대한大汗의 칭호를 얻는 데 그쳤고, 손자 쿠빌라이가 금金과 남송南宋을 멸하고 중원을 통일했다. 명나라가 개국한 양상도 한이나 당 왕조의 건립과 비슷했다. 한산동韓山童과 유복통劉福通이 먼저 기의하여 광대한 홍건군紅巾軍 조직으로 원조를 뒤흔들었지만 얼마 못 가 패망하고 말았고, 오히려 그 부하였던 주원장이 기의군을 이끌고 온갖 난관을 극복하면서 원조를 전복시키는 동시에 진우량의 기의군 지대를 괴멸시킴으로써 마침내 대명제국을 세울 수 있었던 것이다. 또한 청 왕조의 건립은 원 왕조의 건립과 유사한 양상을 보였다. 청조의 기반을 닦은 누르하치努爾哈赤도 칭기즈칸처럼 각 부족을 통일하여 청 태조로 불리긴 했지만 전국을 통일하진 못했다. 청조의 진정한 창립자는 그의 후대였다. 사실, 한 왕조를 서한과 동한 두 개의 왕조로 구분한다 해도 두 왕조 모두 똑같은 전철을 밟고 있음을 알 수 있다. 서한 말년, 녹림綠林과 적미赤眉 기의군이 왕망王莽의 대군을 섬멸했지만 최후의 승자는 처음 봉기했던 왕광王匡이나 왕봉王鳳, 번숭樊崇 등이 아니라 이들을 뒤쫓아 봉기했던 한실의 종친이자 남양南陽의 호문 지주인 유수劉秀였다. 나중에 유수는 세력을 키워 기의군을 완전히 섬멸하고 다시 한 왕조를 세워 이를 동한이라 했던 것이다.

이렇게 따져보면 고대 중국의 수많은 왕조 가운데 절반이 이런 방식으로 세워졌음을 알 수 있다. 왜 먼저 봉기한 사람들은 실패하고 그 뒤를 잇는 사람들이 성공하게 되는 것일까? 원인은 간단하다. 처음 봉기하는 사람들은 대부분 기세는 대단하지만 영재가 부족하기 때문이다. 첫째, 봉기하는 사람들은 기존의 왕조에 맹렬한 타격을 가하긴 하지만, 그런 기세를 오래 유지하지 못해 기의의 대오가 분산되었다가 다시 조직되는 과정을 거치게 된다. 둘째, 처음 봉기하는 사람들은 대부분 정치적인 안목이 부족하여 용맹함과 혈기로 밀어붙일 줄만 알았지 취사선택의 과정이 결여되어 있고 경험도 부족하기 때문에 쉽게 패망할 수밖에 없다. 반대로 이들의 봉기를 계승하는 사람들에게는 세 가지 이점이 있다. 첫째, 구 왕조가 이미 타격을 받아 매우 약해져 있는 상태이기 때문에 힘 안 들이고 공격할 수 있다. 둘째, 처음 봉기한 사람들의 경험을 이어받아 불필요한 실수를 반복하지 않는다. 셋째, 영도자가 장기간의 투쟁으로 단련되어 있고 웅재와 영재의 품격을 동시에 구비하고 있다. 이런 이유 때문에 쉽게 성공할 수 있는 것이다.

그렇다면 개국 황제에게 있어서 가장 중요한 일은 무엇일까? 두 말할 것도 없이 왕권을 고수하는 것이다. 권력의 고수가 바로 개국황제들의 생명인 것이다. 개국 황제들이 다음에 왕권을 계승하는 황제들보다 권력 장악에 힘써야 하는 이유는 무엇인가? 이 문제도 이유가 아주 간단하다. 첫째, 개국 초기에는 갖가지 유형과 성향의 인물들이 정권 수립의 대오에 밀려 들어오기 때문에 지향이 다른 인물들이 조금씩 세력을 키워 다른 방향으로 정국을 유도하거나 모반을 획책할 수 있다. 둘째, 개국 과정에서 적지 않은 사람들이 병권을 장악하게 되고 무공과 위망을 바탕으로 군주의 자리를 넘볼 수 있기 때문에 이들을 주살하지 않을 경우에는 큰 화근이 될 수도 있다. 셋째, 장기적인 계획을 갖고 자손에게 정권을 물려주는 문제도 염두에 두어야 한다. 이 점에 대해 주원장의 '가시 몽둥이' 비유는 매우 의미심장하다고 할 수 있다. 주원장이 개국공신인 이선장에게 사약을 내리려 하자 태자 주표朱標가 간언을 올렸다.

"황부께선 사람들을 너무 많이 죽이고 계신데, 이런 조치들이 조정의 조화로운 기풍을 해치지 않을까 걱정됩니다."

주원장은 이 말을 듣고도 그 자리에선 아무런 대꾸도 하지 않았다. 다음 날, 그는 태자를 불러 가시가 가득 박힌 몽둥이를 땅바닥에 내려놓고 이를 태자에게 집어 들라고 명했다. 태자가 머뭇거리며 난색을 보이자 주원장이 말했다.

"가시 몽둥이를 집어 들라 했는데 왜 머뭇거리고만 있는 게냐? 손에 가시가 박힐 것이 두려워 그러는 게냐? 가시를 전부 제거하면 아무 두려움 없이 들 수 있겠느냐? 짐이 지금 공신들을 대거 주살하는 것도 네가 가시를 두려워하는 것과 다를 바 없다. 이래도 황부의 속마음을 헤아리지 못하겠느냐?"

그러자 태자는 책밖에 모르는 서생처럼 엉뚱한 대답을 했다.

"위에 요순 같은 군주가 있어야 아래에 요순의 백성들이 있게 되는 법이지요!"

이 말은 주원장이 매우 어리석은 군주라는 말과 다름없었다. 대로한 주원장은 서안을 집어 들어 태자를 향해 내려쳤다.

중국 역사에서 권력을 공고히 하기 위해 사람들을 가장 많이 죽인 군주는 명 태조인 주원장일 것이다. 주원장은 남당藍黨과 호당胡黨의 대옥大獄을 일으켜 수만 명을 죽였고, 그 과정에서 적지 않은 개국 공신들도 무차별하게 희생되었다. 덕분에 이성異姓 왕의 모반은 피할 수 있었지만 골육상잔을 피하지는 못했다. 연왕 주체가 기병하여 모반을 일으킴으로써 건문제의 왕권을 찬탈하고 친족을 무자비하게 죽였던 일은 역사에 전례가 없는 일이었다.

역사는 결코 길들여진 말이 아니다. 주원장처럼 공신들을 대거 주살하고도 정권을 오래 유지하지 못한 군주가 있는가 하면, 동한 광무제 유수처럼 '부드러움으로 나라를 다스린' 군주도 있었다. 그는 개국 공신들을 주살하는 대신 이들과 혼인을 통해 결친함으로써 정권을 안정시키려 했다. 그러나 치마폭으로는 왕성한 정권욕을 막아내지 못해 외척과 환관들이 권력을 농간하는 폐단을 낳았다. 그렇다면 죽이지도 않고 결친하지도 않으면서 중용의 도를 추구하는 방법은 없었을까? 중국의 역대 왕조 가운데 이런 방법을 시도했던 군주도 적지 않았지만 대부분 성공을 거두지는 못했다. 그렇다면 결국 주살과 혼란을 피할 방법은 없었던 것일까? 역사는 피와 '가시 몽둥이'로만 이루어진 것일까? 맹자는 "인의가 행해져야 천하를 얻어 보전할 수 있다"라고 말한 바 있지만 중국 역사에서 이 천고의 진리가 실천된 사례가 얼마나 될까?

21 상대의 약점과
주변의 조건을 이용하라

한나라 말, 조조가 북방 지역을 통일하기는 했으나 남방 지역은 여전히 손권의 수중에 있었고 유비도 천하를 나눠 가질 요량으로 기회를 엿보고 있었다. 그래서 조조는 유비가 아직 세력 기반을 확립하지 못하고 손권의 힘이 그다지 강하지 않을 때 강남 지역을 일거에 평정하고자 했다. 이것이 적벽대전의 동기였다.

소설 『삼국지연의』에서 묘사하고 있는 적벽대전은 수많은 이야기들로 이루어져 있다. 계략에 빠진 장수를 비롯하여 연환계連環計와 고육계苦肉計, 동풍東風의 힘을 빌린 일 등 적벽대전을 승리로 이끈 일련의 계책들이 망라되고 있는 것이다. 실제 역사에는 소설에 묘사된 것처럼 풍부한 희극성은 없지만 기본적인 사실은 확실히 소설의 내용과 일치하고 있다.

건안 13년(208년) 봄, 조조가 오환烏丸 정벌을 승리로 마무리하고 돌아오자 그해 6월, 한 조정은 조조를 승상으로 임명했다. 7월이 되자 조조는 형주를 공략하기로 목표를 바꿨다. 형주목이었던 유표가 막 병사하고 유표의 아들 유종이 조조에게 투항하자 유비의 부대는 하구夏口까지 퇴각했다.

이에 제갈량은 유비에게 손권과 연합하여 조조에게 대항할 것을 건의했다. 당시 손권은 대군을 이끌고 시상柴桑에 머물면서 조조와 유비의 싸움을 눈여겨보고 있었다. 조조는 유비의 형주군을 집어삼키고 난 이후로 기세가 높아져 80만 수군으로 손권과 겨뤄보겠다고 호언했고 손권은 이해득실을 따져보고 나서 유비와 연합하는 데 동의했다.

이에 손권은 주유周瑜와 정보程普를 좌우 도독으로 삼고 우선 각각 만 명의 군사를 이끌고 삼강三江 입구로 가서 현지에서 군사를 더 모으고 군량과 배, 무기 등을 조달하게 했다.

당시 조조의 군대에는 역병이 돌아 이미 수많은 병사들이 전투 능력을 상실한 상태였다. 때문에 양군이 적벽에서 한 차례 교전을 치르고 나서 조조의 군대는 대패하여 강북으로 후퇴할 수밖에 없었다. 조조의 군대는 강 북쪽에 진을 치고 주유의 군대는 남쪽에 진영을 꾸려 양군이 강을 사이에 두고 서로 대치하게 되었다.

양군의 팽팽한 대치는 여러 날 동안 계속되었다. 주유 휘하의 부장 황개黃蓋는 조조가 잠시 강북으로 물러나 있지만 아직은 세력이 강하기 때문에 계책을 세워 물리쳐야 한다고 판단하고 매일 강 언덕에 올라가 조조군의 동정을 살폈다. 그러다가 문득 조조군의 전함들이 모두 하나로 연결되어 있다는 사실을 발견하게 되었다. 순간 마음속에 한

가지 계책이 떠오른 그는 즉시 주유에게 달려가 알렸다.

마침 주유와 장수들이 조조군을 격퇴시킬 방법을 상의하고 있는 중이었다. 황개가 주유에게 자신의 생각을 말했다.

"현재 힘으로만 비교해 본다면 조조군이 우세하기 때문에 조조의 군대와 장기간 대치하기는 어려울 것입니다. 오늘 조조군의 동정을 살피다가 우연히 그들의 전함이 전부 앞뒤로 서로 연결되어 있는 것을 발견했습니다. 이는 분명 조조의 병사 대부분이 중원 지역에서 온 터라 수전에 익숙하지 않은 까닭일 것입니다. 따라서 화공법으로 적의 함선을 불태운다면 조조군을 쉽게 격파할 수 있을 것입니다."

주유는 그의 말을 듣고 충분히 일리가 있다고 여기고는 이를 기초로 여러 가지 묘책을 내놓았다. 그리하여 이들은 함께 머리를 짜내 세심하게 화공의 전술을 마련하기 시작했다.

우선 황개가 직접 나서서 조조에게 거짓으로 투항하는 편지를 보냈다.

"나 황개는 원래 손권으로부터 두터운 은혜를 입었던 사람으로 마땅히 두 마음을 품어서는 안 되는 입장이오. 그러나 지금의 형세를 보면 강동 육군의 병력으로 승상의 100만 정병에 대항하고 있으니 이 어찌 계란으로 바위 치기가 아니겠소이까? 게다가 동오의 장수들은 어리석고, 주유는 비록 재주는 있으나 마음속에 잘못된 고집이 가득 차 있으니 실로 마음속의 한을 풀 길이 없소이다. 일찍이 승상께서는 모든 사람을 받아들이는 겸허함을 갖추고 있고 모든 사람들을 진심으로 대한다고 들었소이다. 그래서 이 황개는 이제 승상께 투항하길 원하오. 뿐만 아니라 군량과 무기도 함께 챙겨 양자강을 건너 승상께 바치겠소이다."

편지를 보내기 전에 이미 황개가 주유에게 모욕을 당했다는 소문을 조조에게 흘려놓았기 때문에 거짓 편지를 본 조조는 그 말을 그대로 믿지 않을 수 없었다. 설사 이것이 속임수라 해도 걱정할 일이 없다는 것이 조조의 배짱이었다. 자신의 병력이 훨씬 더 우세하기 때문에 황개가 거짓으로 투항하더라도 크게 문제될 것이 없다고 판단했던 것이다. 조조가 사자에게 말했다.

"황개가 강을 건너오기 전에 그에게 소식을 전해라. 그가 정말로 내게 투항한다면 내가 그에게 최고의 관작을 상으로 내릴 것이라고 말이다."

황개는 서둘러 수십 척의 배를 골라 장작을 가득 실은 다음 그 위에 기름을 붓고 다시 천막으로 덮었다. 그리고 모든 배에 '황黃'자가 새겨진 큰 깃발을 꽂아놓았다. 큰 함선 뒤에는 또 날렵하고 작은 배들을 줄줄이 연결해두었다. 황개는 함대를 이끌고 거세게 불어오는 동남풍을 타고 강북을 향해 배를 저어갔다.

함대가 강 한가운데 이르자 황개는 즉시 돛을 올리고 병사들에게 일제히 외치도록 했다.

"투항합니다! 투항합니다!"

함선과 함선이 활시위 정도의 거리를 두고 빠르게 조조군의 진영을 향해 전진했다.

북쪽 조조의 관병들은 모두들 목을 빼고 이런 광경을 바라보면서 황개가 투항하러 오는 것에 대해 아무런 경계도 하지 않았다. 황개는 자신들의 배가 조조의 전함과 가까워진 것을 확인하고는 즉시 모든 배에 불을 붙이고 각기 배를 몰아 조조군의 함대에 불을 붙이라는 명령을 내렸다.

바람이 거세게 불고 있던 터라 큰불은 이내 강가에 세워둔 보병들의 막사까지 옮겨 붙었고, 순식간에 강가와 언덕 위에는 큰 불길이 하늘로 치솟았다.

조조군의 배는 쇠사슬로 서로 연결되어 있었기 때문에 화염 속에서 달아날 방도가 없었고 수많은 병사들이 강물 속으로 뛰어들어야 했다. 이리하여 불에 타 죽거나 익사한 병사가 부지기수였다. 진영에서 불길이 활활 타오르는데도 구할 방법이 없자 조조는 일단 남군南郡으로 퇴각하는 수밖에 없었다. 승세를 탄 유비와 주유가 다시 추격하여 조조군을 대패시켰고 조조는 조인曹仁을 남겨 강릉을 지키게 하고 자신은 혼자 북쪽으로 돌아갔다.

조조의 패인은 낯선 땅에서 전투를 벌인 데 있었다. 첫째는 수전에 익숙지 않았던 것이 문제였고, 둘째는 그 지역의 지리와 기후 조건을 잘 알지 못했으며, 셋째는 적을 가볍게 본 것이 치명적인 패인이었다. 이러한 몇 가지 요인으로 그는 전투에서 자신의 우세한 군사력을 제대로 발휘하지 못했고, 오히려 병력만 믿고 방심하여 경계를 푸는 실수를 범했던 것이다. 반면에 동오의 주유와 유비는 적은 병력으로 최선을 다해 상대의 약점과 주변의 조건을 이용하는 계책을 마련했기 때문에 열세를 우세로 전환하면서 대승을 거둘 수 있었다.

전체적으로 볼 때 조조의 용병술은 매우 치밀하고 용의주도했지만 적벽전투에서만큼은 그렇지 못했다. 자만하여 상대의 상황을 정확히 살피지 못했기 때문에 저지른 뼈아픈 과오였다.

22 | 실제 상황을
출발점으로 삼아라

다양한 장군의 풍격 가운데 최고의 경지는 역시 유장儒將이라 할 수 있다. 그 이유는 무엇일까? 문무를 겸전한 유장에게는 두 가지 장점이 상호보완적 기능을 수행하여 그만큼 충분한 인격적 매력을 갖기 때문이다. 그러나 진정한 유장이 되는 일은 그리 쉽지 않다. 중국 역사에는 스스로 유장임을 표방한 인물이 무수히 많았지만 진정한 유장이라 할 만한 인물은 극히 드물었다. 그 원인은 장수로서의 자질이 부족했기 때문이 아니라 학자로서의 인격이 불충분했기 때문이다.

그러나 진정한 의미의 유장이 전혀 없었던 것은 아니다. 명대의 대학자였던 왕수인이 이를 증명한다. 그는 우선 학자로서의 자질과 능력이 충분했고 중국 역사상 가장 큰 업적을 남긴 이학자 가운데 하나로서 문화의 거인으로 자리 잡고 있다. 또한 그는 수많은 작전에서 혁혁한 공을 세워 무장으로서의 뛰어난 능력을 보였고 황실에 대한 반란을 평정하기도 했다.

명 무종武宗 정덕正德 14년(1519년), 강서에서 기병하여 반란을 일으킨 영왕寧王 주신호朱宸濠가 각지의 중진을 함락시키고, 불과 사흘 만에 파죽지세로 남강南康과 구강 등지를 장악했다. 이런 소식이 전해지자 조야가 큰 혼란에 빠졌고 군신들은 대응책을 찾지 못해 속수무책이었다.

명조에는 이전에도 이런 사건이 발생한 적이 있었다. 연왕 주체가 자신의 봉지인 북경에서 모반을 일으켜 수년간에 걸친 정전 끝에 혜제惠帝의 황위를 찬탈하는 데 성공했던 것이다. 때문에 이번에도 조정은 큰 불안에 휩싸여 불운한 역사의 반복을 걱정하고 있었다.

조정이 이처럼 온통 비통한 분위기에 젖어 있을 때 병부상서 왕경은 침착하게 반란을 진압하고 큰 공을 세울 만한 유장을 찾기 시작했고, 그의 눈에 든 사람이 당시의 유명한 학자이자 철학자인 왕수인이었다. 원래 복주福州 삼위三衛의 군인인 진귀進貴 등이 난을 일으켰을 때부터 왕경은 이미 주신호가 병사를 일으켜 조반할 것을 예견하고 황제에게 주장을 올려 우선 왕수인을 복주로 보내 반란군을 다스리고 만일의 사태에 대비하게 했다.

왕수인은 일찍부터 이런 사태에 대해 미리 방비해둔 바가 있었다. 한번은 그가 복주에서 주신호를 배알하여 연회에 동석했을 때, 한때 시랑을 지냈던 이사실李士實도 주신호의 문객으로 자리를 함께 하게 되었고, 이 자리에서 시정에 관한 담론이 오가면서 이사실이 탄식을 내뱉었다.

"세상이 이처럼 어지러운데 안타깝게도 탕무湯武 같은 인물이 나타
나지 않는구려!"

당시의 상황에서 이 말은 두 가지 중요한 의미를 갖고 있었다. 첫째
는 당시의 황제에 직접적으로 반역하는 모반의 뜻을 드러내는 것이고,
둘째는 왕수인이 심학心學을 창도하여 누구나 성인이 될 수 있다고 주
장하는 것이 암암리에 다른 사람이 성인이 되도록 돕는 것임을 암시하
는 것이었다. 총명하고 눈치 빠른 왕수인은 금세 그의 의도를 알아차
리고 곧장 말을 받았다.

"탕무가 살아 있다 하더라도 이려伊呂가 보좌해주지 않는다면 아무
소용도 없을 것이오."

주신호가 자신 있게 말했다.

"탕무가 있다면 자연히 이려도 있기 마련인데 걱정할 일이 무엇이
란 말이오?"

이사실을 이려에 비유한 주신호의 말에 왕수인이 응수했다.

"이려가 있다면 틀림없이 이제夷齊도 있을 것이오."

이제는 옛날 주나라의 백이와 숙제를 지칭했다. 주 무왕이 상 주왕
을 멸하자 두 사람은 주나라의 양식을 먹지 않겠다고 결심하고 수양산
에 들어가 고사리를 캐어 먹다가 결국 굶어 죽고 말았다. 역사에서는
이 두 사람을 절개 있는 현인으로 칭송하고 있다.

이때 이후로 왕수인의 심지를 알게 된 주신호는 항상 그를 경계하면
서 기회 있을 때마다 그를 해치려 했고, 왕수인도 경계심을 늦추지 않
고 주신호의 일거일동을 철저하게 감시했다.

6월 9일, 감주를 출발한 왕수인이 15일에 풍성豊城에 도착하자 풍

성 지현은 주신호가 모반을 일으키는 동시에 왕수인의 목에 현상금을 걸었다는 사실을 알려주었다. 임기응변에 능한 왕수인은 즉시 복장을 바꿔 임강으로 잠입했다. 임강 지부는 왕수인이 도착했다는 소식에 신발도 신지 않은 채 황급히 달려 나와 영접하고 뒤를 졸졸 따라다니며 성지를 지킬 모략을 제시해달라고 간청했다. 왕수인이 대덕유戴德儒에게 말했다.

"임강은 장강 유역에 위치하여 남창에 인접해 있는 데다 교통의 요충지인 만큼 길안으로 가는 것이 좋겠소."

대덕유는 이에 찬동하면서 반군을 막아낼 계책을 물었다. 왕수인은 적의 위치와 형세에 대해 세밀하고 체계적인 분석을 마친 후에 천천히 입을 열었다.

"주신호의 용병에는 상, 중, 하 세 가지 책략이 있소. 그가 곧장 경사로 쳐들어간다면 나라가 위급한 지경에 처해 예상치 못한 후환을 조성하게 될 텐데 이것이 상책일 것이오. 아니면 먼저 남경을 점령하여 장기전 태세를 갖출 수도 있는데 이것도 큰 피해가 우려되는 상황이오. 이는 상책이 될 수는 없지만 중책이라 하기에 부족함이 없을 것이오. 그러나 그가 남경을 사수하면서 한 발짝도 움직이지 않는다면 이는 하책이 될 것이오. 그때 가서 관군을 한데 집결시켜 사방에서 한꺼번에 공격한다면 그는 항아리 속의 자라가 되어 손쉽게 사로잡을 수 있을 것이오. 대인은 이런 구체적인 상황에 맞춰 다양하게 조치를 취하도록 하시오."

그러고 나서 왕수인은 비밀리에 고깃배를 한 척 구해 직접 길안으로 향했다. 얼마 후 반군의 추격을 받게 되자 그는 평민 복장으로 갈아입고 자신의 부하 한 명을 남겨 자신의 관복을 입고 원래 타고 있던 배에 남아 있게 했다. 주신호의 부하들은 이 배를 뒤쫓아 왕수인의 관복을 입고 있던 부하를 붙잡아 왕수인이 이미 멀리 도망쳤다는 사실을 확인하고는 병력을 되돌려 돌아갔다. 왕수인은 도중에 주신호가 공격하여 성지를 함락시킬 것을 우려하여 밀정을 보내 조정의 성지를 가장하고는 양광兩廣과 호양湖襄의 어사와 남경과 북경의 병부는 즉시 장령들을 출동시켜 비밀리에 요충지에 매복하고 있다가 주신호의 대군이 밀려오면 이들을 기습 공격하라는 명령을 전달했다.

그는 이런 조치로도 충분치 못하다고 판단하고 우령優伶 몇 명을 고용하여 이런 명령서를 지니고 다니게 했다. 우령들이 출발할 때쯤 그는 또 영왕 태사의 가족들을 사로잡아 그들을 선미에 태워 일부러 이런 명령을 알게 했다. 그리고 크게 화를 내며 이들을 배에서 끌어내려 목을 베라고 호통을 쳤다. 그러나 실제로는 이들로 하여금 몰래 도망쳐 거짓 정보를 영왕에게 전달하도록 하려는 술책이었다.

이런 소식을 들은 영왕은 우령들을 붙잡아 그들의 몸속에서 거짓 명령서를 발견하고는 정말로 조정에서 자신을 공격하기 위해 병력을 움직이기 시작한 것으로 오판하고 출병을 망설이고 있었다. 한편 무사히 길안에 도착한 왕수인은 길안 지부 오문정伍文定 등과 함께 주신호에 대한 방어 전략을 상의했다.

"적병이 장강을 타고 동쪽으로 이동한다면 남경을 지켜내기 어려울 것이오. 그러나 내가 이미 그들의 동행을 저지할 수 있는 조치를 해놓았소. 열흘 후에 여러 지역의 군마가 집결하면 주신호와 결전을 벌여도 문제가 없을 것이오. 옛 성현들께서도 일이 닥쳤을 때는 두려움을 갖고 진지하게 책략을 준비하라 하셨소. 이제 곧 군사를 움직여야 할 터이니 먼저 양초를 충분히 확보하고 병기와 배를 넉넉하게 갖춰 결전에 대비하도록 하시오.”

그리하여 왕수인은 병마와 양초를 모으는 일에 착수하는 동시에 사방에 방을 붙여 16만 대군이 남창 부근에 집결할 예정이라 대량의 군량이 필요하니 제때에 군향미를 납부하되 이를 어기는 사람은 참수하겠다는 포고를 내렸다.

주신호는 이런 포고문을 보고는 진위를 가리지 못해 밀정을 보내 알아보게 했으나 너무나 치밀한 계략에 밀정도 이를 사실로 알고 그대로 보고했다. 결국 주신호는 목을 감춘 자라처럼 남창성 안에 틀어박혀 감히 남경성으로 진군하지 못했다. 왕수인도 여전히 성을 지키면서 출병하지 않자 오문정은 이를 이상하게 여겨 그 이유를 물었다.

“용병의 도리에 따르자면 적을 기습 공격하는 것은 부득이한 경우에 하는 일이오. 지금 반군이 성안에서 꼼짝하지 않은 채 방비에 전념하고 있으니 공격하는 것이 쉽지 않을 것이오. 내가 공격을 미루면서 일부러 수비가 허술한 척하면 주신호가 먼저 참지 못하고 공격해 올 터이니, 그때 가서 그가 차지했던 성성을 수복하고 그의 근거지를 제거하는 것이 바람직할 것이오. 그가 다시 성성을 공격하러 병력을 돌릴 때 진로를 차단하고 공격하는 것이 거점을 포위하여 공격하는 것보다 훨씬 수월할 것이오.”

오문정은 왕수인의 전략에 칭찬과 감탄을 아끼지 않았다.

주신호는 남창을 사수하기 시작한 지 열흘이 지나도 관군의 공세가 시작되지 않자 정찰병을 보내 상황을 면밀하게 파악한 결과, 자신이 왕수인의 계략에 말려들었다는 사실을 깨닫게 되었다. 후회막급이었지만 이미 때는 늦은 상태였다. 그는 서둘러 6만의 인마를 모아 10만 대군을 자칭하면서 파양호를 출발하여 남경을 공격하기 시작했다. 남창에는 최소한의 병력만 남아 지키게 했다. 그러나 주신호는 안경安慶에서 관군의 저항에 부딪혀 며칠 동안 성을 포위하여 강공을 펼쳤지만 병력의 손실만 가중될 뿐 전세에는 진전이 없었고 그러는 사이에 진퇴양난의 함정에 빠지고 말았다.

그 사이에 왕수인은 어려움 없이 군대를 이동시킬 수 있었고 이제 시기가 무르익었다고 판단한 왕수인은 오문정 등 길안에서 온 병력과 포고에 따라 각 지역에서 장수진樟樹鎭으로 집결한 8만의 병력을 이끌고 7월 중순에 팽성에 도착했다. 이때 장령 하나가 그럴듯한 계책을 제시했다.

"주신호는 열흘 동안의 치밀한 모략 끝에 출병한 만큼 남창성의 방비가 철저하기 때문에 일시에 함락시키기는 어려울 것입니다. 지금 안경을 공격하고 있지만 뜻대로 되지 않아 병사들의 사기가 크게 떨어져 있을 터이니 대군을 파견하여 안경성 안에 있는 병력과 합세하여 양면에서 협공하면 대승을 거둘 수 있을 것입니다. 그렇게 되면 남창의 병력은 공격하지 않아도 저절로 무너지게 될 것입니다."

이는 대단히 일리 있는 허허실실 책략으로 병가의 도리에 합치하는 생각이었다. 그러나 왕수인의 생각은 달랐다.

"아니오! 아군이 남창을 가로질러 내려가 장강에서 적군과 대치한다면 안경의 병력은 자신을 지켜낼 수 있을지 몰라도 장강으로 와서 우리를 지원하지는 못할 것이오. 게다가 남창의 병력이 우리의 뒤를 공격하게 되면 보급로가 끊어지고 남창과 구강의 적병이 합세한다면 우리는 앞뒤로 적을 대해야 하기 때문에 훨씬 불리한 상황으로 몰릴 수 있소. 차라리 남창을 먼저 공격하는 것이 좋을 것 같소. 주신호의 정예 병력은 전부 안경에 있기 때문에 남창의 수비는 허술할 수밖에 없소. 아군의 사기가 한참 올라와 있는 이때에 남창을 치면 반드시 승리할 수 있을 것이오. 주신호가 아군의 남창 공격 사실을 알게 되면 틀림없이 병력을 돌려 지원하러 오겠지만, 그때는 이미 세력이 크게 약해져 있을 것이고, 일단 남창을 함락시키면 적군의 기세는 크게 꺾여 제대로 싸워보지도 못하고 무너질 것이오.”

이는 아군에 대한 지원과 적에 대한 공격을 동시에 달성할 수 있는 최고의 전략으로서 병법의 극치라 하기에 충분했다. 그리하여 왕수인은 부대 전체를 몇 개의 지대로 나누어 남창의 각 성문을 공격하기 시작했다. 19일에 출병한 그는 20일에 지정된 장소에 도착하기로 약속하고 명령을 내렸다.

“북을 한 번 울리면 성문에 접근하고 두 번 울리면 성에 오르기 시작한다. 북을 세 번 울렸을 때까지 성에 오르지 못한 자는 무조건 참수하고 네 번 울렸을 때 성안에 들어가지 못한 자가 있으면 그 부대장까지 참수한다.”

아울러 성내의 백성들에게도 전부 문을 닫아걸고 절대로 반군에 협조하지 말며 두려워서 숨거나 도망치지 말라는 내용의 포고문을 만들어 성안에 살포했다.

마침내 높은 사다리와 밧줄 등, 성을 오르기 위한 도구가 준비되고 대대적인 공격이 시작되었다. 수비하는 적군의 저항이 없진 않았으나 얼마 지나지 않아 적병 대부분이 도망치거나 숨기에 급급했고 미처 성문을 달아걸기도 전에 왕수인의 군대가 밀려들어가 손쉽게 남창성을 점령할 수 있었다. 이는 번개처럼 빠르고 신속한 작전으로 적의 기선을 제압한 결과였다.

이어서 왕수인은 성안의 백성들을 위로하고 달래 군기를 엄격히 지키면서 함부로 불을 지르거나 노략질을 하는 사람이 발견되면 일률적으로 군법에 따라 다스렸다. 동시에 반군의 주요 장령 10여 명을 생포하는 대신 본의 아니게 반군에 협조했던 사람들은 풀어줌으로써 빠른 시간에 안정을 되찾아주었다. 이때 주신호는 전력을 다해 안경성을 공격하고 있었다. 하루 이틀 사이에 성을 점령할 생각이었던 그는 남창이 함락되었다는 군보를 받고는 눈앞이 캄캄해졌다. 이사실 등은 주신호에게 곧장 병력을 돌려 남창의 군사를 지원해서는 안 된다고 역설했다. 안창을 포기하고 곧장 남경으로 가서 황위를 찬탈하여 천하를 호령하기만 하면 강서는 저절로 굴복할 것이라는 생각에서였다. 이는 당시로서는 대단히 정확하고 결단력 있는 전략이었고, 일단 성공하기만 하면 정국의 미래는 예측하기 어려운 상황으로 접어들 수도 있었다. 그러나 생각이 모자란 주신호는 이를 거부하고 고집을 부리면서 안창을 포기하고 남창으로 달려갔다. 왕수인의 계략에 정확하게 걸려든 것이었다.

22일, 반군이 남창을 지원하러 온다는 소식이 전해지자 왕수인은 여러 사람들을 모아놓고 대책을 상의했다. 장령 하나가 나서서 자신의 계략을 밝혔다.

"반군의 세력이 강대한 데다 지원군은 아직 도착하지 않고 있으니 이들을 막아내기 어려울 것 같습니다. 사방의 보루를 견고히 하여 성을 사수하면서 지원군을 기다리는 것이 좋을 것 같습니다."

보통 군사전문가라면 이렇게 하는 것이 가장 일반적인 전략이었겠지만 왕수인은 생각이 달랐다.

"주신호의 병력이 강하긴 하지만 가는 곳마다 살인과 약탈을 일삼았기 때문에 병사들도 억지로 복종하고 있는 형편이오. 게다가 지금 그들은 진퇴가 자유롭지 못하고 한낱 안경성조차도 함락시키지 못한 데다 근거지마저 잃은 터라 병사들의 마음이 이미 상갓집 개처럼 흩어지기 시작했을 것이오. 아군은 병력이 많진 않지만 전부가 정예병이라 할 수 있고 사기도 왕성하니 일당백으로 싸움에 임해 승기를 잡기만 한다면 어렵지 않게 적을 무너뜨릴 수 있을 것이오."

이때 무주 지부 진괴가 병력을 이끌고 도착했다. 다음 날 주신호의 선봉대가 초사에 당도하자 왕수인은 오문정이 정면에서 공격하고 여은긴余恩緊이 후면에서 공격하며 서연徐璉과 대덕유가 좌우 양쪽에서 협공하도록 진영을 배치했다. 배치를 마친 왕수인은 남창성 안에 차분히 앉아서 좋은 소식을 기다렸다.

24일, 반군은 대단한 기세로 황가도를 향해 밀려왔다. 오문정은 몇 번 싸우다가 지는 척하면서 갑자기 후퇴하기 시작했다. 이에 적병은 전력을 다해 진군하면서 점차 대오의 거리가 벌어져 상호 대응이 어려워졌다. 이때 왕수인의 군대가 적진을 가르며 달려들어 반군의 대오를 완전히 흩뜨려버리자 반군은 방향을 잃고 흩어지기 시작했다. 오문정이 퇴각하는 적병을 추격하자 서연과 대덕유의 협공이 시작됐다. 오문정 등은 승기를 놓치지 않고 10여 리까지 적을 쫓아가 2000여 명을 생포하거나 사살했고 물에 빠져 죽은 적병도 수만에 달했다. 반군은 사기가 크게 떨어진 채 퇴각할 수밖에 없었다.

왕수인은 다시 장령들을 불러 모아 당시의 형세를 치밀하게 분석하고 나서 말했다.

"구강과 남강을 수복하지 않으면 도로가 막히게 되고 호광湖廣의 지원군이 도착하기도 어려울 것이오."

그리하여 그는 병력을 나눠 구강과 남강으로 급파했다. 주신호도 이러한 형세를 간파하고 구강과 남강에 병력을 보내 왕수인의 관군과 일전을 벌이기로 작정했다. 이틀 동안의 격전을 경험으로 왕수인은 반군을 완전히 섬멸할 수 있는 치밀한 계획을 마련했다. 주신호가 배를 연결시켜 진을 치는 것을 보고는 화공용 병기를 총동원하여 좌우 양쪽에서 협공하는 동시에 병사들을 사방에 매복시켜 화공과 동시에 진격해 들어간다는 전략을 짠 것이다.

다음 날 아침 주신호는 반군의 여러 두목들을 접견하면서 작전에 최선을 다하지 않는 자들은 무조건 참수하겠다고 위협함으로써 여러 사람들의 불만을 샀고 군심도 해이해지기 시작했다. 이때 관군의 전면적인 공세가 시작되면서 사방에서 불길이 솟아오르고 도처에서 비명 소리가 천지를 울렸다. 주신호가 타고 있던 배도 불길에 휩싸였다. 반군은 삽시간에 무너져 내렸고 무수한 반군 병사들이 사방으로 흩어져 도망쳤다. 주신호는 이미 대세가 기울어 실패를 되돌릴 수 없음을 깨닫고 울면서 여러 비빈들에게 작별을 고했다. 비빈들은 대부분 강물에 몸을 던져 죽었고 주신호의 수하에 있던 두목들은 모두 생포되었으며 사상자가 수만 명에 달했다. 이때 구강과 남강이 수복되었다는 또 다른 첩보가 날아왔다.

중국 군사사에서는 왕수인을 뛰어난 장수로 간주하지 않지만, 그가 훌륭한 군사가였음에는 이견이 없다. 그가 지휘한 반군 진압 작전을 자세히 고찰해보면 그가 가진 군사 전문가로서의 자질과 정치가로서의 넉넉한 도량을 알 수 있다. 반란이 일어나기 전부터 그는 이미 영왕의 불순한 기도를 매우 날카롭게 관찰하고 있었고 줄곧 조정과 일정한 연계관계를 유지하면서 물리적으로나 심리적으로 사태의 발생에 대비하고 있었다. 그리고 이것이 그가 반란을 진압하는 데 현실적 조건을 제공해준 것이다. 이와 반대로 영왕은 도회술韜晦術에 능하지 못했고 너무 일찍 자신의 의도를 드러냈으며 인재와 물자에 대한 준비가 부족했다. 또한 구체적인 전술 운용에 있어서도 왕수인은 뛰어난 군사 전문가의 풍모를 과시했다. 그는 매사에 실제 상황을 출발점으로 삼음으로써 이론만 중시하고 실제를 무시하는 유생들의 일반적인 단점을 극복했고 병법의 운용에 있어서도 적이 완전히 자신의 의도대로 움직이도록 유도하는 지략을 발휘했다. 이는 전체 중국 군사사에서도 찾아보기 쉽지 않은 사례이다. 이처럼 왕수인이 사람들을 감복케 하는 것은 그가 문화의 위인이기 때문만이 아니라 군사 전문가로서 경략을 겸비하고 있었기 때문일 것이다.

23 | 빼앗기 위해선 먼저 주어야 한다

청 왕조는 중국 역사에 있어서 존재하지 말았어야 할 불운의 시대가 결코 아니었다. 어떤 의미에서는 청 왕조가 명 왕조보다 훨씬 훌륭하고 빛나는 왕조였는지도 모른다. 청조의 여러 황제들 가운데는 유능하고 훌륭한 황제들이 적지 않았고, 특히 강희대제는 중국 역사상 가장 위대한 군주들 가운데 하나로 기록되고 있다. 청조에 이처럼 훌륭한 군주가 탄생하게 된 배경은 무엇일까? 이는 아마도 청의 통치자들이 중원을 장악한 이후로 자신들의 통치능력에 대한 긴장과 우려를 가졌고, 이로 인해 다른 왕조에 비해 훨씬 신중하고 깊이 있는 성찰이 뒤따랐기 때문일 것이다.

또한 새로 흥기한 민족이 갖는 시대적 활력도 중요한 원인으로 작용했다고 할 수 있다. 또한 강희가 자유로운 유년 시절을 보낸 것이 엄격한 교육을 받았던 전대의 여러 황제들보다 뛰어난 능력과 업적을 창출할 수 있는 원동력이 되었는지도 모른다. 중국 역사에서 가장 성공한 황제 가운데 하나인 강희는 청이 중국 관내에 들어선 이래로 두 번째로 보좌를 차지한 인물로서 불과 일곱 살의 어린 나이에 소년 황제로 즉위했다. 그가 천성적으로 갖추고 있는 정치가로서의 자질을 부인할 수는 없겠지만 청소년기에 경험했던 자유롭고 건강한 생활이 그의 황제 생애에 더 큰 작용을 했다고 보는 것이 정확한 견해일 것이다.

순치順治 18년(1661년) 2월 5일, 순치제가 병사하자마자 그의 일곱 살 난 셋째아들 현엽玄燁이 강희대제로 즉위했다. 순치는 죽기 전에 어린 아들을 위해 색니索尼와 소극살합蘇克薩哈, 알필륭遏必隆, 오배鰲拜 등 네 사람을 고명대신으로 임명했다. 네 사람은 목숨을 바쳐 충성하며 함께 정무를 보좌할 것을 맹세했고 사사로운 원한에 사로잡히지 않고 불의한 부귀를 추구하거나 형제와 친척들의 말에 귀를 기울이지 않을 것을 다짐했다.

그러나 오래지 않아 네 명의 고명대신은 스스로 맹세를 잊고 강희의 면전에서 매우 준엄한 얼굴을 보이기 시작했다.

청이 중국 관내에 들어선 지 20여 년의 세월이 흘렀지만 민심은 조정에 귀속되지 못했고 백성들의 마음속엔 명 왕조의 부활에 대한 막연한 기대가 여전히 지워지지 않고 있었다. 특히 운남에 주둔하고 있는 평서왕平西王 오삼계吳三桂와 복건의 정남왕靖南王 경정충耿精忠, 광동의 평남왕平南王 상가희尚可喜 등 삼번은 세력이 매우 강대하여 여러 해 동안 줄곧 모반을 준비하고 있었다. 대만에서는 정성공鄭成功의 후예가 호시탐탐 청조의 동남 해안 일대를 노리면서 공격의 기회를 엿

보고 있었고, 또한 동북 지역에서는 러시아 군대가 끊임없이 국경을 넘나들며 침범과 약탈을 반복하고 있었다. 서쪽의 티베트도 몹시 혼란한 상태였고 서북부의 준가르부准噶爾部는 더욱 거세게 동쪽을 어지럽혔으며 북방에는 또 몽고족이 있어 기회가 있을 때마다 남하를 시도하곤 했다.

조정의 상황도 혼란과 걱정투성이였다. 네 명의 고명대신들 가운데 색니는 나이가 많아 곧 병사했고 알필륭은 오배와 결탁하여 무조건 오배의 결정에 따랐으며 소극살합은 오배와 앙숙이었으나 얼마 후 오배의 모함에 의해 살해되고 말았다. 그리하여 조정은 오배 일당의 천하가 되었다. 오배는 바도로巴圖魯 출신으로 '만주 제일의 용사'라는 칭호를 갖고 있을 만큼 성격이 강포하고 용감하여 제압하기가 여간 어렵지 않았다. 그는 조정의 대권을 장악한 이후로 산동과 하남의 순무와 총독을 살해하는 등 잔학한 행동과 전정을 일삼았고 황제에게도 신하로서의 예를 갖추지 않았다. 심지어 강희를 완전히 무시하면서 여러 사람들 앞에서 큰 소리로 훈계하기도 했다. 소극살합을 처형할 때도 그는 능지의 형을 주장했지만 강희가 그의 무죄를 인정하여 처형을 허락하지 않자 주먹을 불끈 쥐고 강희를 때릴 듯이 위협하여 간신히 교사絞死에 처하게 되었다. 조정의 형세는 이렇게 굴러가고 있었다. 이러한 내우외환의 상황에 직면하여 태평성대를 실현하려면 황제의 비범한 지략과 기개가 필요했다.

다행히 소년 강희는 보통 사람과 다른 지모와 담략을 갖추고 있었다. 그는 우선 오배를 제거하여 실권을 장악함으로써 자신의 천하를 되찾아야 했다. 강희가 오배를 제거한 방법에는 소년다운 심성과 기지가 잘 나타난다. 당시엔 오배가 군권을 장악하고 있었기 때문에 직접 명령을 내려 그를 제압하는 일은 불가능했다. 그런 방법으로는 오히려 큰 혼란을 초래할 뿐만 아니라 강희 자신의 목숨마저 위태로울 수 있기 때문이었다. 한번은 오배가 병을 핑계로 조정에 나오지 않자 강희가 직접 그의 처소를 찾아간 적이 있었다. 오배가 침상에 그대로 누워 있는 것을 이상히 여긴 위병들이 황급히 다가가 조사해 보니 등 밑에 비수가 한 자루 감춰져 있었다. 오배는 몹시 긴장했고 위병들도 어떻게 해야 좋을지 몰라 안절부절못하고 있을 때 강희가 태연한 어조로 껴들었다.

"몸에 칼을 지니고 다니는 것은 우리 만주인의 오랜 풍속이니 그렇게들 놀랄 것 없소."

강희는 아무런 내색도 하지 않고 오배를 안심시키기 위해 그의 과실을 덮어준 것이었다.

서기 1667년, 강희는 열네 살이 되었고 당시의 규정에 따르면 충분히 친정을 펼 수 있는 나이였다. 그러나 오배가 전권을 장악하고 있어 친정이 불가능했고, 따라서 무엇보다도 시급한 일이 그를 제거하는 것이었다. 이를 위해 강희는 겉으로 전혀 드러나지 않는 묘책을 준비했다. 만주족이 전통적으로 씨름을 좋아한다는 점에 착안한 강희는 건장한 귀족 자제들을 모아 궁전에서 이들에게 씨름을 훈련시키기 시작한 것이다. 1년쯤 지났을 때 이들의 힘과 기예는 놀랍게 발전했고 강희 자신도 수시로 이들과 함께 훈련에 참가하게 되었다. 궁중의 왕공대신들이나 후비와 태감들도 전부 이런 사실을 알고 있었지만 누구 하나 강희의 이런 행동을 의심의 눈초리로 바라보지 않았다. 그러나 어느새

이들 귀족 자제들은 훌륭한 '소년병'으로 발전해 있었다. 한편 강희는 "빼앗기 위해선 먼저 주어야 한다"는 중국인의 전통적 방법에 따라 오배를 계속 승관시켜 이들 부자 모두 1등공과 2등공을 거쳐 태사太師와 소사小師의 봉호를 갖게 되었다. 이는 오배를 안심시켜 경계심을 없애려는 치밀한 계획에 따른 조치였다.

강희가 열여섯 살이 되던 해, 드디어 모든 준비가 끝나자 강희는 먼저 '소년병'들을 서방 안에 매복시키고 오배가 주장을 올리러 오기를 기다렸다. 그가 들어서자 강희의 한마디에 소년병들이 일제히 오배에게 달려들어 손쉽게 그를 제압했고 마침내 오배는 감옥에 갇히는 신세가 되고 말았다. 강희가 이런 거사를 준비하고 있으리라고는 그 누구도 생각지 못했다.

오배를 제압한 강희는 즉시 그의 열세 가지 죄상을 선포하여 죄과를 묻는 동시에 오배 일당을 일망타진했다. 오배가 옥사하자 강희는 그에게 동조하지 않아 박해를 받았던 사람들의 관직을 회복시키고 오배가 강점하고 있던 민전을 백성들에게 나눠주었으며 노비제도를 제한하고 정부기구를 대대적으로 개혁했다. 아울러 강희는 권력을 집중시키면서 영명한 군주로서의 위신을 세워가기 시작했다. 일곱 살부터 열여섯 살까지의 어린 시절 내내 오배의 전권에 맥없이 당하고 있었음에도 불구하고 그의 유년시절은 대단히 자유롭고 정상적이었다. 만주족이 막 중원을 차지했던 시기라 한인 황족들과 같은 엄격한 예교 관념이 없었기 때문에 빡빡한 규정에 따라 생활하지 않아도 되었고, 그것이 그에게 보통 사람들의 자유로운 생활을 가능하게 하면서 심신을 정상적으로 성장시켜주었는지도 모른다. 이전의 수많은 황제들이 비정상적일 정도로 예교의 규정에 얽매인 생활 때문에 유년시절부터 기형적인 성향을 갖게 됐던 것에 비하면 강희의 유년시절은 훨씬 행복했던 셈이다. 누르하치의 여러 아들들이 대부분 까막눈이었고 여덟째 아들 황태극만 약간 글을 익혔던 것을 보면 만주족의 중무경문重武輕文 경향을 확실히 알 수 있는데, 이러한 경향은 강희의 시대까지도 그대로 이어져 왔다. 그러나 강희는 어려서부터 한인 지역에서 생활하면서 자연스럽게 한족의 문화를 몸에 익혔고 그 후로는 만주 귀족들의 생활과 관념에도 점차 한족의 문화가 침투하기 시작했다. 황태극 시대부터는 만주족이 한족의 문화를 중시하여 이를 적극적으로 받아들이기 시작했다. 때문에 강희는 어려서부터 중국의 전통 문화를 쉽게 접할 수 있었다.

무엇보다도 중요한 사실은 강희 자신이 독서와 사색을 매우 좋아하여 자발적으로 중국의 전통 문화를 배우고 익혔다는 것이다. 그리고 이러한 노력이 그의 건전한 성격에 긍정적 영향을 미치면서 폭넓은 인식과 시야를 제공했던 것이다. 요컨대 강희는 진정으로 독서와 학문을 좋아했고, 그가 영명한 군주로 발전할 수 있었던 것도 풍부한 학문을 기초로 중국의 전통문화를 널리 활용했기 때문이라고 할 수 있다.

오배를 제거한 후 강희는 또 하나의 난제인 역법의 논쟁에 직면해야 했다. 순치 시기에는 서양의 선교사들이 대거 중국에 들어오기 시작했고 탕약망湯若望 등 일부 선교사들은 조정으로부터 특별한 대우를 받기도 했다. 탕약망은 서양의 선진 계산법을 이용하여 새로운 천문역법을 제시했고 순치 황제는 그를 '통현법사通玄法師'로 봉하고 국립 천문대 대장에 해당하는 흠천감欽天監 감정의 직위를 맡게 했다. 당시로서는 그의 역법이 매우 정확했지만 양광선楊光先이란 자가 오배를 믿고 조정에 상주하여 탕약망의 『시헌력時憲曆』 표지에 "서양의 신법에 따른다"라는 글귀가 인쇄되어 있는데 이는 청조가 서양에 굴복할 것을 강요하는 '음행사교陰行邪敎'이며 황제黃帝 이후로 전해져 내려온 중국의 천문역법을 폐지하는 것은 요순 이래의 예교제도를 폐하는 것과 마찬가지라고 주장했다. 양광선의 이론은 황당하고 가소로운 주장에 불과했지만 당시로서는 상당히 일리 있다고 간주되어 오배의 지지하에 양광선이 흠천감 감정을 맡게 되었다. 조정의 여러 대신들도 양법을 폐지하고 중국의 구역법을 부활할 것을 주장했다. 심지어 예부와 형부에서는 서양 역법의 사용을 주장하는 대신들을 주살하기로 결정하기도 했다. 다행히 태후의 보호 덕분에 탕약망은 죽음을 면할 수 있었지만 이때부터 조정에는 두 가지 역법을 놓고 파벌이 형성되게 되었다.

강희 자신은 역법에 대한 연구가 없어 아무런 결정도 내리지 못했지만 조정의 규례로 서양의 선진 문물을 억압해선 안 된다는 점을 잘 알고 있었다. 오배를 제거한 후부터 강희는 실사구시적으로 이러한 문제들을 해결해 나가기 시작했다. 그리하여 그는 선교사 남회인南懷仁을 시켜 두 가지 역법을 비교하게 하는 한편, 독학을 통해 역법의 대강을 깨우쳤다. 여러 해에 걸친 연구와 시법운용 결과, 양광선의 역법에는 갖가지 오류가 발견되었고 이에 따라 강희는 구역법을 폐지하고 신역법을 추진하는 동시에 대신들에게 신역법의 이치를 구체적으로 설명했다. 이로써 강희는 대신들에게 새로운 위신을 세울 수 있게 되었고 대신들은 더 이상 그를 소년황제로 대하지 못하게 되었다.

또한 당시에 가장 어려운 난제는 '삼번'을 평정하는 일이었다. 특히 오삼계는 조정에 자신의 심복들을 배치하여 조정의 예산으로 자신의 근거지인 운남雲南에 대규모 병마를 갖추는 등 모반 준비에 박차를 가하고 있었다. 이에 대한 강희의 태도는 분명했다. 더 이상 방치하지 않고 과감하게 삼번을 척결한다는 것이었다.

강희는 오삼계가 언젠가 반란을 일으킬 경우 자신이 훨씬 더 유리하다고 판단했다. 자신은 나이가 어리기 때문에 갈수록 장대해질 것이지만 오삼계는 이미 늙어 갈수록 기력이 떨어지고 있고, 자신은 갈수록 민심을 얻어 가는 데 반해 오삼계는 갈수록 더 인심을 잃고 있기 때문이었다.

서기 1673년, 상가희가 늙고 병들게 되자 삼번의 업무를 그 아들 상지신尙之信이 대리하게 되었다. 상지신은 전권을 장악하게 되자 주살과 불의를 일삼았고 상가희는 아들의 위협에 견디다 못해 상서를 올려 삼번의 폐지를 요청하고 관작을 모두 아들에게 이양한 뒤 고향으로 돌아갔다. 이 해에 강희는 열아홉 살이 되었다. 수많은 대신들이 삼번의 폐지에 반대했지만 강희는 기회를 놓치지 않고 삼번을 폐지하기로 결심했다.

당시 오삼계의 아들 오응웅吳應熊은 북경에 있다가 이런 소식을 전해 듣고는 즉시 운남에 있는 오삼계에게 알렸고 오삼계는 또 이를 복건의 경정충에게 알렸다. 두 사람은 삼번의 철폐에 두려움과 당혹감을 감추지 못했다. 막료들의 권고에 따라 오삼계와 경정충은 10월에 상서를 올려 조정의 결정에 순순히 따르겠다고 보고했다. 그러나 이는 조정의 태도를 떠보려는 술책에 불과했고 조정의 대신들도 이를 즉시 눈치 챘다.

삼번 철폐의 문제를 둘러싸고 조정에서도 극렬한 논쟁이 펼쳐졌다.

절대다수의 대신들이 갖가지 이유를 들어 삼번의 철폐를 반대했지만 사실 그 이유는 단 한 가지, 오삼계의 반란을 두려워했기 때문이었다. 병부상서 명주明珠와 형부상서 막락莫洛 등 몇몇 대신들만이 삼번의 철폐를 강력하게 주장하고 나섰다. 여러 차례의 격론에도 불구하고 공통된 견해를 도출하지 못하고 있을 때 강희가 나서서 단호하게 결론을 내렸다.

"삼번이 막강한 군사력을 보유하고 있은 지 아주 오래요. 어차피 철폐할 것이라면 지금 당장 철폐하는 것이 나을 것이오. 삼번을 철폐하되 만일의 사태에 대비해서 응전태세를 갖추도록 하시오."

삼번의 철폐를 허락하는 조서를 받은 오삼계 등은 자신들의 거짓 상주가 오히려 반대의 효과를 가져 온 데 대해 실망감을 감추지 못하고 서둘러 모반을 준비하기 시작했다. 청 조정의 사자는 오삼계가 철수시기를 늦추면서 운남을 떠나지 않는 것을 보고는 조정에 사실대로 보고했다. 오삼계는 더 이상 다른 방법이 없다고 결론을 내리고 조정의 사자와 운남 순무 주국치朱國治를 살해하고 1673년 11월에 마침내 모반을 일으켰다.

오삼계가 '천하도초토병마대원수天下都招討兵馬大元帥'를 자칭하며 기병하자 상지신과 경정충도 그를 따라 반란을 일으켰다. 반란의 형세는 애당초 강희가 예상했던 바와 다르지 않았다. 기병과 동시에 호남과 사천, 광서 일대의 문무 관원들이 일제히 이들에게 합세했고 중국 전체의 절반에 해당하는 지역이 반란의 전화에 휩싸였다. 이에 놀란 청 조정의 대신들은 하나같이 오삼계의 반군에 굴복할 것을 주장했고, 심지어 장강 이남을 반군에게 떼어주자는 의견을 제시하는 사람도 있었으며 애당초 삼번의 철폐를 제기한 사람을 주살해야 한다는 사람도 있었다. 이런 상황에서 강희는 또다시 놀라운 결단력을 보이면서 인질로 북경에 남아 있던 오삼계의 아들 오응웅과 손자 오세림吳世霖을 주살할 것을 명령했다. 이제 오삼계 등의 반군과 일전을 벌이는 것 외에 달리 퇴로가 없게 되자 청 조정은 뜻을 하나로 모으고 결전의 신념을 다지기 시작한 것이다. 오삼계 등의 반군도 이제 결사항전의 길밖에 없다는 것을 알았지만 이미 대부분의 장령들이 마음을 달리하기 시작했다.

강희는 삼번의 난에 대응하면서 조금도 당황하거나 흐트러진 자세를 보이지 않고 침착하게 전략을 세워나갔다. 반군의 괴수는 오삼계이고 나머지는 그 뒤를 따르는 오합지졸에 불과한 만큼 먼저 오삼계를 격퇴하면 나머지 병력은 저절로 무너질 것이라는 것이 강희의 생각이었다. 이에 따라 강희는 주요 병력을 오삼계에게 집중시키고 사천과 섬서의 반군에 대해서는 설득의 전술에 총력을 기울였다. 강희의 이러한 전략은 그대로 맞아떨어져 짧은 시간에 오삼계의 반군은 완전히 와해되어 호남에 억류되었다.

1678년, 강희는 유양 등지의 수많은 성지를 수복했다. 오삼계는 형세가 불리하다는 것을 깨닫고 재빨리 복명의 기치를 내걸고 3월 23일에 형산에서 제천의식을 거행한 다음 황제를 자칭하고 연호를 소무昭武라 하여 형주를 천부로 정했다.

같은 해 8월, 오삼계는 병사하고 그의 손자가 즉위하여 운남으로 거점을 옮겼으나 나중에 곤양성昆陽城이 함락되자 자살했다. 경정충과 상가신 등도 일찌감치 피살되어 사천과 섬서 등지도 평정을 되찾게 되었다. 이로써 1681년까지 약 8년 동안 전국 10여 개 성을 어지럽혔던 삼번의 난은 마침내 철저히 평정되었다.

삼번의 난을 진압하는 과정에서 강희가 보여준 용기와 지모는 크게 세 가지로 구분할 수 있다. 첫째는 대규모 반란에도 절대 놀라거나 두려워하지 않았고 둘째, 먼저 오삼계를 공격하고 나중에 잔여 세력을 공격하는 등 대응전략이 분명하면서도 주요했으며 셋째, 병력의 분배와 지휘가 아주 탁월했다는 점이다. 난이 평정되었을 때 이 소년 천자의 나이는 스물여덟이었고 이때는 이미 성숙한 정치가의 면모를 보이고 있었다. 그 후 40년 동안 그가 이룩한 불후의 공적은 말로 다할 수 없을 정도였다.

우선 그는 대만을 포함하여 중국 전체를 통일하는 데 뛰어난 공적을 세웠다. 정성공鄭成功이 네덜란드인들의 손에서 대만을 빼앗은 것은 청에 대항하기 위한 근거지를 마련하기 위한 것이었으나 뜻을 이루기 전인 1662년에 39세의 나이로 세상을 떠나고 말았다. 그 후 정씨의 자손과 부장들은 서로 각축을 벌이느라 정성공의 유지를 이어가지 못했다. 1683년 강희는 시랑을 파견하여 대만을 공격하고 적시에 정책을 제정하여 시랑으로 하여금 평화적으로 대만 문제를 해결하게 했고 강희의 정확한 조치에 따라 정성공의 부장들은 전부 청조에 투항했다. 강희는 대만에 1부 3현을 설치하고 정성공의 유해를 남경으로 이장해주었다. 중국 서북부를 장악하고 있던 준가르부의 침략에 대항하여 강희는 여러 차례 직접 정벌전쟁에 나서기도 했고 힘들고 고된 전쟁 끝에 마침내 중국 전역를 통일하는 데 성공했다. 짜르 황제 치하 러시아의 침략에 대해서도 강희의 전략은 아주 정확했다. 그는 대군을 지휘하여 러시아 침략군을 몰아내고 '니푸츠' 조약을 체결하여 양국의 국경을 확정지음으로써 대규모 영토를 확보했다.

또한 강희는 과학 분야에도 큰 공헌을 했다. 소년시절에 역학을 공부한 바 있는 그는 나중에 수학 학습을 주창하여 '산학관算學館'을 설치하고 수학 인재들을 양성했다. 의학 분야에 있어서도 그는 중국의 전통 면역법을 보급하여 좋은 효과를 거두었고 서양에서 들어온 금계랍金鷄蠟을 이용한 치료법을 중시하여 이를 보급시키는 데 큰 힘을 쏟았다.

그는 지리학에도 큰 관심을 보여 실지 측량에 의한 중국 지도를 완성했고 농업 분야에서는 새로운 품종의 개발을 추진했다. 이처럼 강희대제는 성년이 되기 전부터 성군으로서 충분한 자질을 갖추고 있었고 성년이 됨과 동시에 안정된 정국을 운영하면서 전대의 다른 어느 황제보다도 화려하게 중국 역사를 빛낸 뛰어난 치적을 이루었다.

5장

틈이 생기면
벌어지기 마련이다

24 | 자신을 지킬 줄 알아야 대계를 잇는다

때로는 영리함과 결단력이 고집불통과 백지 한 장 차이이고, 강직과 충정이 자기를 지키지 못하는 무모함의 다른 이름일 수 있다. 이 두 가지 유형의 인간이 군신 관계로 맺어졌을 때 그 결과는 어떠했을까?

숭정崇禎은 포부가 대단했던 황제로 정력이 왕성하고 매우 총명했으며 상당한 결단력도 갖추고 있었다. 그는 즉위하자마자 엄당 위충현魏忠賢을 제거하여 군신들로 하여금 마음껏 의기를 토로하게 했으나 유감스럽게도 황제로서 마땅히 갖춰야 할 넉넉한 도량은 갖지 못했다. 제왕의 집안에서 태어난 탓에 궁궐 내에서의 암투가 그의 마음속을 시기심으로 채워놓았고, 이러한 성격적 특성이 총명하고 결단력 있는 기질과 결합하여 그의 자의적인 행동특성을 조장했다. 결국 그는 그다지 고명하지도 못한 반간계反間計에 속아 천고의 비극을 자초하고 말았다.

이 비극의 전말을 통해 우리는 자신을 지키지 못한 원숭환의 한계를 질책하지 않을 수 없다. 그는 결코 문신이 아니었고 강직하고 충성스러운 성격이 명장의 본색에 부족함이 없었다. 그는 또한 장군으로서의 특성과 재상으로서의 특성을 고루 갖추고 있었기 때문에 둘 다 그의 위인을 평가하는 기준이 되지 못한다. 그러나 숭정은 궁중 투쟁의 관점에서 원숭환을 대했고, 그 결과 그의 눈에는 그가 간신으로 보일 뿐이었다. 이는 천고에 억울하기 짝이 없는 일이었지만 그 비극의 원인은 적의 반간계가 아니라 오히려 숭정 황제의 내심에 감춰진 시기심 때문이라고 해야 할 것이다. 군자의 자질은 마음대로 쉽게 얻을 수 있는 것이 아니다. 군왕은 자질을 갖추고 있기 때문에 군왕의 자리에 있는 것이 아니므로, 잘못하면 나라를 망치는 것은 물론, 자신의 목숨마저 보전하기 어렵다.

이러한 역사는 사람들로 하여금 개탄을 금치 못하게 한다. 어쩌면 원숭환의 피살로 인해 만주족이 산해관山海關을 넘어 중원을 침범할 수 있었고 200여 년에 이르는 청 왕조를 세울 수 있었는지도 모른다. 이러한 견해들이 모두 '어쩌면'이라는 단서를 붙여야 하는 가설이긴 하지만 원숭환의 피살이 명 왕조의 동북 방어에 초래했던 치명적인 타격은 엄연한 역사의 사실이다. 그렇다면 원숭환은 어째서 '민족의 배신자'라는 누명을 쓴 채 갈기갈기 찢어죽이는 형벌을 당해야만 했던 것일까?

서기 1630년 숭정 3년 어느 날 북경의 채소 시장이 인산인해를 이루고 있었다. '민족의 배신자'로 비난받는 사람이 어떤 모습을 하고 있으며 어떻게 죽어가는지를 보기 위해 모인 인파였다. 그중에는 '배신자'의 살 한 조각을 얻어 자신이 진정한 염황炎黃 자손이며 정인군자正人君子임을 증명하고 겁이 많은 소심증을 치료할까 하는 개인적인 희망을 안고 찾아온 사람도 있었다. 마침내 '배신자'는 수인을 가두는 수레에 실려 나왔고 능지처참의 극형을 선고 받았다. 이른바 '능지陵遲'라는 형벌은 칼로 천 번을 베고 마지막 한 번의 칼침으로 죽음에 이르게 하는 형벌로서 칼을 더 대도 안 되고 덜 대도 안 되며, 이를 어길 경우 회자수가 처벌을 받게 되는 매우 정교하면서도 잔인한 형벌이었다. 따라서 회자수는 먼저 죄수의 겉살을 도려내는 것으로 칼질을 시작하되 혈관은 건드리지 말아야 했다. 혈관을 건드릴 경우 쉽게 죽음에 이르기 때문이다. 죄수의 몸에서 잘라낸 살은 군중들이 값을 부르며 서로 사겠다고 다퉈 은자 한 냥에 살 한 점씩 거래되기도 했고 죄수의 살을 산 사람은 이를 입에 넣고 씹으면서 '배신자'를 욕하곤 했다. 사흘째 되는 날 회자수의 마지막 칼질에 마침내 '배신자'가 숨을 거두면 그의 시신은 내장까지 말끔하게 군중의 손으로 넘어가곤 했다.

만력萬曆 초년, 청 정권은 중국 동북 지역에서 흥기했다. 서기 1583년, 누르하치는 조부가 물려준 13개 부의 갑기병을 기반으로 20여 년에 걸친 정벌 전쟁 끝에 마침내 여진족을 완전히 정복하고 후금後金 정권을 세웠다. 1618년, 누르하치는 만주족에 대한 명 왕조의 모욕과 기만행위를 '일곱 가지 큰 원한'으로 요약하고 이를 구실로 명에 대한 침략을 시작했고, 이듬해에는 요동의 중진인 무순을 점령했다. 아무 일도 하지 않고 매일 주색에만 빠져 있던 명 신종神宗 황제는 정세가 다급해지자 서둘러 요동 경략經略 양호楊鎬에게 10만 대군을 네 개의 지대로 나누어 청을 격퇴하라고 명령했지만 결과는 참패였다. 다급해

진 명 조정은 다시 웅정필熊廷弼을 요동으로 파견하여 군무를 관장하게 했다. 이런 상황에서 신종이 사망하고 그의 아들 광종光宗이 황위를 이었으나 한 달 만에 약물 오용으로 비명에 가고 말았고, 황위는 다시 광종의 아들인 주유교朱由校에게 이어졌다. 그가 바로 희종熹宗으로 연호는 천계天啓였다.

희종은 황제가 되긴 했지만 아직 열다섯 살의 어린 소년에 불과했고 성격도 매우 유약하여 노는 것만 좋아하면서 정무를 돌보지 않았다. 특히 그는 목공예에 심취하여 자신이 직접 만든 갖가지 목공 기물들로 방안이 가득 찰 정도였고 그 솜씨 또한 상당한 수준이었다. 그리하여 그는 정사를 자신이 태자였을 때 시중을 들었던 태감 위충현에게 전담하게 하고 자신은 목공예에만 몰두했다.

전권을 쥐게 된 위충현은 온갖 악행을 자행하면서 정직한 대신들을 대규모로 주살하고 널리 사당을 결성하여 국가의 환란을 조장함으로써 중국 역사상 최대 규모의 '엄당閹黨'을 형성했다. 조정의 이러한 통치 상황에서 변경의 방비는 장담할 수가 없었고 웅정필도 요동 지역에 제대로 기반을 구축할 수 없었다. 그는 요동으로 가서 천신만고 끝에 가까스로 정세의 안정을 이룩해 놓았지만 일부 관원들이 그에 대한 비난과 질책을 계속하자 조정에서는 그의 관직을 박탈하고 원응태袁應泰를 통수로 임명하여 파견했다. 원응태는 뛰어난 수리공정 전문가로서 군사업무에는 문외한이었기 때문에 경솔하게 병력을 이끌고 원정에 나섰다가 참패를 당하고 말았다. 조정에서는 하는 수 없이 웅정필을 다시 기용했지만 이번에는 병부상서 장학명張鶴鳴과 손발이 맞지 않았다. 그는 웅정필의 부하인 왕화정王化貞에게 웅정필의 명령에 불복하도록 사주했고, 결국 군공만을 추구하던 왕화정의 실책으로 명군은 또다시 청군에 참패하는 수모를 겪어야 했다. 조정에서는 진상을 제대로 파악하지도 않고 왕화정과 웅정필을 한꺼번에 구금하는 동시에 장학명을 혁직시켰다. 이러한 상황에서 원숭환이 변경을 침범한 청군대를 막아내야 하는 역사적 임무를 담당하게 된 것이다.

원숭환은 광동 동완東莞 출신으로 선조의 원적은 광서 오주등梧州藤 현이었다. 그는 성품이 강개하고 담략이 뛰어난 데다 군무를 매우 좋아하여 어려서부터 변방을 경영하는 데 뜻을 두고 있었다. 만력 47년(1619년), 원숭환은 진사에 합격하여 복건 소무邵武의 지현으로 부임했다. 천계天啓 2년(1622년)에는 다시 북경으로 가서 술직하면서 친구들과 더불어 요동의 군사업무에 관한 긍정적인 견해를 발표하여 어사 후순侯恂의 주목을 받기도 했다. 후순은 조정에 그를 적극 천거했고 조정에서는 그를 병부직방사 주사로 승진시켜 변방의 군무를 담당하게 했다.

명대에는 송대와 마찬가지로 문관을 신임하고 무관들을 믿지 않는 경향이 현저했다. 황제는 무관들의 권력이 커질 경우 모반을 일으킬 가능성이 크다고 생각했기 때문에 전쟁에도 문관을 파견하기 일쑤였고, 무관들에 대한 갖가지 견제로 실패를 자초하는 경우가 많았다. 원숭환이 병부주사로 임명되고 얼마 지나지 않아 왕화정이 싸움에 대패하고 돌아온 일이 발생했다. 조정에서는 그의 패배에 크게 경악했고 사방에서 갖가지 소문이 무성하게 일었으며 민심도 흉흉해졌다. 이런 상황에서 원숭환은 혼자 몰래 말을 타고 산해관 밖으로 나가 군정을 살폈다. 얼마 후 북경으로 돌아온 그는 상사에게 산해관의 형세를 자세하게 보고하면서 충분한 병마와 군향만 있다면 혼자서도 산해관을 지켜낼 수 있다고 장담했다. 서생의 의기가 넘치는 주장에 조정에서는 그를 병비검사로 승관시켰다.

산해관으로 간 원숭환은 맨 처음 요동경략 왕재진王在晉의 부하로 들어가 관내의 업무를 담당했다. 당시 왕재진은 산해관의 방비에 전념하고 있었지만 산해관을 경계로 할 경우 북경의 장성이 곧 국경이 되기 때문에 이를 잃게 되면 산해관은 하루아침에 점령될 수 있으며, 그 후과는 치명적일 수밖에 없다는 사실을 깨닫지 못했다. 그러나 만일 영원寧遠에 성지를 축조하면 또 하나의 전장이 생겨 공고한 근거지를 확보할 수 있고, 이 광활한 전장에서 만청 군대를 저지하거나 멸망시킬 수도 있기 때문에 장성보다 훨씬 안전하고 든든한 방어수단이 될 수 있었다.

대학사 손승종孫承宗은 경솔하게 소견을 발표하지 않고 직접 산해관 밖으로 나가 형세를 관찰한 다음에야 원숭환의 의견을 적극적으로 지지했다. 얼마 후 조정에서는 손승종을 보내 왕재진을 대신하여 요동 주수의 지위를 맡게 했고 원숭환과 부장 만계滿桂에게 영원에 주둔하면서 변방을 수비하도록 명령했다. 그리하여 서기 1622년, 원숭환은 영원으로 가서 곧장 성지 축조에 들어갔다. 영원은 산해관으로부터 약 200리 정도 떨어진 곳으로 이곳에 성벽을 축조하는 것은 발에 박힌 가시를 빼내는 것과 마찬가지였다. 그는 성벽의 높이를 석 장 두 척으로 하고 두께도 특별히 넓게 잡아 장사병들과 힘을 합쳐 고된 노동을 계속한 결과 이듬해에 마침내 성벽을 완성했다. 영원의 성벽은 매우 높고 두터워 관외의 청 세력에 대항하는 주요 방어 수단이 되기에 충분했다. 원숭환은 이 성벽의 축조를 시작으로 20년 동안이나 요동의 방비를 관장했다. 그가 처형되기 전까지 청 군대는 여러 차례 북경성을 비롯한 명의 관내 지역을 공격했지만 단 한 번도 영원 지역을 넘지 못했다.

원숭환과 손승종이 여러 해 동안 고심하면서 변방을 경영한 결과 명조의 국방 역량은 크게 증강되었고 마침내 명군은 출격을 시작하여 그동안 빼앗겼던 영토를 하나하나 회복해 나갔으며, 이와 동시에 방어선을 수 백 리나 전방으로 이동시켰다. 이미 거둔 엄청난 전과와 점차 실현되고 있는 원대한 계획을 눈앞에 두고 원숭환의 마음은 기쁨으로 가득 차 있었다. 그는 계속되는 전공으로 승관을 거듭하며 병비부사兵備副使를 거쳐 우참정右參政이 되었고 주수였던 손승종도 승관을 거듭했다.

이처럼 전선은 안정되었으나 조정은 갈수록 부패하여 위충현의 전횡발호는 멈출 줄 몰랐고 정직한 신하들, 특히 동림당東林黨 사람들은 원분을 참지 못해 연달아 위충현을 탄핵하는 상서를 올렸다. 이에 대해 위충현은 극단적인 수단을 동원하여 양련楊漣 등 이른바 '육군자'라 불리는 대신 여섯 명을 살해하고 항청抗淸에 큰 공을 세운 바 있는 웅정필도 함께 주살하기에 이르렀다. 이런 식으로 반대파를 제압한 후부터 위충현은 더욱 기고만장하여 '구천세九千歲'를 자칭하면서 온갖 수단을 동원하여 뇌물을 챙기기 시작했다. 손승종이 위충현의 말을 잘 듣지 않자 그는 자신의 친신인 고제高第를 대신 파견하여 손승종의 주수 지위를 대신하게 했다.

고제는 허풍만 떨 줄 알았지 제대로 할 줄 아는 것이 없는 인물이었다. 그는 요동으로 부임한 후에도 겁이 많아 감히 영원성에 주둔하지 못하고 영원성을 지키는 것은 불가능하다고 주장하면서 즉시 군사를 철수시킬 것을 명령했다. 원숭환은 군무에는 전진은 있어도 후퇴는 있을 수 없으며 영원에서 철군할 경우 전선 전체가 붕괴하게 될 것이라고 주장하면서 고제의 명령에 불복했다. 고제는 원숭환보다 상급자였지만 겁이 많은 데다 문관 출신이라 자신에게 불복하는 원숭환에 대해 아무런 조치도 내리지 못하고 단지 금주錦州를 비롯하여 몇몇 수비 거점의 병력을 산해관 안쪽으로 이동시키라는 명령만 내렸다. 이리하여 영원성은 폭풍과 설한에 완전히 노출된 채 광야에 서 있는 한 그루 고목이 되고 말았다.

누르하치는 이런 기회가 오기만을 기다리고 있었다. 서기 1626년(明天啓 6년), 마침내 누르하치는 직접 13만 대군을 이끌고 영원성을 공격했다. 위충현이 파견한 고제는 장성 입구에 앉아 강 건너 불구경하듯이 태연한 태도로 영원성의 붕괴와 원숭환의 패망을 수수방관하고 있었다. 그러나 원숭환은 조금도 두려워하지 않고 용감하게 항전에 나섰다. 그 유명한 영원대전의 시작이었다.

같은 해 2월, 누르하치의 팔기 정병은 곧장 산해관을 향해 진격하여 금주와 대능하大凌河, 소능하小凌河, 행산杏山과 연산連山, 탑산塔山 등의 방어 보루를 하나하나 격파하고 파죽지세로 밀고 들어와 19일에는 마침내 영원성에 도착했다. 그는 먼저 사자를 보내 30만 대군이 일거에 성을 무너뜨리겠다고 위협하면서 명군에 투항을 권고했다. 그러나 원숭환은 청의 30만 대군도 자신에겐 소군으로밖에 보이지 않는다면서 의롭게 죽음으로써 성을 사수하겠다는 굳은 의지를 밝혔다.

누르하치는 먼저 일부 병력을 보내 성을 포위함으로써 명군의 지원을 차단했다. 사실 누르하치가 병력을 파견하지 않았다 해도 고제가 지원 병력을 보낼 가능성은 전무했다. 그러나 원숭환은 추호의 두려움도 없이 총병 만계와 참장 저대수祖大壽에게 성의 네 대문을 맡기고 성 밖의 주민들을 성내로 이주시키는 동시에 주민과 상인들을 조직하여 식량을 조달하게 하고 혈서로 편지를 써서 장사병들을 격려하는 한편, 멀리 산서에 있는 처자식을 성내로 불러들여 영원성과 존망을 같이하겠다는 굳은 의지를 보였다.

이에 영원성 내의 군민이 일치단결하여 철저하게 진영을 정비한 상태에서 만청 군대의 진공이 시작됐다.

원래 용맹하고 전투 경험이 많기로 잘 알려져 있던 청 군대는 영원성을 공격할 때는 더욱 더 흉맹해져 있었다. 청 군대는 철갑병을 이용하여 성을 공격했는데, 이들은 모두 몸에 두 겹의 철갑으로 무장하고 있었기 때문에 화살이나 돌을 두려워하지 않고 곧장 사다리를 대고 용감하게 성벽으로 밀고 올라왔다. 또한 철판 장갑차로 뚫고 들어오는 바람에 성벽 여러 군데가 크게 파괴되었다. 원숭환의 군대도 매우 용감하게 배수의 진을 치고 싸움에 임했다. 이들은 성 위에 서양에서 사들인 홍이紅夷 대포 열한 문을 장착하여 적에게 큰 타격을 입혔고 가까이 접근한 청군 병사에 대해서는 돌이나 화살을 퍼붓고 주먹으로 가격했으며 유지와 유황을 묻힌 솜방망이를 던져 적의 병기를 불태우기도 했다. 이리하여 여러 번 거듭된 청 군대의 용맹한 공격은 매번 원숭환이 이끄는 명군의 저항에 격퇴되고 말았다.

물론 원숭환은 문인 출신으로 일반적인 상황에서는 제갈량과 같은 유장儒將 풍모를 보이면서 가마에 올라 전투를 지휘하곤 했다. 그의 가장 큰 장점은 침착함과 냉정함에 있었다. 적병이 성벽을 부수고 쳐들어와도 그는 조금도 당황하지 않고 병사들과 함께 돌을 날라 부서진 부분을 보수했다. 청군과의 한 차례 전투에서 그는 여러 군데 부상을 당했지만 적군이 퇴각하자 다시 사수대를 조직하여 성 밖으로 내려가 퇴각하는 적을 뒤쫓아 공격하고 화살 10여 만 개를 회수하여 돌아오기도 했다. 한 차례의 전투에서 그가 이끄는 명군은 청병 300여 명과 소장 10여 명을 사살하는 전과를 올렸다.

21일, 만청 군대는 재차 공격을 감행해 왔지만 이번에도 성공하지 못하고 닷새만인 26일에 포위를 풀고 돌아갔다. 적군이 퇴각하자 원숭환은 돌연 학자의 풍모를 보이며 사자를 통해 누르하치에게 편지를 보내 말했다.

"노장께서는 10년 동안 북방을 종횡하면서 승리하지 않은 싸움이 없었지만 이번에 소장에게 패하셨으니 이는 아마도 하늘의 뜻인가 합니다!"

누르하치도 원숭환에게 정중한 답신과 함께 전마를 몇 필 보내면서 조만간 다시 겨룰 것을 약속했다. 성을 공격하면서 포상을 입어 수레에 실려 진영으로 돌아간 누르하치는 여러 패륵貝勒들을 모아놓고 말했다.

"짐은 스물다섯에 기병한 이래로 43년 동안 이기지 못한 싸움이 없었고 성공하지 못한 공격이 없었으나 영원성만은 빼앗지 못했구나!"

그는 자존심이 크게 상한 데다 온몸에 독창을 입어 병세가 가중되면서 몇 달 후에 심양에서 서쪽으로 40리 떨어진 원계보에서 사망하고 말았다. 이때 이후로 청 군대는 원숭환을 크게 두려워하면서 존경하게 되었다. 영원대첩의 소식이 경성에 전해지자 조야를 막론하고 모두들 크게 기뻐하면서 환호를 외쳐댔다. 고제는 영원성을 지원하지 못한 책임을 물어 혁직되었고 병부상서 왕지신王之臣이 그의 자리를 대신하게 되었으며 원숭환은 4품인 우검도어사로 승관하게 되었다. 그 후로도 원숭환은 출격을 계속하여 고제가 포기한 영토를 하나하나 회복해 나갔다.

누르하치가 사망하자 그의 아들 황태극이 황위를 이어 청 황조를 수립했다. 황태극은 중국 역사상 보기 드물게 웅재와 대략을 겸비한 황제로서 정확한 전략으로 잠시 영원성을 방치하고 대신 조선을 공격하기 시작했다. 당시로서는 명, 청 두 황조 모두 잠시 동안 휴전하고 각자의 계획을 실행할 시간이 필요했다. 명군은 성지를 축조하고 병사들을 훈련시켜야 했고, 청군은 조선을 공격하여 재물을 약탈함으로써 자신들의 통치를 공고히 해야 했던 것이다. 이러한 정세 하에서 원숭환은 황태극에게 화약을 제의했고 황태극도 이에 동의했다. 그러나 명의 황제와 조정의 대신들은 하나같이 청이 줄곧 중원의 속국이었으며 황태극은 절대로 화약의 대상이 될 수 없다고 주장하면서 화약에 강력하게 반대하고 나섰다.

원숭환이 황태극과 협상을 진행하는 동안 황태극은 이 기회를 이용하여 조선을 침략했고 원숭환은 성을 축조하고 금주 중좌中左와 대능하, 소능하 등지에 방어선 구축공사를 진행하는 동시에 조선에 지원군을 파병했다. 조선이 너무 빨리 투항해버리면 명군도 요동으로 돌아가 청군에 대응해야 하기 때문이었다.

황태극은 조선 침공 전쟁에서 커다란 승리를 거두면서 막대한 재물을 손에 넣었고 안정된 정세를 회복할 수 있었다. 그러나 원숭환이 성지를 보수하고 병마를 훈련시키면서 세력이 갈수록 강대해지고 있는 것을 보고는 감히 공격하지 못하고 휴전을 결정했다.

그러다가 천계 7년(1627년), 마침내 황태극은 대군을 이끌고 요서遼西 지방의 수많은 명군 군사 진지를 공격하여 대능하와 소능하를 함락시키고 이어서 금주를 공격하기 시작했다. 5월 11일에서 6월 4일 사이에 장군 조솔교趙率教가 병력을 지휘하여 황태극의 군대에 맞서 결전을 벌여 참패를 당했지만 그래도 금주를 빼앗기진 않았다. 황태극은 금주 공략이 여의치 않자 영원성을 공격하기 시작했다. 원숭환은 철저한 방비로 대응했고 양군이 대치한 가운데 이틀 동안 격전이 벌어져 쌍방 모두 심한 타격을 입었다. 그러나 영원성을 함락시키진 못했다. 황태극은 다시 금주를 공격했지만 금주성의 수비가 견고하여 청병은 무수한 사상자를 내고도 여전히 금주를 손에 넣지 못했다. 마침 폭서기라 지독한 열사병으로 청병의 사기가 크게 저하되자 황태극은 어쩔 수 없이 심양으로 철군했다.

금주 전투에서 명군은 큰 승리를 거두었지만 이로 인해 원숭환에게는 한 단계 승관만 있었을 뿐, 상급이 내려지진 않았다. 그 근본적인 원인은 원숭환이 위충현의 동당이 아니었기 때문이었다. 원숭환이 진사에 합격했을 때 주고主考였던 스승과 그를 요동 방무에 추천했던 사람은 모두 동림당의 지도자들이었기 때문에 영원대첩과 금주대첩에서도 원숭환이 위충현의 호감을 사지 못했다. 이때 위충현은 원숭환의 기세가 갈수록 증대되는 것을 목도하고는 자신의 사당을 동원하여 금주를 구하지 못한 것이 원숭환의 실책이라고 공격하기 시작했다. 결국 원숭환은 사직하고 고향인 광동으로 돌아가야 했다.

이 해 8월, 목공예에 심취해 살던 희종 황제가 사망하고 후사가 없었던 관계로 친동생 주유검朱由檢이 황위를 이어받아 연호를 숭정이라 했다. 당시 숭정 황제는 겨우 열일곱 살로 나이가 어리긴 했지만 매우 총명하고 능력이 뛰어나 형과는 크게 다른 풍모를 보였다. 그는 겉으로 아무런 내색도 하지 않은 채 조용하게 위충현의 엄당을 제거한 후 그를 자살로 몰아갔고 조정의 모든 독소를 교묘한 방법으로 해소해나갔다. 위충현이 죽자 그에게 아첨하며 몸을 보전하던 신하들은 모두 주살되거나 군대로 충원되었고 위충현에게 배척되었던 원숭환은 다시 기용되었다.

서기 1628년 7월, 고향에 내려가 있던 원숭환은 조정의 부름을 받고 북경으로 갔고 숭정은 그를 불러 요동의 방무에 관해 물었다. 한 차례의 긴 대화를 통해 숭정은 원숭환의 말을 그대로 믿고 따르게 되었다. 원숭환은 숭정에게 양초를 충분히 보급해주고 일체의 간섭을 배제해 줄 것을 요구하면서 구체적인 요동 방무의 책략과 원칙을 제시했고 숭정은 그의 제안과 요구를 모두 받아들였다. 또한 숭정은 원숭환에게 보검을 한 자루 하사함으로써 그에 대한 신뢰와 지지를 표하고 요동을 잘 지켜줄 것을 신신당부했다. 그러나 원숭환이 도착하기 전에 요동에서 병란이 일어났다. 병란의 원인은 아주 간단했다. 군대에 군량이 부족했던 것이다. 당시에는 중앙이 잠시 무력해지면서 재물을 대부분 각급 관원들과 지주들이 가져가 버렸고 국고가 텅텅 비어 군향을 지급할 재원이 없었다. 원숭환은 즉시 내탕內帑을 이용하여 군향을 지급할 것을 건의했지만 숭정 황제는 재물을 목숨처럼 여기는 인물이라 몹시 화를 내면서 이때부터 원숭환에 대한 태도를 바꿔 더 이상 그를 신임하지 않게 되었다.

얼마 후 원숭환은 피도皮島 대장 모문룡毛文龍을 주살함으로써 또다시 숭정의 의심을 불러일으켰다. 피도는 요동 동남 해안의 작은 섬으로서 북으로는 청과 통할 수 있고 동으로는 조선으로 이어져 있으며 서남쪽으로는 교동膠東반도의 봉래蓬萊와 등주登州를 방어할 수 있는 지리적 요충지였다. 피도의 수장 모문룡은 일찍이 청에 대한 항전에서 공을 세운 바 있으나 위충현의 양아들이 되어 온갖 부정부패를 저지르면서 청의 황태극에게 산해관을 갖는 대신 자기에게 산동을 떼어달라는 제안을 한 적도 있었다. 원숭환은 요동의 정세를 안정시키기 위해 드러나지 않는 화근을 전부 제거한다는 생각으로 숭정 2년(1623년) 7월, 병사들을 매복시켜 모문룡을 체포한 다음, 그의 죄상 열두 가지를 공개하고 보검을 뽑아 주살했다. 원숭환이 모문룡을 죽인 원인과 경과를 자세히 보고하자 숭정은 몹시 경악하며 대장을 죽인 데는 다른 속셈이 있다고 생각했지만 당시로서는 오로지 원숭환의 능력에 의지하여 청군을 막아내고 있던 터라 별다른 문책은 내리지 않았다.

황태극은 자신이 명에 대항하는 것은 역부족이라 판단하고 줄곧 화친을 요구했지만 오만한 숭정 황제는 이를 받아들이려 하지 않았다. 원숭환이 중간에서 조정에 나서 봤지만 매번 실패하고 말았다. 그러다가 서기 1629년 11월, 청의 황태극은 결국 10여 만의 군사를 이끌고 명을 공격하기 시작하여 원숭환이 주둔하고 있던 영원을 격파하고 서로西路로 곧장 북경으로 치달았다. 힘든 행군 끝에 청군이 장성과 준화遵化를 함락하자 명군은 퇴각하기에 급급했다. 순무 왕원옹王元雍은 자살하고 산해관 총병 조솔교도 준화성 밑에서 전사하고 말았다. 준화를 손에 넣은 청군은 곧장 북경을 공격하기 시작했다. 그러자 원숭환은 급히 군사를 이끌고 달려와 지원에 나섰고 연도에 흩어져 있던 군사를 규합하여 청군의 퇴로를 막는 데 주력했다.

11월 10일, 원숭환이 계주에 도착했을 때 청군은 이미 계주를 포위하여 서진 중이었고 이어서 삼하三河와 향하香河 등의 성지를 공격하고 있었다. 원숭환은 급히 북경으로 달려가 경사를 지키기 위해 북경 광거문廣渠門 밖에 진을 쳤다.

청군의 맹렬한 진공에 숭정 황제는 혼비백산했고 경사는 한순간에 공황상태에 빠지고 말았다. 원숭환이 도착하자 그제야 마음을 가라앉힌 숭정은 그를 크게 치하했지만 군대가 너무 지쳐 있어 성안에 들어와 쉬게 해야 한다는 원숭환의 건의는 받아들이지 않았다. 혹시 다른 생각을 갖고 있지나 않을까 하는 의심 때문이었다. 숭정은 병력을 외성에 주둔시키겠다는 요구마저 받아들이지 않고 원숭환에게 청 군대와의 결전만을 강요했다.

원숭환은 경사를 지원하기 위해 이틀 밤낮을 쉬지 않고 달려왔기 때문에 병사들이 몹시 지쳐 있었지만 숭정 황제의 재촉 때문에 교전에 나서지 않을 수 없었다. 결국 힘든 싸움에 나선 원숭환은 부상을 무릅쓰고 적진으로 내달아 오랜 시간 격전을 벌인 결과 청군을 남해자南海子 근처까지 내모는 데 성공했지만 숭정 황제는 청 군대가 아직 멀리 퇴각하지 않은 것을 보고는 원숭환에게 이들을 추격하여 완전히 섬멸할 것을 명령했다.

이때 명군에는 여러 지대의 부대가 남아 있었고 원숭환이 지휘권을 통일하고 있었지만 아직 결전의 시기는 무르익지 않은 상태였다. 성 밖으로 나가 결전을 벌일 경우 청 군대는 배수의 진을 치고 달려들 것이 분명하기 때문에 북경성 전체가 위기에 처할 수도 있었다. 따라서 어느 모로 보나 원숭환의 전략이 가장 정확했다고 할 수 있다.

그러나 숭정은 원숭환을 의심하여 그의 병권이 막강해질 경우 자신을 제압하고 심지어 정권을 찬탈하려 들지도 모른다고 생각했다. 적어도 청과의 화의 문제에서만큼은 원숭환이 줄곧 자신의 주장을 굽히지 않았기 때문이다.

이때, 청 군대는 성 밖에서 대대적으로 약탈과 폭행을 벌이며 경사 주변의 백성들에게 엄청난 피해를 입히고 있었다. 게다가 숭정의 신변에 있는 태감들도 대부분 경도에 땅과 가산을 갖고 있어 자신들의 재산이 파괴되지 않을까 노심초사하고 있었다. 이들은 생각다 못해 이러한 불안을 원숭환에게 풀어버리기로 마음먹고 원숭환이 청병을 끌어들여 황제에게 화약을 강요하고 있다고 억지 주장을 했다. 이러한 여론은 한순간에 불안에 휩싸인 사람들의 마음을 사로잡았고 모두들 진위를 가리기도 전에 원숭환을 '민족의 반역자'로 규정하기에 이르렀다. 그러던 차에 누군가 북경성 대문에 올라가 원숭환을 매도하는 고함을 지르며 밑에 있던 원숭환의 병사들에게 돌을 던져 부상을 입히는 일이 발생했다. 이 소식에 숭정은 극도의 불안에 휩싸이면서 원숭환에 대한 의심이 더욱 깊어지게 되었다. 이때를 놓치지 않고 청의 황태극은 반간계를 쓰기 시작했다.

얼마 전 청군은 명의 황궁에서 파견된 말 사육을 전담하던 태감 두

명을 사로잡았다. 한 명은 양춘楊春이고 다른 한 명은 왕성덕王成德이었는데 황태극은 철수하면서 부장 고명중高鳴中과 참장 포승선鮑承先, 영완성寧完成 등을 시켜 이들을 지키게 했다. 이들은 모두 청군에 귀순한 한족 장령들이었다. 저녁이 되자 포승선과 영완성은 황태극이 지시한 밀계에 따라 포로들에게 들으라는 듯이 큰 소리로 대화를 나누었다.

"자네 아나? 이번 철군은 싸움에 진 것이 아니라 황태극의 계략일세. 황태극께서 혼자 말을 몰고 적진에 들어가 밀약을 맺고 왔거든. 황태극과 원숭환 사이에 밀약이 맺어졌으니 조만간 대사가 이루어질 걸세."

두 명의 태감은 바로 옆에서 자는 척하고 누워 있었기 때문에 이런 얘기를 분명하게 들을 수 있었다. 다음 날 태감 양춘은 적군이 퇴각하면서 혼란해진 틈을 타서 도망쳤고 자신이 들은 얘기를 곧장 숭정 황제에게 보고했다. 워낙 의심이 많았던 숭정은 양춘의 보고를 그대로 믿고 즉시 원숭환을 궁으로 불러들여 자초지종을 따지기도 전에 붙잡아 옥에 가둬버렸다. 원숭환의 부장 저대수를 비롯한 여러 장수들은 사태의 추이를 몰라 성 밖에서 기다리는 수밖에 없었다.

사흘 후에 성지가 내려졌다. 원숭환이 적과 내통하여 모반을 계획했기 때문에 그에게 죄를 묻되 다른 사람들은 문책하지 않기로 했다는 것이었다. 이 소식에 장사병들은 몹시 분통해하며 울음을 터뜨렸고 심지어 황제를 욕하는 사람도 있었지만 누군가 이의를 제기한다 해도 소용이 없는 형국이었다. 저대수도 비분에 젖어 당장 병력을 인솔하여 금주로 돌아가다가 도중에 원숭환의 주력부대를 만나 북경의 상황을 자세히 알게 되었지만 끝내 고개를 돌려 돌아가버리고 말았다.

저대수가 고개를 돌려 가버리자 숭정 황제는 큰 두려움에 빠졌다. 그는 청군이 다시 공격해 올 것이 두려워 서둘러 사람을 보내 원숭환으로 하여금 저대수를 다시 부르는 편지를 쓰게 하는 한편, 각부 관리들을 보내 설득하기 시작했다. 원숭환은 이런 방법이 정리에 통하지 않는 일이고 옥중에서 편지를 써서 군대를 경사로 불러들인다는 것은 사사로운 행동이라 생각하고 편지를 쓰려 하지 않았으나 여러 대신들의 거듭되는 권고에 못 이겨 국가가 몹시 위중한 상태라는 내용의 편지를 써 보냈다. 저대수는 숭정이 보낸 사자를 적으로 생각하고 죽이려 했으나 그가 내민 원숭환의 친필 서한을 보고는 검을 내려놓았다. 그가 군대를 움직이지 않고 잠시 머뭇거리고 있을 때 저대수의 모친이 말했다.

"네가 회군한다면 원 장군의 죄명만 가중시킬 뿐이다. 차라리 병력을 이끌고 돌아가 일부 지방을 탈환하고 승리를 거둔다면 원 장군을 감옥에서 구해낼 수 있을지도 모르겠다."

저대수는 모친의 말에 따라 병력을 이끌고 나가 청군이 점령하고 있는 두 개의 성지를 탈환하고 청군의 퇴로를 차단했다. 한편 황태극은 원숭환이 투옥되었다는 소식을 듣고 몹시 기뻐하면서 희망에 부풀었다. 그는 이미 북경 남쪽 20리 지점에 있는 양향良鄕을 점령했고 곧장 노구교를 공격하여 이른바 '거군車軍'을 격파했으며 4만의 명군을 대파하고 명군의 고급 장령들 다수를 생포하거나 사살함으로써 북경을 불안에 떨게 했다. 그러나 저대수가 회군한다는 소식에 퇴로가 차단될 것이 두려워 화약을 제안하는 편지를 써 보내는 한편, 산해관을 통해서서히 병력을 철수하고 있었다.

청군이 물러가자 숭정은 또다시 자신의 생각을 고집하기 시작했다. 이때 조야의 수많은 신하들과 군대의 장령들이 원숭환의 구명을 위한 상서를 올렸고 손승종도 원숭환을 위한 시문을 바쳤다. 자기가 대신 처벌을 받겠다고 나서는 사람들도 적지 않았다. 원숭환 자신도 옥중에서 편지를 써서 부하들이 안심하고 청군에 대항할 수 있도록 독려했고, 반년 후에 명군은 무사히 청군을 장성 밖으로 쫓아낼 수 있었다.

이 반년 동안 원숭환의 죄상에 대한 조사가 이루어져 형벌이 이미 결정되어 있었다. 당분간 그를 살려 두었다가 청군이 완전히 물러간 다음에 처형한다는 것이었다. 적군의 반간계에 속아 무고한 원숭환을 처형하고 그를 증오하도록 민심을 호도한 것이 숭정에게는 스스로 장성을 허무는 실책이었고 이는 그의 소심하면서도 완고한 성격의 소치였다. 한편 원숭환이 억울한 죽음을 당하게 된 것도 자신을 보호하는 데 무능했기 때문이라 할 수 있다. 여기서 우리는 자신을 지킬 줄 아는 것이 개인의 신상과 이익을 지키는 일일 뿐만 아니라 국가와 민족의 운명을 좌우하는 일이기도 하다는 사실을 기억해야 할 것이다.

반간계는 의심과 시기심을
자극하는 병법이다

물론 『삼국지연의』는 엄격한 의미에서의 역사소설이 아니지만 그 안에 담긴 다양한 지모와 책략은 병서의 지략을 능가하는 영향력을 갖고 있다. 일설에 의하면 누르하치도 병법서보다는 『삼국지연의』에서 전술의 계시를 얻은 바가 훨씬 크다고 했다.

후한 말년, 환관이 득세하면서 조정은 점차 부패해졌다. 그 결과 천하의 제후들이 각기 한쪽의 영지를 차지한 채 중앙의 통제를 외면하게 되자 천하는 대란에 빠질 조짐을 보이고 있었다.

대장군이자 외척인 하진何進은 환관을 제거할 마음이 있었다. 그러나 힘이 모자랄까 두려워서 원소袁紹의 말을 듣고 여러 제후들을 경성에 불러들여 환관을 제거하기로 했다. 이때 조조와 진림陳琳이 단호히 반대하고 나섰다. 그들은 외부의 군대를 도읍에 불러들이면 쉽게 반란이 일어날 거라고 했다.

　그러나 하진은 그들의 권고를 듣지 않고 서경자사西京刺史 동탁 등을 수도로 불러 들여서 환관을 제거하도록 했지만, 오히려 하진이 환관에 의해 살해되고 동탁은 10만 대군을 이끌고 수도로 들어와서 조정을 통제했다. 동탁은 자신의 세력을 믿고 행패를 부리면서 백관에게 수모를 주었으며, 심지어 황제까지 무시한 채 자신이 오히려 천자 행세를 했다. 급기야 그가 천자를 교체할 기미까지 보이자 조조, 원소, 왕윤을 비롯한 문무백관들은 매우 분노해서 힘을 합쳐 동탁을 죽이기로 했다. 이리하여 왕윤이 칠성보도七星寶刀를 내어놓았고, 조조는 그것을 헌납하는 척하면서 동탁을 죽이기로 했다.

　하지만 조조는 그 일에 실패해서 고향으로 도주하였다. 그는 사방에 격문을 띄워 제후들에게 연락해서 함께 동탁을 정벌하기를 호소했다. 그러나 제후들은 서로 합심하지 못했으며, 동탁은 한 헌제獻帝를 협박하여 도읍을 낙양에서 장안으로 옮기게 했다.

　사도 왕윤은 동탁을 제거하지 못하자 밤낮으로 근심에 싸여 있었다. 게다가 동탁은 점점 세력이 커져서 군사의 대권을 통관하고 있었을 뿐만 아니라 만 명도 무찌를 수 있는 용맹을 지닌 여포까지 얻은 상태라 도저히 당해낼 수가 없었다.

　어느 날 왕윤은 심야에 양녀 초선貂蟬이 모란꽃 옆에서 달을 바라보며 탄식하고 있는 모습을 보았는데, 그는 남녀의 정 때문인 줄로 착각하고 엄하게 꾸짖었다. 그런데 의외로 초선은 꿇어앉으면서 이렇게 말했다.

　"소녀는 요즘 어르신께서 나라 일을 걱정하느라고 안색을 펴지 못하는 걸 보면서 저 자신이 여자로 태어나서 어른의 근심을 들어주지 못하는 걸 찬탄하고 있었습니다."

그녀의 말에 왕윤은 문뜩 떠오르는 바가 있었다. 그는 한나라 종실의 운명이 이제 초선의 손에 달렸다는 생각을 한 것이다.

원래 여포는 형주자사荊州刺史 정원丁原의 의붓아들이었는데, 동탁을 정벌하러 나섰을 때 동탁 수하의 여러 장수를 베어서 동탁이 놀라 도망친 적이 있었다. 동탁은 여포의 용맹을 도저히 당할 수 없음을 알고 그를 자신의 수하로 만들 수 없을까 궁리했다.

이때 동탁의 부하 이숙李肅은 여포가 용맹은 있지만 지모가 없는 데다 이익만을 탐하는 필부임을 알고 있었기 때문에 자진해서 여포를 투항시키겠다고 했다. 이숙은 먼저 진귀한 보물들을 미끼로 여포와 사귀었으며, 또 유명한 적토마를 선물로 주면서 동탁이 그를 매우 좋아한다는 뜻을 전했다. 이렇게 감언이설로 유혹하자 마침내 여포는 정원의 수급을 들고 동탁을 찾아와서 의붓아들이 되었다. 이때부터 여포는 동탁을 위해 충성을 하고 있었다.

상황이 이렇기 때문에 동탁을 제거하기 위해서는 먼저 여포를 없애는 것이 상책이었다. 그런 다음 잔당을 제거하고 다시 우두머리 동탁을 잡아야 했는데, 만약 여포로 하여금 모반하도록 해서 동탁을 제거할 수만 있다면 그것은 상책 중의 상책이었다.

이때 왕윤은 초선의 미모가 뛰어날 뿐만 아니라 머리도 영리하다는 생각이 들자, 그녀를 이용해서 동탁과 여포의 부자 관계를 이간하면 대사를 이룰 수 있겠다는 구상을 하게 되었다.

왕윤은 초선을 내실로 불러들인 뒤 그녀의 면전에 엎드려 큰절을 올렸다. 그는 초선이 선뜻 나서지 않을까 두려웠던 것이다. 그러나 의외로 초선은 자신을 길러준 왕윤의 은혜를 갚을 기회가 왔다고 생각하고 그 제의에 즉시 응낙했다.

왕윤은 동탁과 여포의 특징, 즉 용맹하긴 하지만 여색을 좋아하고 지모가 없는 점 등을 초선에게 자세히 가르치면서 계책에 따라 행하라고 일렀다.

왕윤은 먼저 여포를 집으로 초청하여 그를 매우 흠모한다고 하면서 보관寶冠을 선물로 주었다. 주안상이 마련되자, 그는 초선을 불러서 술을 따르도록 했다. 여포는 초선의 화려한 미모에 놀라서 두 눈만 크게 뜬 채 움직일 줄 몰랐다. 그 모습을 본 왕윤은 즉석에서 초선을 여포에게 주겠다고 했다. 여포는 매우 기뻐하면서 돌아가자마자 즉시 혼인 준비를 서둘렀다.

한편 왕윤은 며칠 후 동탁을 집에 초청해서 술잔이 한창 오고갈 때 초선을 불러 춤을 추게 했다. 여포와 마찬가지로 동탁도 초선의 아름다운 용모에 홀딱 반해서 정신이 반쯤은 나갔다. 분위기가 무르익자 왕윤은 또 초선을 동탁에게 주겠노라고 했다. 동탁은 감지덕지하면서 그날 밤으로 초선을 궁궐로 데리고 갔다.

여포는 이 일을 알고 왕윤을 잡아다가 따졌다. 왕윤이 말했다.

"태사께서 제가 이미 소녀를 장군에게 허락했다는 소문을 듣자마자 오늘이 길일이니 데려다가 장군과 혼인을 맺어주겠다고 하셨습니다. 그러니 제가 어찌 감히 보내지 않겠습니까?"

여포는 그의 말에 아무런 대꾸도 하지 않고 돌아왔다. 그런데 하루를 기다려도 초선을 보내려는 기미가 보이지 않았다. 이튿날 아침 그는 더 이상 참지 못하고 곧장 동탁의 거처를 찾아갔다. 초선은 마침 창가에 앉아서 머리를 빗던 중이었다. 그녀는 멀리서 여포가 들어오는 것을 보자 짐짓 손수건을 꺼내어 눈물을 훔치는 척했다. 그 모습을 본 여포는 속이 탔지만 동탁에게 발각될까 두려워 그냥 돌아올 수밖에 없었다.

며칠 후 여포는 동탁이 아프다는 소식을 듣고 문병하러 찾아갔다. 침대 뒤에서 반쯤 몸을 내민 초선은 여포를 건너다보며 손으로 자기 가슴을 가리켰다가 다시 동탁을 가리키면서 얼굴을 돌리고 연신 눈물을 훔치는 척했다. 여포는 마음이 뒤숭숭해지면서 넋이 나간 사람처럼 멍하니 초선을 바라보고 있었다. 이때 마침 잠에서 깨어난 동탁이 여포가 초선을 희롱하는 줄로 착각하고 그를 엄하게 꾸짖었다.

그로부터 며칠 후 여포는 동탁을 호위하여 조정에 나갔다. 다른 신하들이 모두 흩어진 다음에 헌제는 동탁과 단독으로 밀담을 나누었다. 기회가 왔다고 생각한 여포는 동탁이 자리를 비운 틈을 타서 급히 동탁의 거처로 달려가 초선의 두 손을 부여잡고 영문을 캐려고 했다. 초선은 여포를 보자 낮은 목소리로 봉의정에 가서 기다리라고 말했다.

봉의정 옆에서 초선은 마치 친족을 만난 것처럼 울면서 자신은 젊은 영웅에게 몸을 맡기려고 하였으나, 동탁이 나쁜 마음을 먹고 자신을 겁탈했다고 하소연했다. 초선은 계속 울면서 동탁이 올 때까지 시간을 끌었다. 과연 동탁은 여포가 보이지 않자 급히 뒤쫓아왔다. 마침 초선은 여포의 손을 뿌리치고 물에 뛰어들려는 몸짓을 보였다. 멀리서 그런 모습을 본 동탁이 급히 달려와 옆에 세워둔 여포의 화극畵戟을 그에게 집어던졌다. 깜짝 놀란 여포는 화극을 손으로 쳐서 바닥에 떨어뜨렸다.

초선은 동탁을 보자 큰 소리로 흐느끼면서 여포가 자신을 강제로 희롱하려고 하기에 물에 뛰어들어 자결하려 했다고 호소했다. 그러고는 다행히 태사 덕분에 구출되었다며 검을 빼들어 자결하려는 시늉을 했다. 동탁은 초선의 말을 그대로 믿고 당장 여포를 죽이려 덤벼들었다.

그러나 동탁의 사위 이유가 나서서 한낱 여자 때문에 대장을 죽이는 것은 너무 지나친 처사라 간언하자 동탁은 여포를 죽이려는 마음을 거둬들이고 초선을 데리고 자신의 개인 별장인 미오로 떠났다. 이때부터 여포의 마음은 동탁에게서 멀어지게 되었다.

동탁을 배웅하는 길에 여포를 만난 왕윤은 그를 집으로 초대했다. 주안상을 앞에 놓고 여포가 왕윤에게 봉의정에서 있었던 일을 얘기하자 왕윤은 그를 더욱 자극했다.

"내 딸을 욕보이고 장군의 아내를 빼앗았으니 장군에게는 이 얼마나 큰 치욕이겠소! 이 몸은 이미 늙었지만 장군께서는 바야흐로 세상에 크게 이름을 날리기 시작했는데, 어찌 이런 수모를 참을 수 있겠소?"

과연 여포는 왕윤의 말을 듣자 분노가 폭발하여 당장 동탁을 죽이겠다고 맹세했다. 여포가 이미 마음을 정한 것을 보자 왕윤은 세심하게 계획을 짜기 시작했다. 그는 먼저 조정의 여러 인사들과 연락을 취하고 동탁의 심복인 이숙을 미오에 보내 헌제가 황제의 자리를 선양하려고 하니 동탁을 빨리 장안으로 들어오게 하라는 거짓 보고를 올리게 했다. 동탁이 아무런 의심도 없이 조정에 들자 왕윤이 사전에 매복시킨 무사들이 달려들어 그를 검으로 찔렀다. 동탁이 황급히 외쳤다.

"내 아들 봉선奉先아, 어디 있는 게냐!"

하지만 여포는 그를 도와주지 않았을 뿐만 아니라, 오히려 화극을 휘둘러 동탁의 죽음을 재촉했다. 일세의 영웅으로 살아가던 동탁은 이렇게 왕윤의 반간계로 목숨을 잃고 말았다.

　초평初平 원년(192년), 왕윤이 반간계로 동탁을 죽이자, 그의 부장인 이각과 곽사, 장제 번주 등 네 사람은 모두 양주로 도망쳤다. 그들은 궁궐에 상서하여 사면을 요청했으나 왕윤은 다른 사람들의 권고를 듣지 않고 고집을 부리면서 그들을 사면하려 하지 않았다. 그러자 네 사람은 하는 수 없이 군대를 이끌고 장안으로 쳐들어가서 동탁의 원한을 풀려 했다.

　곽사는 여포를 패퇴시키고 장안을 점령한 뒤에 왕윤을 죽이고 한나라 왕조의 정권을 차지했다. 이각과 곽사 두 사람의 행패는 동탁에 못지않았다. 조정의 대신들은 그들을 눈엣가시처럼 여겼지만 군사가 없었기 때문에 그냥 기다리고 있을 수밖에 없었다.

　어느 날 대신 주준朱儁이 한 헌제에게 산동에서 황건적을 진압하고 있는 조조를 불러 장안의 폐해를 제거하자고 제안했다. 이에 양표가 말했다.

　"듣자 하니 곽사의 아내가 질투심이 매우 강하다고 합니다. 우리가 반간계를 써서 두 도적을 서로 싸우도록 만든 후에 다시 조조를 부른다면 이 무리들을 제거할 수 있을 것입니다."

　헌제는 그의 말에 동감을 표했다. 이튿날 양표의 아내가 갑자기 곽사의 집을 찾아가 큰 관심을 보이는 척하면서 곽사의 처에게 말했다.

　"곽 장군께서 이 사마(이각을 말함)의 부인과 매우 가깝게 지낸다고 하던데, 만일 이 일이 이 사마에게 알려지면 큰 화가 있을 것이라고 합

니다. 부인께서는 두 사람이 서로 왕래하지 못하도록 잘 단속하셔야
할 것 같습니다.”

곽사의 아내는 놀라움을 금치 못했다.

‘그래서 요즘 늘 밤에도 집엘 들어오지 않는군! 이렇게 더러운 짓을
저지르다니, 앞으로 조심하지 않으면 안 되겠구나.’

그녀는 속으로 이렇게 중얼거리며 양표의 아내에게 연신 고맙다고
말했다.

며칠 후 곽사는 초대를 받아 이각의 집으로 술을 마시러 가려고 했
다. 이때 곽사의 아내가 말했다.

“그 사람 성격도 잘 모르는 데다 시국이 두 영웅이 병립할 수 없는 상
황인데, 만일 그자가 술에 독이라도 타면 나는 어쩌려고 그러십니까?”

그래도 곽사가 말을 듣지 않자 그의 아내는 갖은 수를 다 써서 그를
만류했다. 저녁때가 되어도 곽사가 오지 않자 이각은 그의 집으로 술
과 음식을 보내 왔다. 곽사의 아내는 몰래 음식에다 독을 탄 다음, 곽
사가 이를 먹으려 하자 재빨리 나서서 저지했다.

“밖에서 보내온 음식을 어떻게 그대로 먹을 수 있겠습니까?”

그런 다음 밖에서 개를 끌고 와서는 음식을 먹게 했다. 개는 음식을
먹자마자 그 자리에서 온몸에 경련을 일으키며 죽고 말았다. 이때부터
곽사는 이각을 믿지 않게 되었다.

한번은 두 사람이 함께 퇴조하는 길에 이각이 곽사를 집으로 초대
했다. 곽사는 거절하기 어려워 하는 수 없이 그의 집으로 따라갔다. 식
사를 마치고 집으로 돌아오자마자 배가 아프기 시작했다. 곽사의 아
내는 이각에 대해 온갖 험담을 늘어놓으며 필시 그가 음식에 독을 탔

을 거라고 말했다. 곽사는 먹었던 음식물을 모두 토하고 나서야 비로소 몸이 정상을 되찾았다. 이 일로 인해 곽사는 이각이 정말로 자신을 해치려 한다고 믿게 되었고 몰래 병사들을 끌어들여 이각을 공격하려 했다. 이런 소문을 듣고 크게 격분한 이각은 군사를 이끌고 곽사를 공격했다. 두 사람은 장안성 밖에서 50여 일 동안이나 싸웠고, 결국 이각은 헌제를, 곽사는 공경公卿들을 각각 납치하는 상황에 이르렀다. 반간계가 성공하면서 장안성이 일대 혼란에 빠지고 만 것이었다.

『삼국지연의』에서 「군영회群英會에서 장간蔣干이 계략에 걸려들다」라는 제목으로 서술되고 있는 이야기는 주유와 제갈량이 적벽대전에서 화공을 준비할 때의 사건으로서 동오가 순조롭게 수전을 벌일 수 있는 토대를 마련해주었다.

당시 조조는 83만 대군을 거느리고 양자강 연안까지 밀고 내려갔다. 형주에서 투항한 장수 채모와 장윤은 수군의 통솔에 대단히 능숙했다. 주유는 이들이 펼친 진영의 형세를 보고 수심에 잠겼다. 이 두 사람을 제거하지 않고는 동오의 수군이 우세를 점하기 힘들 것이라고 판단한 것이다. 조조 또한 강남에 도착하자마자 오나라 군사에게 대패했기 때문에 마음이 매우 울적하기만 했다. 이때 막료 장간이 찾아와 자신이 오나라 도독인 주유와 함께 공부를 했던 사이라고 하면서 주유에게 투항을 권고해보겠다고 자청했다. 조조는 매우 기뻐하면서 즉시 그를 오나라로 보냈다.

장간은 선물이나 수행원을 전부 마다한 채 단지 어린 심부름꾼 하나만 데리고 강을 건넜다. 주유에게 그 소식이 전해지자 특별히 생각한 바가 있었던 주유는 얼른 측근에게 말했다.

"조조의 유세객이 왔구나. 이를 역으로 이용할 수 있으니 여러분들은 그저 나의 눈치에 따라 행동해주길 바라오."

주유는 장간을 만나자마자 즉시 그를 유세객으로 몰아세웠다. 장간은 다급히 부인하면서 어쩔 줄 몰라 하다가 속마음과는 다른 말을 하고 말았다.

"오랜만에 모처럼 옛 친구를 보러 왔는데 어째서 나를 유세객으로 몰아세우는 건가?"

주유가 웃으면서 말을 받았다.

"내가 아무리 바보라 해도 그 정도는 알 수 있네."

장간은 입장이 난처해지자 화가 난 척하면서 돌아가려 했다. 그러자 주유는 재빨리 사과하는 척하며 애써 장간을 만류했다. 이리하여 장간은 주유에게 붙잡혀 오지도 가지도 못하면서 어쩔 줄 몰랐으나 그래도 공을 세우려는 욕심에 일단 그대로 눌러 있기로 했다. 주유는 자신이 장간을 의심하지 않는다는 것을 확신시키기 위해서 아주 솔직한 모습으로 문무백관에게 일일이 그를 소개하면서 주안상을 차려 환영 연회를 베풀었다. 그 자리에서 그는 장간을 주빈석에 앉혀 놓고 큰 소리로 연회에 모인 사람들에게 말했다.

"장간은 내 동학이자 친구이다. 비록 강북에서 왔지만 조조의 유세객으로 온 것은 아니니, 그대들은 조금도 경계할 필요가 없을 것이다. 오늘 이 자리에서는 친구의 우정만 얘기할 것이며 절대로 군사를 담론하지 말아야 할 것이다. 이를 어기는 자는 목을 벨 것이다!"

그러고는 곧장 자신의 보검을 풀어 태사자에게 주면서 그에게 좌중의 사람들을 감독하게 했다. 주유는 소탈한 모습으로 술을 마시면서 여러 사람에게 잔을 권했다. 그러면서 연신 자신은 평소 술을 잘 마시지 않지만 오늘은 옛 친구를 만나서 이렇게 많이 마시는 것이라고 말했다. 주유의 이런 행동에 장간은 어찌할 바를 몰라 하며 불안한 마음을 금치 못했다.

술이 거나해지자 주유는 장간의 손을 잡고 장막 밖으로 끌고 나와서는 양옆에 줄지어 서 있는 무사들을 가리키며 물었다.

"내 군사들이 제법 괜찮지 않은가?"

장간이 황급히 대답했다.

"실로 호랑이나 표범과 같군!"

주유는 다시 장간을 데리고 장막 뒤로 가서 산더미같이 쌓인 군량과 양초를 가리키며 물었다.

"군량미와 말 먹일 풀도 이만하면 적지 않은 편이지?"

장간이 또 얼른 대답했다.

"병사는 정예병이고 군량미와 양초도 족하다고 하더니, 과연 헛소문이 아니었군!"

주유가 매우 친절하게 대하자 장간은 점차 불안한 마음에서 벗어날 수 있었다. 주유가 호탕하게 웃으며 말했다.

"대장부가 세상에 태어나 마음을 알아주는 주인을 만났다면 모름지기 자신의 계책을 잘 수용해주는 주인과 화와 복을 함께 누릴 수 있어야 하는 법일세. 설사 소진과 장의 같은 자들이 다시 살아난다 해도 어찌 내 마음을 돌릴 수 있겠는가?"

주유의 말에 장간은 그를 설득하려던 계획을 포기하고 말았다.

두 사람은 다시 장막 안으로 들어가 한참 동안 잔을 주고받았다. 급기야 주유는 장간에게 자신과 함께 자면서 옛 이야기를 나눌 것을 제안했다. 장간과 함께 잠자리에 든 주유는 침상에 눕자마자 심하게 코를 골기 시작했다. 도저히 잠을 이룰 수 없었던 장간은 삼경쯤에 자리에서 일어났다. 그는 주유의 서안에 놓인 문서들을 뒤적이다가 '채모, 장윤 올림'이라고 쓰여 있는 봉투를 발견하고는 깜짝 놀라 급히 그 내용을 살펴보았다.

알고 보니 조조의 수군 도독인 채모와 장윤이 주유에게 보낸 편지로서 수군을 잘 조련한 후에 조조의 수급을 갖다 바치겠다는 내용이었다. 이를 본 장간은 한편으로 놀랍기도 했지만 또 한편으로는 자못 흐뭇하기도 했다. 놀라운 것은 두 사람이 모반을 준비하고 있다는 사실 때문이고, 흐뭇한 것은 자신이 그 비밀을 알아내 큰 공을 세울 수 있게 되었기 때문이다.

바로 이때 주유가 잠꼬대를 해댔다.

"장간, 며칠 뒤에 내가 자네에게 조조의 수급을 보여주겠네."

사경이 되자 장막 밖에서 위사가 들어와서는 조용히 주유를 깨웠다. 주유는 짐짓 잠이 덜 깬 척하며 물었다.

"내 침상에 누워 있는 것이 누구냐?"

위사가 대답했다.

"도독께서 장 선생과 함께 주무시겠다고 하시지 않았습니까?"

그러자 주유는 못내 후회하는 듯한 표정으로 자신을 원망하면서 자기가 뭔가 잠꼬대를 하지 않았느냐고 물었다. 위사가 주유의 귀에 대고 낮은 목소리로 말했다.

"강북에서 사람이 왔습니다."

주유는 얼른 그의 입을 막고 고개를 돌려 장간을 불러 보았다. 장간은 감히 대답하지 못하고 자는 척했다. 주유는 장간이 깊이 잠들었다고 생각하고는 살그머니 밖으로 나가 위사와 한참 동안 밀담을 나누었다. 한참 후에 들어온 주유는 다시 장간을 몇 번 불러보았다. 여전히 아무런 대답이 없자 그는 다시 침상에 올라가 눕더니 이내 코를 골기 시작했다.

장간은 날이 밝으면 주유에게 편지를 훔친 것이 들킬까 두려워 주유가 깊이 잠든 모습을 보고는 얼른 편지를 품에 넣고 강북으로 도망쳐 조조에게 편지를 건넸다. 편지를 받아 보고 크게 격분한 조조는 당장 채모와 장윤을 불러들여 공격을 개시하라고 명령했다. 두 사람이 대답했다.

"아직 수군이 조련되지 못한 상태라 섣불리 공격할 수 없습니다."

조조가 말했다.

"네놈들이 수군의 조련을 끝냈을 때는 내 모가지가 벌써 주유의 손에 들어갔을 것이다."

그러고는 두 사람을 끌어내 처형하라고 명령했다. 채모와 장윤을 죽인 조조는 문득 자신이 주유의 계책에 빠진 것을 깨달았으나 끝까지 자신의 과오를 인정하지 않고 다른 말로 얼버무렸다.

주유의 이러한 반간계는 비록 전장에서 직접적인 효과를 보지는 못했지만 수군의 전술에 능한 적군의 두 장수를 제거함으로써 적벽대전에서 승리를 거둘 수 있는 훌륭한 기반을 마련하는 데 중요한 역할을 했다고 할 수 있다.

적벽대전에서 패한 조조는 잠시 허도許都로 물러가 때를 기다렸다. 얼마 지나지 않아 주유가 제갈량에게 희롱을 당하면서 죽자, 조조는 크게 기뻐하면서 먼저 손권을 격파하고 다시 유비를 공격하려 했다. 그러나 그는 대군이 다시 남쪽 정벌에 나설 경우 정서장군 마등馬騰이 허도를 공격할 것이 우려되었다. 이때 모사 순유荀攸가 제안했다.

"승상께서는 조서를 보내 마등을 속히 허도성으로 들어오게 한 다음 그를 죽여 버리시면 그만 아니겠습니까?"

조조의 조서를 받은 마등은 그 조서가 가짜인 줄 알았지만 이를 입증할 수도 없었다. 결국 그는 큰아들 마초馬超와 서량 태수(한수韓遂)에게 서량의 방어를 부탁한 다음 조카 마대馬岱와 함께 군사를 이끌고 허도성으로 들어갔다.

허도성 밖에 도착한 마등은 다른 사람들과 모의하여 조조를 제거하려다가 비밀이 누설되는 바람에 오히려 조조에게 죽임을 당하고 말았고, 마대는 간신히 서량으로 도망쳐 마초와 한수에게 이런 소식을 전했다. 이에 마초와 한수는 군대를 이끌고 복수하기 위해 떠났다. 매우 용맹하고 유능한 장수인 마초는 얼마 지나지 않아 장안을 격파하고 동관潼關에 육박했다. 이 소식을 듣고 크게 놀란 조조는 직접 군대를 이끌고 동관을 지원하러 나섰다. 그러나 조조는 마초에게 패해 쫓기는 신세가 되어 몇 번이나 옷을 바꾸어 입어야 하는 고생을 겪고서야 겨우 몸을 보전할 수 있었다.

이리하여 쌍방은 오랫동안 서로 대치했지만 조조가 패할 때가 더 많았고, 그나마 군사와 장수의 수적 우세 덕분에 버틸 수 있었다. 여러 차례 접전을 통해 마초가 용맹하긴 하지만 지모가 없다는 판단을 내린 조조는 마침내 반간계로 마초와 한수 사이를 이간시키기로 마음먹었다.

얼마 후 마초와 한수가 두 갈래로 나눠 조조에 대항하게 되자 이런 상황을 전해들은 조조는 내심 몹시 흐뭇해하면서 마침내 반간계를 펼칠 기회가 왔다고 생각했다. 이에 조조는 직접 군영 앞으로 나가 한수에게 예의를 갖춰 나이와 건강 상태 등을 물었다. 과연 마초는 그런 소식을 듣고는 한수를 의심하기 시작했고 한수가 사실을 있는 그대로 다 말했는데도 그에 대한 의심을 풀지 않았다. 이런 모습을 보고 조조가 자신의 계책이 성공했다고 좋아하자 모사 가후가 나서서 이는 단지 서로를 의심하게 만든 것일 뿐이라며 더욱 확실한 이간이 필요하다고 간언했다.

이리하여 가후는 조조의 친필 서한을 받아 중요한 부분을 알아보지 못하도록 지운 다음 한수에게 전했다. 이 일을 알게 된 마초가 편지를 보자고 하자 한수는 아무 생각 없이 건네주었다. 마초는 한수가 자신이 보지 못하도록 편지를 일부러 지운 것이라고 따졌고 한수 역시 아무런 변명도 하지 못했다. 대신 한수는 자신의 결백을 증명하기 위해 싸움에 나가 조조의 목을 베어오겠다고 호언했다. 한수의 공격에 조조는 조홍曹洪을 내보내 대응하도록 했다. 한수를 만나자마자 조홍이 말했다.

"승상께서는 한 장군께서 편지의 약속대로 하시되 추호도 그르침이 없도록 하라고 하셨습니다."

이 말에 마초는 분통을 터뜨리며 창을 들고 당장 한수에게 덤벼들려 했으나 뭇 장수들의 만류로 간신히 한수를 구할 수 있었다. 한수는 황하에 뛰어들어도 자신의 누명을 씻을 수 없게 된 데다 다른 장수들의 핍박이 가중되자 조조에게 투항하는 편지를 띄운 다음 마초를 불러내 죽이려 했다. 그러나 이런 조짐을 사전에 미리 탐지한 마초는 한수의 군영에 뛰어 들어 한수의 한쪽 팔을 베고 몇몇 장수들을 죽인 후에 더 이상 당해낼 수가 없게 되자 서둘러 도망쳤다. 결국 마초는 한수와 조조의 공격을 받아 크게 패해 도망쳐야 했고 조조를 토벌하려던 그의 기세등등한 계획도 물거품이 되고 말았다. 마초와 마대는 여러 곳을 전전하다가 결국 동천으로 가서 장로張魯에게 몸을 의탁했다.

건안建安 20년(213년), 유비가 성도를 자신의 근거지로 삼으려 하자 서천의 대장 장임張任이 음모를 꾸며 군사軍師 방통龐統을 활로 쏘아 죽였다. 하는 수 없이 유비는 사람을 보내 형주에 있던 제갈량을 청해 오게 했다. 제갈량은 도착하자마자 낙성을 공략한 다음, 다시 기세를 몰아 면죽綿竹까지 쳐들어가 곧장 성도로 진입할 준비를 했다. 그때 마침 정탐을 나갔던 병사가 돌아와서는 유장劉璋이 이미 장로와 연맹을 맺었고 장로의 군대가 마초의 인솔하에 서천을 지원하여 가맹관을 공격하고 있다고 보고했다. 장비가 이 말을 듣고는 곧장 마초를 치기 위해 떠났다.

두 사람은 몇 날 며칠을 계속해서 싸웠다. 심지어 한밤중에도 등불을 밝히고 싸웠지만 좀처럼 승부가 나지 않았다. 제갈량은 마초의 무예가 뛰어난 것을 보고는 장비에게 끝까지 싸우지 않도록 말렸다가 나중에 반간계로 마초를 귀순시키기로 마음먹었다.

제갈량은 장로의 수하에 양송楊松이라는 모사가 있고 장로가 그의 계책에 절대적으로 복종한다는 사실을 잘 알고 있었다. 그러나 양송은 재물에 눈이 어두운 인물이었다. 이런 사실도 알고 있는 제갈량은 먼저 양송에게 뇌물을 보내고 나서 다시 장로에게 편지를 보내 말했다.

"내가 유장과 서천을 다투는 것은 바로 장군을 위해 복수하려는 것이니 다른 이간의 말은 듣지 말기 바라오. 일이 성공하면 반드시 장군을 한중왕漢中王으로 천거할 것이오."

편지를 받은 장로는 희색이 만면했다. 게다가 옆에서 양송이 재촉하자 그는 마초에게 즉시 싸움을 중지할 것을 명령했다. 그러나 장로가 몇 차례 사람을 보냈는데도 마초는 아직 출사出師의 목적을 이루지 못했다면서 공격 중지 명령을 거부했다. 양송은 이런 기회를 놓치지 않고 마초가 모반할 마음을 품은 것 같다고 참언했고, 이에 장로는 장위張衛에게 관문을 지키게 함으로써 마초의 모반에 대비했다. 그러고는 다시 마초에게 힘든 조건을 내걸면서 명령을 반복하자 마초는 하는 수 없이 공격 중지를 받아들였다. 그러나 싸움을 중지하고 돌아오는 길에 관문을 지키던 장위는 이미 마초가 모반을 꾀하고 있다는 소문을 들은 터라 그를 관문 안으로 들여보내지 않았다. 마초가 이처럼 진퇴양난의 상황에 처해 고민하고 있을 때 유비의 유세객이 그를 찾아왔다.

투항할 생각이 전혀 없었던 마초는 유비의 유세객이 왔다는 소식을 듣자마자 칼과 도끼를 든 장수들을 배치하고 자신의 신호가 떨어지는 즉시 유세객 이회李恢를 죽이라고 명령했다. 마초가 이회를 보자마자 말했다.

"방금 내 보검에 날을 세워놓았네. 우선 자네의 말을 들어보고 만일 자네가 나를 설득하지 못한다면 자네의 목에 보검의 날을 시험해보도록 하겠네."

이회가 호탕하게 웃으면서 말을 받았다.

"장군은 큰 화가 눈앞에 닥친 사실도 모르고 계시는구려. 아마 새로 날을 세운 검으로 제 목을 시험하시기 전에 먼저 장군 자신의 몸을 시험하시게 될 겁니다."

마초가 놀라움을 금치 못하며 되물었다.

"내게 무슨 화가 닥친단 말인가?"

이회가 대답했다.

"장군께서 출정하여 형주의 군사를 물리치지 못했으니 유장을 도운 것도 아니고, 장로의 얼굴을 당당히 볼 수 있도록 양송을 통제한 것도 아니지 않습니까? 그러니 진퇴양난에 빠진 것이나 다름없지요. 만일 예전에 조조를 토벌하러 나섰다가 실패한 위교謂橋의 꼴이 된다면 무슨 낯으로 다시 천하 사람들을 대하시겠습니까? 유황숙劉皇叔은 천하의 선비들은 극진한 예로 대하는 분으로 장차 대업을 이루시기에 충분한 사람입니다. 게다가 그분은 장군의 선친과 함께 조서를 받들어 반도를 토벌한 바 있으니 장군께서는 그분께 귀순하는 것이 올바른 도리일 것입니다."

이 말에 마초는 크게 깨닫는 바가 있었다. 이때부터 그는 한결같은 마음으로 유비를 추종하여 나중에 '오호대장五虎大將' 가운데 하나가 되었다.

위, 촉, 오 삼국의 정립이 이루어진 지 얼마 지나지 않아 위왕 조비曹조가 병으로 죽자 장자 조예曹睿가 왕위를 이어받았다. 이어서 사마의가 표기대장군驃騎大將軍으로 임명되어 옹량雍凉 일대를 자진하여 방어하고 있었다.

이때 제갈량은 이미 남방으로 군사를 보내 '맹획을 일곱 번 잡았다가 풀어주는' 쾌거를 이룸으로써 변방 지역의 우환을 제거하고 곧 이어 위나라 정벌에 나설 준비를 갖추고 있었다. 사마의가 대장군으로 임명되었다는 소식을 접한 제갈량이 놀라움을 금치 못하며 말했다.

"사마의는 아주 유능한 인물이다. 그가 옹량의 군대를 잘 조련하고 나면 큰 후환이 될 것이 분명하니 조속히 군사를 보내 위를 공격해야 한다."

이때 참군參軍 마속馬謖이 나서서 말했다.

"우리는 방금 남쪽의 전장에서 돌아와 병사들과 말이 전부 지친 상태입니다. 이런 상황에서 또다시 출정에 나서는 것은 무리한 전략입니다. 사마의를 제거할 수 있는 다른 방법을 강구하는 것이 좋을 것 같습니다."

제갈량이 어떤 계책이 있느냐고 묻자 마속이 대답했다.

"사마의가 위나라의 대장이긴 하지만 사실 위왕 조예는 그를 그다지 믿고 있지 않다고 합니다. 비밀리에 낙양과 업군 등에 사람을 보내 사마의가 모반을 꾀하고 있다는 소문을 퍼뜨리는 한편, 그의 명의로 된 모반의 격문을 곳곳에 붙이게 하면 조예는 필경 그를 의심하여 죽일 것입니다."

제갈량은 마속의 계책에 따라 소문을 퍼뜨리게 하는 한편, 사마의의 이름으로 곳곳에 "새로운 군왕을 추대하기 위해 황도길일을 택해 곧 거사할 것이니 모든 군민들이 합심하기 바란다"는 내용의 격문을 내붙였다. 조예는 유언비어도 듣고 격문도 읽은 데다 신하들의 간언까지 듣게 되자 당장 사마의를 죽이려 했다. 이에 조진曹眞이 나서 사마의는 오랫동안 본분을 지킨 신하인 만큼, 결코 모반하지 않을 것이라고 간언하면서 조예에게 서쪽으로 순시를 나설 것을 권했다. 이때 사마의가 나와 그를 맞이하면 다시 그의 허실을 알아본 뒤에 조치해도 늦지 않을 거라는 견해였다.

조진의 말에 따라 조예가 순시에 나서자 과연 사마의는 10만 대군을 거느리고 나와 그를 맞이했다. 그의 모습을 본 조예는 놀라움을 금치 못했고 사마의가 홀로 찾아와 사건의 진상을 말해주자 비로소 촉나라 사람들의 간계에 빠질 뻔한 내막을 알게 되었다. 그러나 조예는 여전히 사마의에게 군권軍權을 주려고 하지 않았다. 오히려 그의 관직을 박탈하고 평민으로 강등시켜 한가한 나날을 보내게 했다. 결국 제갈량의 반간계가 성공한 셈이었다. 적수를 제거한 그는 더욱 여유 있는 마음으로 위나라 정벌을 서두를 수 있었다.

강유는 제갈량의 깊은 사랑과 부탁을 저버리지 않고 온갖 난관을 무릅쓰고서 중원 진출을 시도했다. 그러나 네 차례나 되는 출사에서 그는 두 번이나 반간계로 인해 절호의 기회를 놓치고 말았으니 실로 안타까운 일이 아닐 수 없다.

강유의 출정은 순전히 자신의 능력을 알아준 제갈량에게 은혜를 갚기 위해서였다. 후주後主 유선劉禪이 출정하여 위를 정벌할 것을 허락하자 장령 하나가 강유에게 말했다.

"위나라는 건국한 지 꽤 오래되어 기반이 튼튼한 데 비해 우리는 땅도 작고 재정도 허약하기 때문에 공격을 한다 해도 반드시 이기리라고 보장할 수 없습니다. 그러니 영토를 굳게 지키면서 먼저 군사력을 키우는 것이 급선무입니다.”

강유가 탄식하며 말을 받았다.

“제갈 승상께서는 이미 삼분천하의 일각을 차지하고 있으면서도 여섯 차례나 기산 출정을 마다하지 않고 중원으로의 진출을 시도하셨소. 지금 내가 승상의 유명을 받고서 대업을 이룩하고자 하는 것은 충성으로 나라에 보답하기 위한 것이오. 생사와 성패는 그 다음 문제일 것이오.”

강유는 출정하자마자 위의 명장 등애鄧艾와 접전을 벌이게 되었다. 몇 차례 힘을 겨룬 결과 강유가 더 많이 패해 여러 차례 뒤로 물러서야 했다. 그러나 그는 매번 군사를 다시 정비하여 새로운 공격을 계속했고 마침내 힘들게 등애를 격퇴했다. 등애는 그와의 접전에서 하마터면 목숨까지 잃을 뻔했지만 다행히 사마망司馬望의 지원군 덕분에 자신의 군영으로 돌아가 생명을 부지할 수 있었다.

등애는 이런 상황이 계속될 경우 자신이 강유에게 생포당할 것이라는 두려움을 갖고 있었다. 이에 여러 장수들에게 대책을 묻자 사마망이 나서서 말했다.

“지금 촉의 후주 유선이 환관 황호黃皓를 총애하면서 밤낮으로 주색에 빠져 향락을 일삼고 있습니다. 황호가 그처럼 사리에 어두운 자라고 하니 반간계를 쓰면 필시 성공할 수 있을 것입니다.”

등애가 여러 모사들에게 물었다.

“그럼 누가 촉나라에 가서 황호에게 접근할 수 있겠소?”

그의 말이 떨어지자마자 한 사람이 나섰다. 다름 아닌 양양襄陽 사람 당균黨均이었다. 등애는 크게 기뻐하며 당균에게 넉넉한 재물을 주어 속히 성도를 향해 떠나도록 했다.

당균은 성도에 도착하자마자 도처에 강유가 군왕에게 불만을 품고 있으며 조만간 위에 투항할 것이라는 유언비어를 퍼뜨리는 한편, 막대한 재물로 황호를 매수하여 유선의 면전에서 강유를 비방하게 했다. 과연 얼마 지나지 않아 대부분의 성도 사람들이 강유가 위에 투항하는 것으로 알게 되었고 황호의 참언을 들은 유선은 사람을 보내 당장 강유를 불러들이라고 명령했다.

성도로 돌아온 강유가 군주인 유선을 만나는 장면은 마치 과거에 제갈량이 명을 받고 하는 수 없이 군왕을 만나던 것과 아주 흡사했다. 강유가 자신을 책망하자 유선은 맞받아칠 말이 없었다. 오히려 강유의 노기를 달래야 했다.

"과인은 그대를 의심하는 것이 아니오. 그러니 잠시 한중漢中에 머물러 있다가 위나라 내부에 변란이 생기면 그때 다시 출정하도록 하시오."

이 말에 강유는 장탄식을 하면서 물러나왔다.

그 후에 정말로 위나라에 내란이 일어났다. 사마소가 권력을 독점한 다음 위왕魏王 조모가 신하들을 존중하지 않는다는 이유로 반란을 일으켜, 위왕과 일부 대신들을 죽이고 조수를 새 군왕으로 추대한 것이었다. 이런 소식을 들은 강유는 몹시 기뻐하며 말했다.

"위나라에 내란이 일어나 민심이 어수선할 테니, 이때야말로 출정할 수 있는 절호의 기회이다."

그리하여 그는 성도로 가서 군왕의 허락을 받아 출정 준비를 서둘렀다. 그런 다음 출정에 나서기 직전에 군왕을 찾아가 당부하여 말했다.

“이번 출정에서 반드시 공을 이루고 돌아오겠습니다. 폐하께서는 현신들을 가까이 하시고 간사한 무리들을 멀리하셔서 소장이 후방을 걱정하는 일이 없도록 해주십시오.”

마침 그 자리에는 황호도 배석해 있었다. 그는 강유를 훔쳐보다가 두려운 마음에 슬그머니 군왕의 뒤로 몸을 숨겼다.

강유의 출정은 비교적 순조로워 약속대로 등애를 계속 패배로 몰고 갈 수 있었다. 등애는 여러 장수들을 잃었을 뿐만 아니라 하마터면 자신의 목숨마저 잃을 뻔했다. 강유의 포위망에 갇힌 등애는 보름 정도를 근근이 버티다가 이런 상황에서는 오래 견디지 못할 것이라는 생각에 지난번처럼 반간계를 쓰기로 마음먹고 서둘러 당균을 불렀다. 그는 당균에게 많은 재물을 가지고 성도로 가서 다시 황호를 매수할 것을 지시했다.

성도에 도착하여 황호를 만난 당균은 감언이설로 그를 미혹시켰고, 재물에 눈이 어두운 황호는 금세 마음이 움직였다. 황호가 당균에게 물었다.

“그대가 모시는 등애 장군이 또다시 강유에게 포위당했단 말씀이오?”

당균이 태연한 어투로 대답했다.

“그렇소. 지금 등애 장군은 위수로 철수한 상태요. 한데 강유는 그대가 조정에서 권력을 장악하여 전횡을 일삼고 있다는 사실을 알고서 기산을 점령하고 나면 곧장 돌아와 조정을 정리하겠다고 합디다. 등애 장군께서는 지난번에 그대의 도움이 컸기 때문에 혹시 그대에게 위험이 미칠까 걱정되어 나를 보내 이런 사실을 알려주는 것이오.”

이 말에 당황한 황호는 당균이 부탁하기도 전에 자기가 먼저 나서서 강유가 군왕을 미워하여 위나라에 투항하려 한다는 소문을 퍼뜨렸다. 사흘도 되지 않아 성도 전역에 유언비어가 퍼졌다.

시기가 무르익었다고 판단한 황호는 군왕을 찾아가 직접 소문을 전했다. 유선은 지난번의 교훈을 잊은 채 또다시 세 차례나 조서를 보내 강유에게 속히 귀환할 것을 명했다. 강유는 연달아 날아오는 세 통의 조서를 읽고는 장탄식을 내뱉으며 군사를 이끌고 발길을 돌렸지만 이미 너무 지친 등애의 군사들은 그를 추격할 엄두도 내지 못했다.

강유는 군대를 일단 한중에 주둔시키고 혼자서 사자를 따라 성도에 갔으나 열흘이 지나도록 군왕인 유선이 조정에 나오지 않아 그의 얼굴조차 볼 수 없었다. 그러다가 대부 극정을 만나고서야 비로소 황호가 유언비어를 날조한 사실을 알게 되었다. 격분한 강유는 그 길로 궁중으로 달려갔다가 마침 유선의 신변에서 술을 따르고 있던 황호와 맞닥뜨렸다. 황호는 강유가 뛰어 들어오는 것을 보자마자 기겁을 하여 가산假山의 동굴로 도망쳤다.

강유가 유선에게 조서를 보낸 연유를 묻자 유선은 아무 말도 하지 못했다. 이에 강유가 황호를 죽이려 하자 유선이 오히려 강유에게 애걸하면서 그를 살려줄 것을 간청했다. 강유는 또다시 긴 한숨을 내쉬며 궁전을 나서야 했다.

『삼국지연의』에는 무수한 계략들이 등장하지만 인간관계를 이용한 계략 가운데 가장 많은 것이 반간계이고 그 다음이 사항계詐降計(거짓으로 항복하는 계략)인 것을 보면 반간계야말로 때와 장소를 가리지 않고 누구에게나 적용할 수 있는 보편적인 계략임을 알 수 있다. 또한 반간계는 그 효과가 엄청나기 때문에 일단 성공하면 전세를 완전히 역전시킬 수 있고 나라를 망하게 할 수도 있다. 게다가 반간계에는 물적, 인적 비용이 많이 들지 않기 때문에 실패한다 해도 큰 손해를 입지 않는다.

그렇다면 이러한 반간계가 쉽게 성공을 거두게 되는 이유는 어디에 있는 것일까? 반간계가 통할 수 있는 가장 기본적인 토양은 인간의 본성 가운데 하나인 의심과 시기심이다. 이는 감성과 이지가 혼합된 복잡한 심리상태로서, 이런 심리상태에서는 누구나 잘못된 판단과 정책결정을 내리게 된다. 반간계에는 아무리 총명한 인물도 예외가 될 수 없기 때문에 시대와 사회를 막론하고 쉽게 성공을 거두게 되는 것이다.

26 | 악비, 유언비어를 날조하다

어떻게 하면 같은 편끼리 서로를 의심하게 만들 수 있을까? 거짓 소문이 가장 유효한 방법이다. 중국 역사에서 사용되었던 반간계는 모두 유언비어를 날조함으로써 성공을 거두었던 것이다.

악비는 누구나 알고 있는 위대한 영웅일 뿐만 아니라 탁월한 군사전략가였다. 전하는 바에 따르면 악비가 남긴 병서 『무목유서武穆遺書』에는 용병과 작전에 유용한 내용이 담겨 있다고 한다. 파란만장한 금나라와의 투쟁에서 악비도 반간계를 이용한 적이 있다.

악비는 전투에 나설 때마다 항상 맨 앞장에 섰다. 정강靖康(원년 1126년) 금나라 군대가 대거 남하하여 북송을 멸망시키려 하자 악비는 300여 명의 기병으로 금군의 공격을 물리치고 적장 한 명을 사살했다. 얼마 후 그는 개봉을 지원하러 가던 중 황하의 얼음판 위에서 또다시 금나라의 대군과 마주쳤다. 악비가 부하들에게 말했다.

"금군은 수적으로 우리보다 우세하지만 아직 우리의 허실을 모른다. 그러니 적군이 아직 발판을 굳히지 못한 틈을 타서 맹공격을 퍼부어야 할 것이다."

그러고는 앞장서서 금나라 군대를 향해 쳐들어가 이들을 대거 격파했다. 출중한 용맹과 무예로 큰 공을 세운 악비는 당시의 명장 종택宗澤의 총애를 받게 되었다. 종택은 그가 자신의 몸을 돌보지 않고 앞장서서 돌격에 나서는 데 대해 크게 우려를 표했다. 한번은 종택이 악비에게 말했다.

"그대는 지혜와 용기를 겸비하고 있소. 옛날의 명장들도 그대에게 미치지 못할 것이오. 그러나 그대는 싸울 때마다 앞장서는데 이는 자신을 아끼지 않는 일이니 옳지 못하오."

종택은 악비에게 적을 막을 진도陣圖를 주면서 앞으로 진법에 따라 싸울 것을 권했다. 악비가 대답했다.

"먼저 진을 친 다음에 적군과 결전을 벌이는 것은 병법의 상식입니다. 그러나 어떻게 진을 이용할 것인가 하는 것은 전적으로 지휘관의 지모에 달려 있습니다."

이처럼 악비는 성정이 매우 총명한 데다가 부지런히 병법을 배워 용병술에 아주 능했다. 그는 일찍이 "용병의 근본적인 이치는 모략을 꾸미는 데 있다"라고 하여 병법의 요체를 밝힌 바 있다.

악비는 용병의 모략을 중시했기 때문에 자주 기병술을 사용하여 적은 병력으로 많은 적을 격파했다. 설사 갑자기 적들과 조우할지라도 그는 당황하지 않고 용케 위험한 상황에서 벗어났다.

건염建炎 4년(1130년) 금나라의 올술兀術은 군사를 이끌고 남하해서 건강과 임안을 공략했다. 몹시 당황한 송 고종은 바다로 도망쳤다. 그러나 한세충韓世忠의 결사적인 항거에 부딪혀 올술은 북으로 도주했다. 악비는 이 기회를 틈타 건강성 남쪽의 우두산牛頭山에서 매복전을 벌이기로 결정했다. 깊은 밤이 되었을 때 악비는 검은 옷을 입은 백여 명의 군사를 금군의 군영으로 투입시켜 혼란을 유도했고 올술은 하는 수 없이 용만龍灣으로 철수해야 했다. 악비는 기병 300명과 보병 2000명을 거느리고 다시 금나라 군사들을 공격하여 마침내 건강을 수복했다. 이것이 바로 역사에서 유명한 우두산 대첩이다.

악비는 투항을 끝까지 반대했다. 종택이 죽은 후 악비는 두충의 지휘를 받게 되었다. 송 고종은 임안으로 피신했고, 두충도 개봉을 포기하고 남쪽으로 철수할 것을 주장했다. 악비는 단호히 반대하면서 말했다.

"중원의 땅은 한 치도 포기할 수 없습니다. 만약 이곳을 떠난다면 다시는 이곳으로 돌아올 수 없을 것입니다. 나중에 이 지역을 수복하려고 해도 수십만의 대군 없이는 절대로 불가능합니다."

소흥紹興 3년(1133년) 위제僞齊 정권은 이성李成을 파견하여 금나라를 등에 업고 양양을 공략했다. 송 고종은 악비의 전략을 채택하여 양양을 수복했다. 당시 악비를 크게 신임하고 있던 황제가 말했다.

"나라의 중흥은 모두 자네에게 달렸네."

하지만 장수들의 명망이 높아지고 병권이 지나치게 커지자 송 고종은 자신이 통제하지 못할까 걱정되었다. 게다가 금나라 군사를 이긴 후에 다시 휘종徽宗과 흠종欽宗을 맞아들여서 자신의 지위를 위협하지 않을까 염려되었다. 결국 간신 진회秦檜의 훼방으로 악비는 북벌의 꿈을 이루지 못했다. 악비는 늘 유예劉豫의 위제 정권을 멸망시키기 위해 기회를 노리고 있었다. 그는 유예가 점한粘罕과 아주 가까운 사이인 데다 올술이 유예를 매우 미워하고 있다는 사실을 알고서 유예를 제거할 반간계를 고안해냈다. 1137년 악비의 군사가 올술이 파견한 첩자를 붙잡았다. 이때 악비는 그를 상대로 반간계를 펼치기로 마음먹었다. 그는 짐짓 사람을 잘못 본 척하면서 아무 내색도 하지 않은 채 첩자를 꾸짖었다.

"자네는 내가 파견한 장빈張斌이 아닌가? 내가 자네를 유예에게 보낼 때 올술을 유인하여 죽이라고 하지 않았던가? 그런데 왜 지금까지 아무런 소식도 전하지 않았던 것인가? 그렇지 않아도 자네 쪽에 무슨 변고가 생기지 않았는지 걱정하던 참이었다. 내가 이미 사람을 보내 유예의 응낙을 받았는데, 금년 겨울 구강寇江에서 회합한다는 명의로 올술을 청하淸河로 유인하여 죽이기로 했다. 자네는 유예의 편지를 받고도 나에게 전하지 않으니 나를 배신하려는 것이 아닌가? 올술이 자네에게 무슨 혜택을 주었는지 사실대로 고백하라."

첩자는 이제 죽은 목숨이라고 생각했는데 뜻밖에도 이런 상황에 닥치게 되자 속으로 은근히 기뻐하면서 악비에게 갖가지 이유를 들면서 지금까지 틈을 낼 수 없었기 때문에 오지 못했노라고 대답했다. 악비는 그의 말을 믿는 척하면서 다시 공을 세울 기회를 주겠다고 말했다. 그는 유예와 함께 올술을 죽이자는 내용의 편지를 써서 밀봉한 후 첩자에게 말했다.

"오늘은 너를 용서할 테니 돌아가 유예를 찾아서 거사할 시간을 알아오도록 하라. 만약 이 일까지 망쳤다가는 엄벌을 면치 못할 것이다."

첩자는 악비의 군영을 나와 곧장 금의 군영으로 달려가 밀봉한 악비의 편지를 올술에게 전달했다. 당시에는 악비의 군대가 우세를 점하고 있었기 때문에 올술은 유예가 자신을 배신할 가능성이 있다고 생각했다. 원래 유예에게 좋은 감정이 없었던 그는 편지를 보고 크게 놀라지 않을 수 없었다. 그는 급히 희종熙宗에게 보고하여 유예를 제거하게 했다.

사실 악비의 반간계는 다분히 국부적이었고 일시적이었다. 반면에 장기적인 금의 반간계에 역공을 당한 악비는 진회의 손에 비참한 최후를 맞고 말았다. 중국인들의 뇌리에 가장 훌륭한 민족 영웅으로 각인되어 있는 악비와 가장 더러운 매국노로 인식되고 있는 진회의 악연 역시 반간계의 결과였던 셈이다.

27 │ 거짓 소문으로 사람을 죽이다

적으로 하여금 내부 분열을 일으켜 서로 불신하고 시기하게 만드는 방법 가운데 가장 효과적이고 간단하며 힘이 들지 않는 것이 바로 거짓 소문을 퍼뜨리는 것이다. 중국 역사에서 흔히 찾아볼 수 있는 반간계는 대부분 거짓 소문을 퍼뜨림으로써 성공을 거둘 수 있었다.

곡률광斛律光은 북제北齊의 뛰어난 장군으로서 여러 차례 군사를 이끌고 나가 북주北周의 군대를 대파한 바 있다. 북제 하청河淸 3년(564년), 북주가 대장 달해성흥達奚成興을 보내 평양平陽을 공격하자 곡률광이 기병 3만을 이끌고 나가 이를 막아냈다. 같은 해 겨울, 북주는 또다시 대사마 울지형尉遲迥과 제국공齊國公 우문헌宇文憲, 용국공庸國公 가질웅可叱雄 등을 보내 10만 병력으로 낙양을 공격했다. 이에 곡률광은 5만의 병력을 이끌고 나가 망산邙山에서 적군을 맞았다. 곡률광은 직접 가질옹의 목을 벤 데 이어 분수汾水 북쪽까지 쫓아가 북주군을 대파했다. 이 전투에서 사살되거나 포로가 된 적병의 수가 수천을 헤아렸다. 북주의 장군 위효관韋孝寬은 곡률광의 용감무쌍한 천하무적의 기개를 직접 목도하고는 어떻게 해서든지 그를 제거해야겠다고 마음먹었다. 바로 이때 북제 내부에 갈등이 발생하면서 그에게 곡률광을 제거할 수 있는 절호의 기회를 제공하게 되었다.

북제의 후주에게는 조효징祖孝徵이라는 희첩이 하나 있었다. 이 여인은 두 눈을 실명했지만 후주의 양어머니인 육영훤陸令萱과 사이가 아주 좋아 후주로부터 깊은 총애를 받고 있었다. 그러나 곡률광은 조효징에 대해 커다란 불만을 갖고 있었다. 한번은 그가 부하에게 이렇게 말하기도 했다.

"나는 변방에 나와 천군만마를 지휘하면서도 나라에 큰일이 있을 때마다 달려가 참여하곤 했는데, 이 눈먼 여자가 기밀을 장악한 뒤로는 나라에 무슨 일이 있는지조차 모르게 되었네. 난 정말 제나라의 앞날이 걱정될 뿐일세."

나중에 곡률광이 입조하여 조당에 주렴을 드리운 채 자리를 잡고 앉았다. 조효징은 그가 있는 것도 모른 채 말을 타고 그의 앞을 지나갔다. 그러자 곡률광이 대로하여 옆 사람에게 말했다.

"이 여자가 내게 이렇게 무례할 수 있다니!"

조효징은 곡률광이 대로하고 있다는 사실을 알고는 곡률광의 노복에게 뇌물을 주며 말했다.

"곡 장군께서는 나를 몹시 미워하시겠군요?"

노복이 대답했다.

"마마께서 국가의 기밀을 장악하신 뒤로 우리 장군께서는 밤마다 무릎을 치시며 장님이 조정에 들어와 나라를 망치게 될 것이라며 탄식하고 계십니다."

이리하여 조효징도 곡률광을 미워하기 시작했고 북제 후주의 양어머니인 육영훤도 그를 미워하게 되었다. 육영훤이 곡률광을 미워하게 된 주요 원인은 두 가지였다. 첫째는 그녀가 자신의 아들을 위해 곡률광의 딸을 아내로 맞아들이려 했으나 곡률광이 거절했기 때문이고, 둘째는 후주가 진양晉陽의 딸을 육영훤의 아들에게 하사하려 했으나 곡률광이 이를 저지했기 때문이다. 이 두 가지 일로 인해 곡률광을 미워하게 된 육영훤는 호시탐탐 그를 제거할 기회를 노리고 있었다.

북주의 장군 위효관은 이런 상황을 알고서 첩자를 북제의 도성으로 잠입시켜 도처에 유언비어가 담긴 노래를 퍼뜨렸다.

백승百升이 하늘을 나니 밝은 달이 장안을 비추네.
높은 산은 밀지 않아도 저절로 무너지고 떡갈나무는 받쳐주지 않아도 스스로 선다네.

고대의 도량형에 따르면 백승은 1곡斛이 되고 '명월'은 곡률광의 자였다. 이 노래의 첫 행은 곡률광의 지위가 하늘처럼 높아져 황제를 위협하게 된다는 의미를 담고 있었던 것이다. 또한 북제의 황제는 성이 고高 씨였기 때문에 둘째 행의 내용도 황제의 권력이 곡광률에 의해 대체된다는 뜻이었다.

당시 사람들의 관념은 오늘날과 달라 이러한 동요나 참언에 미혹되

는 일이 비일비재했다. 이 노래가 후주의 귀에 들어가 그로 하여금 곡
률광을 의심하는 동시에 몹시 미워하게 한 것은 두말할 것도 없었다.

위효관의 수법은 대단한 효력을 발휘했다. 줄곧 곡률광을 해치려 기
회를 노리고 있던 조효징은 이 노래를 듣고는 한 구절을 더 보탰다.

눈먼 늙은이는 등 뒤의 큰 도끼를 내려놓고

말 많은 노모는 입을 닫아야 하리라.

눈먼 노인은 조효징 자신을 가리키고 말 많은 노모는 육영훤을 지칭
하는 말이었다. 조효징은 이 노래를 어린 아이들에게 가르쳐 사방으로
전파하게 했다.

육영훤는 이런 노래를 듣고 나서 조효징을 끌어들여 이를 북제의 후
주에게 바치게 했다. 조효징이 말했다.

"곡률광의 집안은 몇 대에 걸쳐 대장을 지내오면서 군권을 장악하
고 있습니다. 그의 위세와 명성이 관서에 자자하고 그의 동생 곡률풍
악曲律豊樂은 돌궐에까지 이름을 날리고 있지요. 그의 집안에서는 딸
은 황후가 되었고 아들은 공주를 아내로 맞기도 했습니다. 그 세력이
결코 무시할 수 없는 정도이지요. 노래에 담긴 뜻이 결코 가볍지 않으
니 폐하께서는 단단히 방비하셔야 할 줄 압니다."

이 말을 들은 북제의 후주는 대단히 일리 있는 얘기라 판단하고는
그들의 분석을 당시의 정세에 비추어 자세히 따져보았다. 그러고는 아
무래도 이들의 말을 믿는 것이 믿지 않고 방심하는 것보다 나을 것 같
다는 결론을 내리고 조효징과 육영훤 등과 공모하여 곡률광을 궁궐 깊

숙한 곳으로 유인하여 살해했다.

이처럼 반간계를 펼치는 데에는 한 가지 중요한 요소가 있다. 다름이 아니라 상대방의 내부 갈등을 이용하는 것이다. 중국 역사에서 성공한 반간계를 종합적으로 살펴볼 때, 대부분이 이런 상황에서 크게 벗어나지 않았음을 알 수 있다. 상대방의 단결력이 뛰어나고 서로 간에 특별한 이해관계가 없을 때는 서로가 서로에게 아무런 위협이 되지 않기 때문에 소문 따위가 비집고 들어갈 틈이 없는 것이다.

위에 기술한 사례에서 특별한 점이 있다면 민간에 얼마든지 유전될 수 있는 노래를 이용하여 참언을 퍼뜨렸다는 점이다. 이는 특정한 역사 시기에만 유효할 수 있는 책략이지만 홍보기술과 미디어가 고도로 발달한 오늘날에는 그 어떤 지략보다도 효과적인 지략이 될 수 있을 것이다. 실제로 불특정 다수를 상대로 익명의 구호나 이야기를 퍼뜨려서 대규모 상업적 효과를 노리는 마케팅 전략이 적지 않게 운용되고 있는 것을 볼 수 있다.

일찍이 중국의 문호 노신魯迅은 소문에는 술책이 있고 효과가 따르지만 일정한 한계가 있다고 지적한 바 있다. 사실 소문은 사람을 다치게 할 수도 있고 심지어 죽음에 이르게 할 수도 있다. 더 나아가서는 나라를 망하게 할 수도 있다.

모름지기 자신에 대한 타인들의 평가와 이해에 무관심할 수 없는 이유가 바로 여기에 있는 것이다.

28 | 공이 군주보다 크면 위험하다

한신은 남몰래 고통을 참는 성격으로 잘 알려져 있다. 그가 불량배의 가랑이 사이로 기어간 이야기는 남녀노소를 불문하고 모르는 사람이 없을 것이다. 한신은 회양 출신으로 어려서부터 농사도 하지 않고 상업에도 종사하지 않았다. 집안이 가난하다 보니 먹고 입는 것이 항상 부족했고 하찮은 관직이라도 해보려 했으나 쓸 만한 재주도 없어 자리를 얻지 못했다. 결국 그는 이리저리 떠돌아다니며 남에게 빌어먹어야 했다. 그는 한동안 정장停長과 사이가 좋아 걸핏하면 정장 집에 가서 끼니를 해결하곤 했다. 그러나 이것도 오래되다 보니 정장의 아내가 언짢아하기 시작했다. 어느 날부터 정장의 아내는 일부러 식사시간을 앞당겨 한신이 찾아갔을 때는 이미 설거지까지 끝낸 뒤였다. 한신은 자신을 싫어한다는 사실을 알고는 다시는 정장 집을 찾아가지 않았다. 허기에 지친 그는 회양성 아래로 가서 낚시를 해봤으나 운마저 좋지 않아 빈속으로 하루를 보내야만 했다. 그때 마침 물가로 빨래하러 나온 노부인이 한신의 처량한 모습을 보고는 점심때마다 자신의 밥을 그에게 나눠주었다. 한신은 배고픔을 참기 어려워 사양하지 않고 순순히 받아먹었고 이런 식으로 한 달이 지났다. 그러던 어느 날 한신은 감개에 젖어 노부인에게 말했다.

"언젠가 제가 출세하게 되면 이 은혜를 꼭 갚겠습니다."

그러자 노부인은 몹시 화를 내며 한신을 나무랐다.

"대장부가 스스로 살길을 찾지 못한다 해서 기가 죽어서야 되겠소? 키가 칠 척에 이목구비가 준수한 것으로 보아 왕손이나 공자의 상인데 배고파 하는 것이 너무 안타까워 밥 몇 끼 대접한 것뿐인데 내가 무슨 보답을 바란다고 그러우!"

노부인은 말을 마치고 나서 빨랫감을 챙겨 자리를 떴다.

한신은 배고픔을 해결한 은혜를 입고 감격했지만 이를 갚을 기회가 없었다. 더 이상 방법이 없을 정도로 가난에 몰리자 한신은 가보로 전해져 내려오던 보검을 팔기로 결심했지만 며칠이 지나도 사려는 사람이 없었다. 하루는 보검을 허리에 차고 거리를 돌아다니던 중에 우연히 백정 하나를 만났다. 백정은 한신을 골려줄 생각으로 조롱 섞인 어투로 말했다.

"자네는 덩치는 큰데 아주 연약해 보이는군! 배짱이 있다면 그 칼로 나를 찔러보게. 대신 날 찌르지 못하면 내 가랑이 사이를 기어서 통과해야 하네."

백정은 이렇게 말하면서 팔짱을 낀 채 거리 한가운데 주저앉았다.

한신은 백정을 한 번 훑어보고는 곧장 땅바닥에 엎드려 기어가기 시작했다. 길 가던 사람들이 모두 그를 겁쟁이라고 놀렸지만 한신은 조금도 부끄러워하지 않았다. 사실 그는 백정을 찌를 용기가 없었던 것이 아니라 큰 뜻을 품고 있는 인물이라 소인배와 사소한 시비를 벌이고 싶지 않아 스스로 치욕을 감수한 것뿐이었다. 나중에 한신은 유방을 따라 남북으로 전쟁을 수행하면서 무수한 공을 세워 회양후淮陽侯에 봉해졌다. 마침내 출세를 하게 된 그는 빨래하는 노부인의 은혜에 보답할 생각은 했지만 백정을 혼내주려는 생각은 하지 않았다. 오히려 그는 백정을 찾아 하급 군관으로 임명했다.

기원전 203년 11월, 한신은 용차龍且의 목을 베고 제왕齊王 전광田廣을 주살함으로써 제나라를 평정했다. 이때 그는 이미 수십만의 병력을 보유하여 막강한 세력을 과시하고 있었다. 당시엔 한신이 한을 배반하고 초에 투항하면 한이 망하고, 한을 도우면 초가 망할 정도로 팽팽하게 삼자가 세력균형을 유지하고 있었다. 이때 초한 전쟁은 막바지 단계로 접어들고 있었다. 한신이 항우를 격파했을 때 제후들은 제각기 자신의 영지를 지키면서 일부는 항우를 배반하고 유방에게 투항했고 일부는 유방을 내치고 항우를 쫓았으며 일부는 스스로 칭제하여 무상한 공방을 거듭했다. 이때 한신은 다른 사람의 권고에 따라 사자를 보내 유방에게 자신을 제나라 땅의 임시 군왕으로 봉해줄 것을 요구했다. 유방은 한신이 자신이 어려운 지경에 처한 것을 보고서 병력을 보내 도와줄 생각은커녕 이를 기회로 삼아 제나라 땅을 차지하려 든다고 생각하고 몹시 분개하며 사자에게 호통을 치려고 했지만 장량張良이 황급히 나서서 유방을 저지했다. 그리고는 유방의 귀에다 대고 말했다.

"지금은 한신의 사자를 나무라서도 안 되고 한신을 공격해서도 안 됩니다. 한신이 폐하를 도와야만 초를 멸망시킬 수 있기 때문이지요. 만일 한신이 폐하를 배반하고 초왕을 돕는다면 폐하께서는 큰 위험에 처하시게 됩니다. 한신이 사자를 보낸 것은 폐하의 태도를 살피기 위한 것이니 흔쾌히 그를 제왕으로 봉하셔서 제나라 땅을 지키게 하고 나머지 일은 초가 망한 다음에 다시 생각하도록 하십시오."

유방은 장량의 말을 받아들여 한신의 사신을 향해 말했다.

"대장부가 임시로 왕이 될 수야 있나, 정식 왕으로 책봉하겠네!"

그리하여 이듬해 2월, 유방은 장량에게 옥새를 갖고 제나라 지역으로 가서 한신을 왕으로 봉하게 했다. 유방의 이러한 조치는 과연 실효를 거두었다. 본래 그를 배반하고 독립할까 망설이던 한신은 차마 그러지 못하고 평온해졌다. 얼마 후, 초왕 항우가 사신 무섭武涉을 보내 초나라로 귀순할 것을 권했지만 한신은 이를 거절했다.

그러나 천하의 형세를 꿰뚫어 보고 있던 책사 괴통이 한신에게 독립을 권유했다.

"처음에 난이 일어나고 군웅들이 사방에서 봉기한 것은 주로 진나라를 멸하기 위해서였습니다. 진나라가 망한 뒤에는 초나라와 한나라가 전쟁을 벌여 뭇 백성들이 곤란에 처해 있습니다. 팽성彭城에서 군사를 일으킨 항우는 남북에서 전쟁을 벌여 형양滎陽까지 육박함으로써 천하에 그 위세를 떨쳤습니다. 지금은 광무에 발이 묶여 여러 해 진전이 없는 상황입니다. 그리고 유방은 수십만 대군으로 공락鞏洛을 점령하고 산과 강에 의지해 하루에도 몇 차례씩 싸움을 벌이고 있습니다. 그러나 전혀 공을 거두지 못하고 실패만 거듭하고 있지요. 제가 천하의 대세를 바라보건대 현자가 나타나지 않으면 전쟁을 멈출 길이 없습니다. 장군께서는 이 기회에 초나라, 한나라 사이에서 그 두 나라를 번갈아 도우십시오. 그러면 두 나라의 운명은 장군의 손안에 있게 됩니다. 만약 제 계략에 따르신다면 두 나라와 함께 천하를 삼분해 정립鼎立의 형세를 이루고, 조용히 시기를 기다릴 수 있습니다. 장군은 큰 인재이십니다. 강한 제나라를 차지한 것도 모자라 십만 대군으로 연나라, 조나라 지역을 병탄하고 서쪽으로 진출한 장군에게 천하의 그 누가 복종하지 않겠습니까? 훗날 천하를 갈라 제후들에게 나눠주면 그들이 다 감복하여 앞 다투어 장군께 참배할 테니 이것이 곧 패왕의 업적이 아니겠습니까? 하늘이 주신 것을 받지 않으면 천명을 어기는 것이라 거꾸로 벌을 받게 되고, 때가 왔는데도 행하지 않으면 그때를 이용하지 않은 것이라 거꾸로 화를 입는다고 합니다. 이 점을 필히 숙고하시고 좋은 기회를 놓치지 마십시오!"

한신은 그의 말을 오랫동안 음미하고서 입을 열었다.

"한왕이 날 이토록 잘 대해주는데 어떻게 내 잇속만 차리고 은혜를 저버릴 수 있겠나?"

괴통은 그가 충성과 은혜에 얽매여 있음을 알고 다시 말했다.

"월나라 대부 문종은 망한 월나라를 보존하고 구천을 도와 큰 공을 세웠지만, 도리어 죽음을 당했습니다. 토사구팽兎死狗烹은 실로 바뀌지 않는 진리입니다. 생각해 보십시오. 장군의 용맹이 주군을 놀라게 하면 흔히 위험을 자초하며, 공이 천하를 뒤덮으면 흔히 상을 받지 못한다고 합니다. 게다가 지금 장군은 초나라에 협력해도 믿음을 얻지 못하고 한나라에 협력해도 두려움을 살 형편입니다. 그렇다면 어떻게 해야 안전을 도모할 수 있겠습니까?”

한신은 그의 말이 합리적이라고 느꼈지만 쉽게 결정을 내릴 수가 없었다. 그는 즉시 괴통의 말을 끊고 말했다.

“선생은 더 이상 말하지 마시오. 내가 더 생각해 보고 결정할 터이니.”

괴통은 한신이 이미 마음이 흔들린 것을 확인하고 그 자리를 떴다. 괴통이 간 후, 한신은 한동안 생각에 잠겼다. 그는 이전에 항우를 위해 일한 적이 있었지만 벼슬도 낭중에 머물렀고 계책도 받아들여지지 않았다. 그러나 한나라에 투신해서는 유방에게 장군 직위를 얻어 수만의 군사를 거느리게 되었다.

‘한왕은 내게 온갖 친절을 다 베풀었고 이번에는 날 제왕으로 책봉해 주었다. 내가 만약 이런 은덕을 저버린다면 불길한 일을 당하고 말 것이다. 게다가 위표魏豹를 포획하고, 제나라, 연나라, 조나라를 평정해준 나를 그가 어찌 내칠 수 있을 것인가!’

그는 결국 괴통의 제안을 무시하기로 결정했다.

본래 한신이야말로 포부가 큰 인물이라고 여겼던 괴통은 조용히 며칠을 기다렸다. 그래도 아무 소식이 없자 그는 다시 한신을 찾아가 말했다.

“장군께서는 속히 결단을 내리셔야 합니다. 이런 기회를 놓치면 다시 얻을 수 없을 것입니다.”

이미 한나라를 배신하지 않기로 결심한 한신이 말을 대답했다.

“그런 말일랑 다시는 꺼내지 마시오. 나의 공이 이토록 크고 충성으로 왕을 대하는데 왜 그가 날 저버리겠소?”

괴통은 더 이상 말해봐야 별 소득이 없으리란 걸 알고 입을 다물었다. 그 날 이후, 괴통은 한신의 곁에 더 머물다가 혹시 화를 당할까 두려웠다. 그는 정신병을 가장하여 그곳을 벗어난 뒤, 아무 흔적도 없이 사라졌다.

한나라 10년(기원전 197년), 대代 지역의 국상國相 진치陳豨가 모반하여 스스로를 대왕代王이라고 칭했다. 한 고조 유방은 직접 그를 정벌하기로 결정했다. 유방은 출병에 앞서 나라 안의 일은 여후에게 맡기고 바깥의 일은 소하에게 맡겼다. 유방이 떠나고 얼마 후, 누군가 여후에게 회음후 한신이 진치와 내통하고 있다고 밀고했다. 그 밀고에 따르면 한신과 진치가 야음을 틈타 황궁을 포위하고 태자를 습격하려 한다는 것이다. 이때, 한신은 왕에서 후로 강등된 일로 인해 유방에게 큰 불만을 품고 있었다. 그의 마음속에는 점차 반역의 욕구가 짙어지고 있었다. 한나라 7년(기원전 200년), 유방은 척희戚姬의 아들 여의如意를 대나라 왕으로 세우고, 그가 어린 까닭에 진치를 재상으로 보내 보좌하도록 했다. 이별을 앞두고 한신이 진치의 손을 잡아당기며 하늘을 우러러 길게 탄식했다.

"내가 자네와 좋은 친구로 지낸 지 꽤 여러 해가 되었네. 지금 자네에게 할 말이 있는데 들어보겠는가?"

"말씀하십시오, 장군."

"자네는 명을 받아 대나라 땅에 가게 되었네. 그곳은 강한 병사와 튼튼한 말이 많은 곳이지. 게다가 자네는 대왕의 총신이니 이야말로 큰일을 도모할 기회가 아닐 수 없네. 만약 누군가 자네를 반역자로 밀고해도 대왕은 쉽게 믿지 않을 거야. 아마 두 번, 세 번 밀고가 들어온 다음에야 군대를 움직이겠지. 그때 내가 도읍인 이곳에서 일을 벌여 자네에게 호응하면 천하를 얻는 것도 그리 어려운 일이 아닐 걸세."

일찍이 한신이 천하의 귀재임을 알고 있던 진치는 즉시 고개를 끄덕였다.

"삼가 분부에 따르겠습니다."

진치가 군대를 일으키고 유방이 원정을 떠난 배후에는 이런 내력이 숨어 있었다. 이때 도읍에 있던 한신은 병을 핑계로 집에 틀어 박혀 있었다. 그는 한편으로는 몰래 진치와 연락을 취하고, 다른 한편으로는 가신들과 함께 밤에 궁궐을 습격하여 태자, 여후 등을 사로잡을 준비를 했다.

이런 사실을 폭로한 사람은 한신에게 죄를 지은 한 가신의 동생이었다. 한신은 그 가신을 가두고 날을 잡아 목을 칠 작정이었다. 이 소식을 들은 그 가신의 동생이 형을 구하기 위해 한신의 계획을 여후에게 밀고한 것이었다. 당황한 여후는 두려움에 떨면서 황급히 소하를 불러들여 대책을 상의했다. 소하가 계책을 올리며 말했다.

"심복 하나를 군졸로 꾸민 다음, 도읍 밖으로 나갔다가 다시 들어오게 하십시오. 그리고 폐하가 벌써 진치를 무찔렀다고 거짓 보고를 하게 하십시오. 이렇게 하면 군신들이 이를 사실로 믿고 조정에 나와 축하인사를 올릴 것입니다. 이때 한신도 오면 그만이지만, 오지 않으면 제가 가서 그를 속인 뒤, 기회를 봐서 체포하도록 하겠습니다."

여후는 좋은 계책이라 여기고 곧바로 일을 진행했다.

소하의 예상은 그대로 맞아떨어졌다. 소식이 전해지자마자 신하들이 다투어 조정에 모여들었다. 오직 한신만이 집 대문을 굳게 닫은 채 나오지 않았다. 이에 소하는 문병을 핑계로 한신을 찾아가 몇 마디 인사를 나눈 뒤 본론을 꺼냈다.

"지금, 폐하의 승전보가 도착하여 뭇 신하들이 모여 축하를 하고 있습니다. 그런데 오직 장군만 오지 않았으니 온당치 않은 일입니다. 당장 저와 함께 가서 사람들의 오해를 풀어주시지요."

소하는 조정의 연장자이자 승상의 몸이었다. 한신은 차마 거절하지 못하고 하는 수 없이 그를 따라 입궐했다.

한신이 막 궁궐 안으로 들어서자마자 돌연 호령소리가 울렸다.

"한신을 포박하라!"

말이 떨어지기 무섭게 양쪽에서 중무장한 병사 둘이 나와 한신을 포승줄로 묶었다. 한신이 크게 외쳤다.

"내가 무슨 죄를 지었기에 이러는 거요?"

여후가 노하여 꾸짖었다.

"네놈이 진치와 내통하여 반란을 획책한다는 편지를 네놈의 가신에게서 받았다. 네놈이 그래도 변명을 하겠느냐?"

한신은 모든 게 발각되었음을 깨닫고 입을 다물었다. 여후는 즉시 명령을 내려 그의 목을 베게 했다. 죽음을 앞두고 한신이 길게 탄식하며 말했다.

"내가 괴통의 말을 듣지 않아 한낱 아녀자에게 속고 마는구나. 이것도 천명이 아니겠는가!"

유방은 진치의 반란을 진압한 뒤, 한신이 이미 사살되었음을 알았다. 그는 한신이 죽기 전, 괴통의 이름을 언급했다는 말을 듣고는 곧바로 괴통을 찾아내 죽이게 했다.

오랫동안 사람들은 한신이 배수의 전투를 치렀다고 생각했다. 그러나 여기에는 중대한 오해가 숨어 있다.

4년을 끈 초한 전쟁은 유명하면서도 기상천외한 전투들을 양산했다. 그 가운데 한신이 조나라를 평정한 전투야말로 가장 특이한 전투였다. 이 전투는 실로 인류 전쟁사에서도 대단한 의미를 갖고 있다.

한나라 3년(기원전 204년), 한신은 유방의 명을 받아 장이張耳와 함께 병력 수만 명을 거느리고 조나라를 침공했다. 이 소식을 접한 조왕 헐歇과 재상 진여陳餘는 한군이 지나치는 길목인 정형 입구에 20만 대군을 집결시켰다. 그들은 지형의 유리함을 이용하여 한나라와 결전을 벌일 속셈이었다. 장이와 진여는 원래 절친한 친구 사이였지만 이때는 각자의 주인을 위해 원수가 되어 있었다. 그러다 보니 두 사람은 상대의 성격을 너무나 잘 알고 있었다.

조나라 광무군廣武君 이좌거李左車는 상당한 식견의 소유자였다. 그가 진여에게 계책을 올리며 말했다.

"한신은 황하를 건너 위왕을 포로로 삼고 하열夏說을 사로잡았다고 합니다. 그런 자가 지금 천 리 길을 군대를 이끌고 와 공격하니, 그 예기를 막아내기 힘들 듯합니다. 속담에 천 리를 가면 군량이 떨어져 군사들 얼굴에 궁기가 돈다는 말이 있습니다. 그리고 이곳 정형의 길은 수레 두 채가 나란히 갈 수 없을 만큼 좁습니다. 한군이 오면 그들의 군량과 마초는 분명 뒤쪽에 있을 겁니다. 그러니 정예병력 3만을 샛길로 침투시켜 적 후방의 화물을 탈취하게 한 다음, 지형을 이용해 적이 나오지 못하도록 막으십시오. 이렇게 하면 적은 앞으로 나가 싸울 수도 없고 후퇴할 수도 없으며 군량도 전혀 없는 진퇴양난의 처지에 빠지게 됩니다. 아마 열흘도 못 넘기고 패배하고 말 것입니다."

그러나 진여는 인의한 군대는 잔꾀를 부리지 않는다는 이유로 이좌거의 계책을 받아들이지 않았다.

당시의 상황에서 그 계책은 확실히 효과적인 작전이었다. 만약 진여가 그 계책을 사용했다면 한신은 틀림없이 위험한 처지에 빠졌을 것이다. 한신은 나중에 진여를 격파한 뒤, 이좌거에게 공손히 전투에 대한 가르침을 청하고 그의 건의를 수용했다.

진여가 이좌거의 계책을 묵살했다는 소식을 듣고 한신은 한시름을 놓았다. 그는 정형 입구에서 30리 떨어진 곳에 군영을 설치해 놓고 병력을 배치하기 시작했다. 먼저 한 장수에게 날랜 기병 2000기를 맡긴 뒤, 기병마다 손에 깃발을 들고 야음을 틈타 정형 입구 좌우편에 매복하도록 명령했다. 아울러 한신은 이들에게 단단히 당부했다.

"아군이 조군과 싸우다 달아날 때까지 기다려라. 놈들은 분명히 아군을 뒤쫓아올 것이다. 그때 너희는 쏜살같이 놈들의 보루를 차지하고 조나라 깃발 대신 우리 한나라 깃발을 바꿔 꽂아라."

첫 지시를 마치고 한신은 군대를 움직여 곧바로 정형 입구로 들어갔다. 때는 해가 어슴푸레 떠오르는 새벽이었다. 한신은 재차 명령을 내려 병사들의 사기를 돋우었다. 당장은 건량을 먹어 허기를 채우지만 곧 조군을 격파하고 아침을 지어먹자는 내용이었다. 그는 또 다른 장수 한 사람에게 정예병력 만 명을 주고, 저수抵水를 건너 물을 등진 채 전열을 짜게 했다.

한신은 군사들을 배불리 먹이지 않았고, 또한 배수진을 치게 했다. 이는 병법에 일찍이 없던 금기사항이었다. 상식적으로 볼 때 이렇게 스스로 퇴로를 끊는 방법은 누구도 이해하기 힘든 일이었다.

이런 광경을 본 조나라 장수들은 속으로 웃지 않을 수 없었다. 한신처럼 명성이 자자한 대장군이 어떻게 이런 진법을 쓸 수 있는지 의심이 들었다. 그러나 모두들 그의 용병술이 신출귀몰하다는 것을 잘 알고 있었기 때문에 마음속의 의혹을 감히 드러낼 수가 없었다. 곧 날이 완전히 밝았고 한신과 장이도 저수를 건너 전투를 준비했다. 한신이 장이에게 말했다.

"지금 조군은 유리한 지형을 차지하고 있소. 만약 나의 대장 깃발이 안 보이면 우리 군대가 소규모인 걸 알아도 절대로 싸움에 응하지 않을 것이오."

그래서 그는 대장 깃발을 높이 들게 하고, 장이와 함께 군사들을 이끌고 정형관을 향해 돌진했다. 이때 진여는 한신이 직접 부대를 지휘하고 있고, 또한 그의 부대가 소규모인 것을 확인했다. 두려움이 없어진 그는 당장 성문을 열고 군사들을 데리고 나가 응전했다. 두 나라 군사들이 오랫동안 어울려 싸우면서 사상자가 속출했지만 쉽게 승부가 나지 않았다. 계속 싸우다가는 한나라 측이 불리해질 것이 분명했다. 이때 한신은 적군의 그런 심리를 이용해 그들을 유인할 계획이었다. 때가 됐음을 직감한 그는 군사들에게 깃발과 무기를 버리면서 천천히 후퇴할 것을 명령했다. 이에 용기백배한 조군은 도망치는 한군을 뒤쫓기 시작했다.

한편, 성문을 지키기 위해 남아 있던 조나라 군사들은 뜻밖에 여기저기 널려 있는 한나라 병사들의 갑옷과 무기들을 발견했다. 그들은 나중에 상을 받을 증거로 삼기 위해 다투어 이를 챙기기 시작했다. 곧이어 성문 안을 수비하던 군사들도 남들이 쉽게 전리품을 취하는 것을 보고는 욕심이 동해 성문 밖으로 뛰쳐나왔다.

바로 이때, 한 줄기 포성이 울려 퍼졌다. 성문 근처에 매복해 있던 한나라 기병들이 우르르 쏟아져 나왔다. 조나라 군사들 가운데 성을 지키기 위해 남아 있는 인원은 원래 많지 않았다. 더욱이 성안의 병사들까지 활짝 문을 열고 나와 있었으니 전혀 방어할 겨를이 없었다. 조나라 군사들은 삽시간에 손발이 어지러워졌고 한나라 기병들은 신속하게 이들을 사살하고 성을 점령한 다음 조나라 깃발들을 뽑아버리고 그 자리에 한나라의 깃발을 꽂았다.

그 시간, 한신과 장이는 군대를 퇴각시켜 벌써 배수의 진으로 돌아와 있었다. 이 광경을 본 진여는 한신이 이미 후퇴할 길이 없다고 여기고 완전히 우세한 병력만으로 밀어붙일 것을 결심했다. 그는 적의 진영을 깨뜨리라고 명령했다.

이 순간, 한군의 형세는 대단히 위태로웠다. 앞에는 몇 배나 많은 숫자의 적군이 있고, 뒤에는 시퍼런 저수가 흐르고 있었다. 한 마디로 절체절명의 위기상황이었다. 조군을 격파하지 못하면 오직 죽음만이 있을 뿐이었다.

한나라 군사들이 어찌할 바를 모르고 있는 차에 한신이 훌쩍 말을 타고 적진을 향해 검을 겨누며 군사들에게 외쳤다.

"후퇴하면 죽음뿐이니 승리해야만 살 길이 열린다. 조나라군의 성이 벌써 우리 수중에 떨어졌으니 적은 크게 흔들릴 것이다."

이리하여 한군은 몸을 돌려 한신과 장이를 따라 필사적으로 돌진했다. 병사들 모두가 죽으면 죽었지 절대로 후퇴하려 하지 않았다.

이때, 시간은 벌써 정오에 가까워져 있었다. 진여는 일시에 한군을 무찌르기가 어렵다고 판단하고 군사들을 거둬들였다. 군사들이 허기가 진 기색이 역력한 데다가 이미 주도권을 잡고 있는 이상, 무리해서 싸울 필요가 없다고 생각한 것이다. 그는 한군의 기력을 다 소진시킨 뒤에 승리를 취하려 했다. 어쨌든 한군은 강물을 등지고 있어 도망칠 길이 없기 때문이었다. 이에 진여는 군사들을 정형관으로 후퇴시켜 점심을 먹게 한 다음 다시 싸움에 임하게 할 생각이었다. 진여의 이런 계산은 당시의 상황에서는 더없이 합리적인 것이었다.

조군이 퇴각하여 정형관에 다다라보니 성문 위에는 한나라 깃발이 꽂혀 휘날리고 있었다. 자신들의 요새가 한군에 점령당한 것을 알게 된 조나라 군사들은 크게 마음이 흔들렸다. 이때 뒤에서는 적군이 바싹 추격해 오고 있고 앞에서도 한군 병력이 성문을 열고 쳐들어오고 있었다. 조군은 삽시간에 전열이 흐트러져 사방으로 뿔뿔이 흩어지기 시작했다. 진여는 서둘러 혼란을 수습하고자 곁에 있던 몇 명의 목을 베었지만 아무 소용이 없었다. 하는 수 없이 그는 패잔병들을 이끌고 저수 강변까지 후퇴했다가 그곳에서 한군에게 포위된 채 사살 당하고 말았다.

이것이 바로 유명한 배수 전투의 경과이다.

한신은 조군을 격파하고 진여를 살해한 직후, 곧바로 부대를 파견하여 조왕을 뒤쫓게 했다. 결국 조왕 헐은 양襄나라에서 최후를 맞이했고, 한신은 정형관을 넘어 계속 진군한 끝에 순식간에 조나라를 평정할 수 있었다.

배수의 전투에서 쓰인 전법은 병법에서 이야기하는 "사지死地에 떨어진 뒤에야 살 수 있다"는 전법이었다. 이는 스스로 퇴로를 끊는 전술로서 군사들의 생존 욕망을 충분히 이용하여 그들의 전투능력을 극대화하는 데 장점이 있었다. 그러나 동시에 이는 대단히 위험한 전술이기도 했다. 뛰어난 지략가가 아니면 결코 사용해서는 안 되는 전법인 것이다. 자칫하면 군사들을 죽음에 몰아넣을 수도 있기 때문이다.

한신의 배수의 전투를 훑어보면서 우리는 몇 가지 특징을 찾아낼 수 있다.

첫째, 그는 매우 능동적으로 이 전술을 사용했다. 결코 몰리는 상황에서 어쩔 수 없이 사용한 것이 아니었다. 이런 까닭에 다른 각종 전략들을 여유 있게 배치하고 배수의 전투를 열세에서 우세로 전환시킬 수 있었던 것이다. 이것이 가장 중요한 관건이다. 한신의 배수의 전투는 사실상 미리 전략을 확정하고 나중에 행동으로 옮기는 방식이었다.

따라서 한신의 배수의 전투는 오늘날 우리가 말하는 '배수진'이 아니라 능동적인 공략을 위한 뛰어난 지략이라 할 수 있는 것이다.

둘째, 한신이 펼친 배수의 전투는 체계적인 전략이었다. 이 점은 적의 성을 탈취한 것과 군대를 새벽에 출격시킨 사실에서 나타난다. 한신은 적군이 정오가 되면 점심을 먹으러 성으로 돌아가리라는 것을 예견하고 있었다. 그는 자신들이 정오까지만 버틴다면 성으로 돌아간 조군이 성을 빼앗긴 걸 알고 대혼란을 일으킬 것까지 정확히 예상했다. 그런데 한신은 자신이 소수의 병력으로 적의 우세한 병력과 맞서 실패할 수도 있다는 사실을 의식하지 못했을까? 역사는 이 점에 대해 언급하고 있지 않지만 우리는 당시 상황에 근거하여 얼마든지 분석해 볼 수 있다. 조군은 한신이 배수의 진을 쳐 퇴로가 없음을 알고 있었기 때문에 전투를 서두를 필요가 없었다. 하물며 이 전투는 오전 안에 끝낼 수 있는 간단한 싸움이 아니었다. 그래서 한신은 자신의 정예병력으로 적군과 맞서, 적어도 정오까지 버티는 정도는 별 문제가 아니라고 예상했다. 이 또한 자신을 알고 적을 알았기에 가능한 일이었다.

셋째, 한신의 전략은 위험한 도박이 아니었다. 오히려 대단히 안전한 계책이었다. 그 이유는 무엇일까? 그는 조군과 싸우는 것보다는 그들이 험준한 성을 지키며 싸움에 응하지 않을 것을 더 걱정했다. 일단 그들이 성 밖으로 나오자 한신은 그들과 똑같은 조건에서 싸울 수 있었다. 진여 같은 인물을 그가 두려워할 리가 없었다. 게다가 매복시켜놓았던 기병들은 정형관을 점령하지 못했을지라도 이미 성 밖에 나온 진여의 후방을 공략해 얼마든지 한신을 구출할 수 있었다. 바로 이런 계산이 있었기 때문에 한신의 전략은 안전을 확보할 수 있었던 것이다.

넷째, 한신의 군대는 연전연승의 군대로서 사기가 충천해 있었다. 그들은 한 사람이 열 사람을 당해낼 만한 능력을 갖추고 있었다. 한신은 오직 군량 수송로를 적에게 끊기고 좁은 산길에서 시간을 지체하게 될 것을 걱정했다. 그렇게 되면 군사들의 기력이 점차 소진될 것이기 때문에 속전속결을 노리는 수밖에 없다. 따라서 그의 주요한 목적은 진여를 성 밖으로 유인하는 것이었다. 그는 보통 사람들이 쉽게 알아차릴 수 없는 방법으로 이러한 목적을 달성했다.

이상의 사실로부터 우리는 한신의 배수의 전투가 실제로는 하나의 '전투'라기보다는 대단히 교묘한 함정이었음을 알 수 있다. 이는 오직 위대한 전술가만이 고안해낼 수 있는 신비한 함정이었다.

29 | 종이 위에서 병법을 논하다

기원전 270년, 진秦 소양왕昭襄王은 위魏나라 사람 범저를 객경으로 모시고 그가 제시한 '원교근공遠交近攻'의 대외정책을 받아들였다. 이러한 정책의 실행은 진의 대외정책이 크게 성숙되어 닥치는 대로 공격하고 싸우는 과거의 소모적이고 무리한 외교 전략에서 이미 탈피했음을 의미했다. 이러한 정책에 따라 진은 멀리 떨어져 있는 제나라 등과는 우호관계를 맺고 가까운 한韓나라 등을 공격하기 시작했다. 이리하여 진은 매년 조금씩 영토를 확장했고 국력이 갈수록 신장되었다. 이처럼 '원교근공' 정책은 진이 16국을 통일하는 데 외교적 기초를 마련해주었다.

진 소양왕은 제를 공격하는 과정에서 한 차례 좌절을 겪고 난 후부터 완전히 범저의 모략에 따르기 시작했다. 대내적으로는 태후를 폐하고 양후穰侯를 축출했으며 대외적으로는 제나라와 일시적으로 우호관계를 유지하면서 한나라에 대해선 실질적인 공격을 감행했다. 기원전 262년, 진왕은 대장 왕흘을 부장으로 파견하여 한을 공격하고 야왕성野王城을 점령했다. 이로써 한나라는 두 토막이 나서 상당군과 본토가 완전히 격리되었다. 이로 인해 한은 크게 두려움을 느끼면서 상당 지역을 진나라에 헌납하고 그 대가로 철군을 요청하기에 이르렀다. 그러나 상당 군대의 장령인 풍정馮亭은 진에 투항하는 것에 반대하면서 다른 의견을 내놓았다.

"상당 지역을 진에 헌납하느니 차라리 조趙에 헌납하는 것이 바람직합니다. 조가 상당을 손에 넣게 되면 진은 이를 빼앗으려 할 것이고, 그렇게 되면 한은 조와 연합하여 진을 공격할 수 있을 것입니다."

절대 다수의 사람들이 이러한 건의에 동의함에 따라 한나라는 조에 사자를 보내 땅을 헌납했다.

조의 효성왕孝成王은 사리에 밝지 못한 인물이라 거대한 땅을 거저 얻었다는 생각에 몹시 기뻐하면서 평원군平原君에게 5만 대군을 이끌고 가서 이를 접수할 것을 명령했다. 상당에 도착한 평원군은 풍정을 화릉군華陵君으로 봉하고 상당 태수로 임명하려 했으나 풍정은 끝내 고사하며 받아들이지 않았다. 자신은 국토를 지키지 못하고 사사로이 이를 헌납함으로써 부귀를 얻은 만큼, 어떠한 봉작도 가당치 않다는 것이었다. 평원군이 재차 간청하고서야 풍정은 비로소 상당을 지키겠노라고 승낙하면서 막대한 군대를 지원해줄 것을 요청했다.

진왕은 조가 땅을 가로챈 것에 몹시 분개하며 왕흘에게 당장 상당을 포위하여 공격하라고 명령했다. 풍정은 세력이 미약하여 이에 저항하

기 힘들었고 40일을 사수한 끝에 백성들과 함께 조나라로 피난하다가
장평관長平關에서 조의 지원군과 마주치게 되었다. 조왕은 워낙 아둔
하고 어리석어 새로 땅을 얻게 된 것을 기뻐할 줄만 알았지, 진군의 공
격이 코앞에 닥친 것은 깨닫지 못하고 있었다. 시간이 꽤 흐른 뒤에야
지원 병력을 보낼 생각을 하게 된 조왕은 염파廉頗를 대장으로 20만
의 병력을 파견했다. 염파의 군대는 진군과의 일전에서 크게 패한 후
에 승리가 여의치 않음을 깨닫고 철저하게 보루를 쌓고 싸움을 피한
채 장령들에게 이기든 지든 간에 군영 밖으로 나가 싸우는 자는 무조
건 참수하겠다는 엄령을 내렸다. 염파의 생각은 장기전으로 진군의 힘
을 빼면서 군량을 고갈시킨 후에 진군이 퇴각할 때 뒤쫓아가 섬멸하겠
다는 것이었다. 왕흘은 경험이 풍부한 노장이라 지구전의 위험을 잘
알고 있었기 때문에 이에 속지 않고 여러 차례 맹공을 시도해 보았지
만 역시 힘만 뺄 뿐, 조군을 보루 밖으로 끌어내지는 못했다. 결국 왕
흘은 진왕에게 보고를 올리기에 이르렀다.

"조군의 통수 염파는 오랜 전쟁 경험을 갖고 있고 공수의 이치를 잘
알고 있습니다. 그가 계속 보루를 지키면서 밖으로 나오지 않기 때문
에 아군은 그와 결전을 벌일 기회조차 갖지 못하고 있습니다. 이런 식
으로 이미 3년이 지나다 보니 양초의 공급에도 문제가 생기기 시작했
습니다. 대왕께서 달리 방법을 강구하지 않으시면 진군은 전부 불귀의
객이 되고 말 것입니다."

이때 이미 승상이 되어 있던 범저가 말했다.

"진군이 염파 같은 노장을 만난 이상 대적하기가 쉽지 않을 것입니
다. 제가 보기엔 염파가 지구전으로 끌고 나가는 것이 진군을 이길 수

있는 유일한 방법인 것 같습니다. 조군을 이기려면 조군의 이러한 전략을 바꾸게 해야만 하는데, 그러려면 조군의 주수를 성격이 급하고 무지한 인물로 교체해야 할 것입니다. 그리고 그런 인물로는 조사趙奢의 아들 조괄趙刮이 가장 적격이지요."

그리하여 범저는 조나라의 관원을 매수하여 갖가지 방식으로 유언비어를 유포하기 시작했다. 며칠 후 조나라 조정에는 염파가 나이가 많아 젊은 시절의 예기를 상실했기 때문에 진군과의 결전을 피하고 있는데, 그를 아직 젊고 힘이 넘치는 조괄로 대체하면 머지않아 진군을 무너뜨릴 수 있을 것이라는 의론이 분분했다. 사리에 밝지 못한 조왕은 항상 염파가 결단력이 부족하여 싸움에 나서지 못하고 있다고 생각해 온 터에 이러한 의론이 일자 당장 사람을 보내 전쟁을 재촉하기에 이르렀다.

그러나 염파는 조왕의 재촉에도 아랑곳하지 않고 계속 공격을 미룬 채 수비에만 전념하고 있었다. 이에 조왕은 대로하여 당장 조괄을 불러들여 장평의 진군을 무찌를 수 있느냐고 물었다. 경솔한 조괄은 허장성세를 부리며 자신이 진군을 대적하면 백기 같은 장군이 나선다 해도 추풍낙엽처럼 무너질 것이라고 호언장담했다. 이 말에 힘을 얻은 조왕은 즉시 조괄을 보내 염파를 대신하여 조군의 주수를 맡게 했다.

조괄은 조의 명장 조사의 아들이었다. 기원전 270년, 진 소양왕이 왕흘을 시켜 한나라를 가로질러 조의 연여閼與 지구를 공격하게 했을 때 조왕은 조사를 보내 조군을 지원하게 했다. 조사는 경솔하게 싸움에 뛰어들지 않고 한단에서 30리 떨어진 지점에 군사를 주둔시킨 다음, 몰래 진군에 첩자를 보내 조군의 장령이 겁이 많아 감히 쳐들어오지 못하고 있다는 소문을 퍼뜨리게 했다. 이에 진군의 방비가 소홀해진 틈을 타서 이틀 동안 강행군을 감행한 조사는 진군을 기습 공격하여 유리한 지형을 점령한 다음, 대대적인 맹공에 나서 속수무책인 진군을 대파하고 돌아왔다.

조사는 대단히 신중한 성격에 학식과 경험이 풍부한 명장이었으나 그의 아들 조괄은 일개 공담가에 불과했다. 그는 어려서부터 총명하고 학문을 좋아했으며 열정적인 성격에 변론을 좋아하여 부친과 적지 않은 병서를 함께 학습하면서 자주 변론을 벌이기도 했다. 그럴 때마다 말주변이 뛰어난 조괄이 경전의 내용을 인용하며 부친 조사의 견해를 공박하곤 했다. 그러나 이는 어디까지나 '종이 위에서 병법을 말하는 것'에 지나지 않았다. 조괄은 실제적인 경험이 전무하면서도 그동안 배운 이론적 지식만 믿고 자신을 천하무적의 명장으로 과대평가하여 허장성세를 서슴지 않았다. 그러나 조괄의 부모는 그가 아무런 능력도 없이 자신을 과신하고 있다는 사실을 잘 알고 있었다.

이때 조괄의 부친 조사는 이미 사망한 뒤였다. 조괄의 모친은 조왕이 자신의 아들을 주수로 임명하려 한다는 소식을 듣고는 당혹감을 감추지 못하며 즉시 조왕을 찾아가 울면서 호소했다.

"조사는 임종 직전에 제게 절대로 대왕께서 조괄을 기용하는 일이 없도록 하라고 당부했습니다. 전쟁이란 것은 대단히 위험하고 어려운 일로서 신중에 신중을 다하지 않으면 안 되는데, 제 아들 조괄은 경험이 부족할 뿐만 아니라 성격이 매우 경솔하여 실패할 가능성이 높습니다. 게다가 조괄은 병사들의 지지도 받지 못하고 있습니다. 그의 아비 조사는 대왕께서 후한 상급을 내리실 때마다 이를 집으로 가져오는 대신 전부 병사들에게 골고루 나눠주었고 일단 명령을 받으면 집안을 돌보지 않고 전신전력 나라를 위해 병무에 임했습니다. 반면에 조괄은 장군이 되자마자 사람들을 업신여기기 시작했고 대왕께서 베풀어주신 은전을 고스란히 집으로 가져와 전답을 사들이면서 병사들에겐 한 푼도 나눠주지 않았지요. 이런 인물이 어떻게 대장이 되어 병사들을 거느리고 싸움에 나갈 수 있겠습니까? 대왕께선 당장 명령을 거두어주십시오.”

승상 인상여도 나서서 극력 반대했지만 조왕은 끝내 조괄에 대한 명령을 철회하지 않았다. 조괄의 모친은 자신의 간청이 받아들여지지 않자 다시 조왕을 찾아가 말했다.

“기어이 조괄을 주수로 보내시겠다면 나중에 그가 일을 그르쳐도 우리 가족에게까지 죄를 묻지 않겠다고 약속하시고, 이를 문서로 남겨 전 가족이 죽임을 당하는 일을 면하게 해주십시오.”

조왕은 그녀의 요구를 받아들여 조괄의 성공 여부에 관계없이 가족에게 죄를 묻는 일이 없도록 하겠다고 약속했다. 집으로 돌아온 조괄의 모친은 아들이 패전할 것이 분명하다고 판단하고 가산을 전부 정리하여 이웃 사람들에게 나누어주었다.

조괄은 수인帥印을 몸에 차고 장평으로 가서 염파의 자리를 인수한 다음 일부 주전 장령들을 교체하여 조군을 통솔하기 시작했다. 그는 염파가 진행하던 방어 진지의 구축을 중단하고 진군에 대한 대대적인 공격을 준비했다. 진은 조가 자신들의 계략에 말려들어 염파 대신 조괄을 내보냈다는 사실을 확인하고는 몹시 기뻐하며 백기白起를 대장으로, 왕흘을 부장으로 파견하는 동시에 병력을 크게 증강했다.

풍정 등 경험이 많고 신중한 일부 장령들은 조괄이 너무나 성급하게 싸움에 임하는 것을 보고 강력하게 저지하면서 염파의 전략을 설명해주었으나 조괄은 막무가내였다.

"염파 따위가 뭘 안다고 그러시오? 내겐 40만 대군이 있어 세력이 막강하고 사기가 하늘을 찌를 듯하오. 나가서 진군을 섬멸하지 못하면 절대로 퇴군하지 않을 테니 두고 보시오!"

진군의 백기는 백전노장으로 용병의 이치에 통달한 인물이었다. 그는 조괄에게 약간의 미끼를 던져 병력을 유인하기로 마음먹고 최소한의 병력을 내보내 먼저 싸움을 걸고 몇 차례 지는 척 해주었다. 이에 기고만장한 조괄은 직접 대군을 이끌고 성 밖으로 밀고 나왔다. 오히려 왕흘이 방비에 전념하며 싸움에 응하지 않자 조군은 왕흘을 포위하고 며칠 동안 공격을 계속했다. 조괄이 이처럼 자만에 찬 공세에 여념이 없을 때 갑자기 진군에 의해 이미 퇴로가 완전히 차단되었다는 뜻밖의 군보가 날아들었다. 이어서 또 다른 장군의 군보가 도착했다. 서쪽에 진군이 가득 진을 치고 있어 통행이 불가능하고 동쪽에서만 진군의 모습이 발견되지 않고 있다는 것이었다. 조괄은 이미 삼면으로 포위당해 오로지 동쪽 길로만 철군이 가능했다. 간신히 5리 길을 달렸을 때 조군은 또다시 진군의 진영과 마주쳤고 병력을 통솔하고 있는 진군의 대장 몽오蒙驁가 고함쳤다.

"조괄! 넌 이미 무안군의 계략에 걸려들었다!"

조괄은 무안군 백기의 이름을 듣고는 놀라움을 금치 못하며 아무 생각 없이 서둘러 진을 치려 했다. 풍정을 비롯한 노장들이 나서서 아직은 전력이 우위에 있으니 지금이라도 서둘러 포위선을 뚫으면 무사히 대영으로 돌아갈 수 있다고 권고했으나 조괄은 이마저 무시하고 군영 설치를 서둘렀다.

백기는 조괄이 물러서지 않고 진을 치는 것을 보고는 동쪽마저 차단하여 완전히 포위해버렸다. 조괄은 이런 상태로 46일을 버텼지만 밖에선 구원병이 도착하지 않고 안에선 양초가 떨어져 병사들이 서로 잡아먹는 일까지 벌어졌다. 더 이상 버틸 수 없게 된 조괄은 전투에 능한 병사들을 선발하여 포위망을 뚫어보려 했으나 매번 진군의 화살에 막혀 희생만 가중될 뿐이었다. 조괄은 마지막 수단으로 정병 5000을 이끌고 말에 올라 진군의 왕전과 몽오에 맞서 결전을 벌였지만 제대로 싸워보지도 못하고 화살에 맞아 죽고 말았다. 조군은 주수가 사망하자 전의를 상실하여 한 차례의 혼전 끝에 전부 투항해 버렸다. 백기는 투항한 40만 대군을 열 개의 대오로 나누어 감시하기로 했다. 그날 저녁 백기는 조군 병사들에게 술과 고기를 나누어주고 일부 장령들에게는 상까지 내리면서 말했다.

"노약자나 집으로 돌아가길 원하는 사람들은 내일 즉시 진영을 떠나도록 조치하고 진군에 남기를 원하는 사람은 진군의 대오로 편입시켜 병기를 지급하도록 하겠다."

그날 밤, 조군의 투항병들은 모두 안심하고 잠자리에 들 수 있었다. 그러나 백기는 투항한 조군에 대해 의심과 분노를 동시에 품고 있었고, 이들이 진심으로 투항한 것이 아니기 때문에 이들을 제거해야만 뒷날이 안전할 것이라고 생각했다. 그리하여 그는 진군 병사들에게 흰 머리띠를 두르게 하여 투항한 조군 병사들과 구분하고 한밤중에 조군의 병영을 급습하여 이들을 모두 포박했다. 그러고는 미리 파놓은 수

십 개의 거대한 구덩이에 이들을 전부 산 채로 매장해버렸다. 하룻밤 사이에 조군의 40만 병사들이 백기에 의해 무참히 살해되고 말았다.

백기는 조의 병사 240명만 살려서 돌려보냄으로써 진의 위풍을 과시했다. 이런 소식을 들은 조나라는 한순간에 슬픔과 비통에 젖었고, 그 후로 더 이상 기세를 회복하지 못하고 결국 진에 멸망하고 말았다. 이는 진이 '원교근공'의 외교정책을 실행한 이후에 거둔 가장 큰 승리였고, 이로써 진은 외교와 군사 분야에 있어서 16국을 통일할 수 있는 실질적인 기초를 마련하게 되었다.

조나라의 패망은 어떤 의미에서는 전적으로 조괄이라는 서생 한 사람이 초래한 비극이라 할 수 있다. 때문에 서생이라는 특수한 유형의 인재에 대해서는 기용에 신중을 기하지 않으면 안 되는 것이다.

병가는 영원하다

일반적으로 병가의 학술은 대표적인 난세의 지략으로서 적으로부터 자신을 보호하고 적을 효과적으로 공격하여 제압하거나 적들끼리 서로 공격하게 하여 자멸하게 만드는 다분히 물리적인 전략 전술이다.

조화와 화해를 통한 공존을 이상으로 삼는 사회에서도 어떤 형태로든 경쟁은 피할 수 없는 것이고 경쟁이 있는 한 싸움도 불가피하다. 지역이나 국가 간의 전쟁은 물론이요, 기업들 간의 이윤 경쟁, 특정 조직 내에서의 헤게모니 쟁탈, 미인을 사이에 둔 사나이들의 애정 싸움 등 전쟁터와 유사한 상황은 도처에 널려 있다. 이처럼 인간의 모든 활동은 선의든 악의든 간에 싸움에서 벗어날 수 없다. 그렇다면 우리에게 필요한 것은 싸움의 유형과 성질, 승패를 결정하는 핵심적 요소 등을 면밀하게 통찰하여 승리를 보장할 수 있는 전략과 지모를 갖추는 일일 것이다.

싸움의 양상과 원리는 변함이 없다. 적을 이기지 못하면 지는 것이고, 진다는 것은 멸망을 의미한다. 적을 이겨 자신을 지키지 못하는 한, 진정한 의미의 자기실현이 불가능한 것이다. 전쟁의 양상에 있어서는 그 수단과 방법에 변화가 있을 뿐, 기본적인 전략에는 변화가 없다. 그러므로 고대 중국의 전략가들이 뛰어난 사유와 체험을 바탕으로 정리해낸 병가의 지략은 오늘날 어떤 유형의 전쟁에서도 유용하게 활용될 수 있다.

병가의 지략에는 한 가지 분명한 원칙이 있다. 다름 아닌 평등의 원칙이다. 이는 일종의 무원칙의 원칙으로서 어떠한 원칙을 지킬 필요도 없이 상대를 이기기만 하면 된다는 것이다. 따라서 승리와 패배 외에는 아무런 원칙도 없다는 것이 병가의 지략이 자리 잡고 있는 토대가 된다. 병가에서는 승패로만 영웅을 논하는 것이다.

물론 싸움에는 의로운 싸움도 있고 불의한 싸움도 있다. 그러나 이는 사후에 내려지는 가치 판단이지, 싸움 자체의 성격을 규정하는 조건은 되지 못한다. 싸움 또는 경쟁이란 본질적으로 인도 원칙에 대한 유린이자 협력에 대한 배반이기 때문에 애당초 정의나 인덕, 감정 따위를 배제한다. 단, 한 가지 병가의 도덕성이라 할 수 있는 것은 절대적으로 평등하고 자유로운 조건에서 공개적으로 경쟁이 이루어진다는 점이다. 따라서 병가에서 제시하는 계략은 정치나 대인관계, 상업과 애증 등 모든 영역에서 다분히 도덕적인 양상을 띠고 있다.

그렇다면 정정당당한 경쟁과 싸움, 의로운 전쟁, 비굴한 전술이란 무엇을 말하는 것인가? 이는 싸움 자체에 대한 평가가 아니라 싸움의 결과가 갖는 의미에 대해 사람들이 던지는 이데올로기적 평가에 지나지 않는다. 병가가 관여하는 바가 아닌 것이다. 병가의 지모는 오로지 싸움 그 자체에만 관심을 집중하는 것이다. 싸움의 결과에 대해서는 시대의 윤리와 사회의 도덕이 또 다른 형태의 잣대로 잴 것이다.

이 책에서 소개하는 병가의 지략은 고대 중국의 병서들이 제시하는 체계적이고 물리적인 전술이라기보다는 수천년 중국 역사를 장식하고 있는 뛰어난 인물들이 경쟁의 세계에서 펼쳤던 다양하고 절묘한 지혜와 지모를 병가적으로 해석하고 종합한 것으로서 싸움이나 경쟁에 대한 일종의 문화적 정리라고 할 수 있다. 동시에 이러한 지략들은 산업 및 지식 경쟁 사회를 사는 현대인들의 성공을 위해 중국의 선인들이 던져주는 커다란 응원이자 선물이라 할 수 있을 것이다.

이 책에서는 피할 수 없는 싸움과 경쟁을 처절한 아귀다툼이나 이전투구로 보기보다는 병가의 지혜와 지모를 시대정신에 맞게 구사하여 무한 경쟁 사회에서 빛나는 승자가 될 수 있는 지름길을 제시한다. 올바로 선택하여 유용하게 쓰기만 하면 누구나 빛나는 인재가 되지만, 아무리 뛰어난 인물이라 해도 단점만 보고 장점을 취하지 못하면 찌꺼기가 되고 마는 것처럼 이 책에 담긴 지모 역시 어떻게 선택해서 활용하느냐에 따라 놀라운 동력이 될 수도 있고, 공허한 명제가 될 수도 있는 것이다. 모든 지모의 가치는 그 실천적 효용에 있기 때문이다.

2008년 4월

김태성

KI신서 1321

병가 인간학

1판 1쇄 인쇄 2008년 4월 20일
1판 1쇄 발행 2008년 4월 25일

지은이 렁청진 **옮긴이** 김태성 **펴낸이** 김영곤 **펴낸곳** (주)북이십일 21세기북스
기획 박교희 **편집** 최순애 **디자인** 김정인 **마케팅** 주명석 **영업** 최창규
출판등록 2000년 5월 6일 제10-1965호
주소 (우413-756) 경기도 파주시 교하읍 문발리 파주출판단지 518-3
대표전화 031-955-2100 **팩스** 031-955-2151 **이메일** book21@book21.co.kr
홈페이지 book21.com **커뮤니티** cafe.naver.com/21cbook

값 13,800원
ISBN 978-89-509-1382-3 13320